SCHILLO
VERLAG

Reinhard Ammer

AUFRUHR IN DEUTSCHISTAN

Linke, quere und rechte Politik in den Zeiten der Corona-Pandemie

Schillo Verlag

Manchmal war es, als zermürbe die Politik unser Denken, unsre Ausdrucksfähigkeit, als müssten wir uns, wollten wir uns mit der Politik befassen, uns ihren Verstrickungen ausliefern.
(Peter Weiss: Ästhetik des Widerstands, Frankfurt am Main 1998, S. 1188)

Der Text ist (sollte sein) jene ungenierte Person, die *Vater Politik* ihren Hintern zeigt.
(Roland Barthes: Die Lust am Text, Berlin 2017, S. 79)

Inhalt

Geschrieben in den Monaten Mai bis Oktober 2020.

/1./ Einleitung oder: Nicht-Politisches über Politisches

Kurz nachdem im Frühjahr 2020 die erste Welle der Corona-Pandemie durch Deutschland gerauscht war, geriet dieses Land, das schon so manchen Dichter um den Schlaf gebracht hat, erneut in Wallung. Gegen die Lockdown-Maßnahmen der Bundesregierung und der sechzehn Landesregierungen erhob sich binnen weniger Wochen eine Widerstandsbewegung, wie es sie in 71 Jahren Bundesrepublik Deutschland nicht gegeben hatte. Man konnte meinen, dass sich das Land auf direktem Weg zu einem zweiten Libyen oder Libanon oder Afghanistan befände und in Bälde in Stämme, Clans und Klüngel auffasern würde. Corona-Warner versus Corona-Relativierer, Lockdown-Befürworter gegen Lockdown-Bekämpfer, Impfgegner contra Impfbefürworter. Viele raunten und munkelten postend und twitternd von unguten Kräften, dunkel verborgen, die die Deutschen, wenn nicht gar die gesamte Menschheit, zu versklaven gedächten, und manche unkten sogar lauthals etwas von einem drohenden Faschismus in die verdüsterten Lande. Schließlich eilte ein Ruf von Nord nach Süd und von Ost nach West: Aufstehen, so hieß es, aufstehen! Dann standen auch schon die ersten Aufständischen auf Straßen und Plätzen und riefen Parolen wie „Deutschland, wach auf!" und „Die größte Verschwörungstheorie ist die Corona-Pandemie". Was war da los? Der Corona-Widerstand in diesem sich zusehends deutlicher formierenden und ausbuchstabierenden *Deutschistan* strömte, so empfand ich es, von allem Anfang an ein merkwürdiges Odeur aus. War da etwa ein linkes Rosendüftlein herauszuschnuppern? Dann muss die betreffende Blüte aber in einen Eimer mit Jauche getunkt worden sein, die aus im politischen Pflanzgarten der Republik ganz rechts außen hochgeschossenen Brennnesseln herrührte! Noch nie im Leben war mir eine derartige

Mischung aus Politisier-Duft und Polit-Gestank begegnet. Mit anderen Worten: Es war mir nicht möglich, in besagter Bewegung eine klare Scheidung zwischen linker und rechter Politik zu erkennen. Grund genug für eine eingehende Untersuchung dieser *prima odore* anrüchigen und möglicherweise hochexplosiven Melange![1]
Als jemand, der seit Jahr und Tag für den weltweiten Ausstieg aus Staat und Nation, kapitalistischer Wirtschaft und religiösem Denken plädiert, werde ich auch in Corona-Zeiten weder eine politische Expertise erstellen noch eine politische Stellungnahme abgeben. Ich lehne jede Art von Politik, auch die demokratische, auch die widerständlerische, auch die umstürzlerische, sowohl im „Normal"- als auch im Ausnahmezustand ab. Was ich in dieser Schrift mache, ist, die Politik des Staates in den Zeiten der Corona-Pandemie und die politischen Kräfte und Strömungen innerhalb des Widerstands gegen die Corona-Politik der Bundesregierung zu analysieren.[2]

1 Als „gefährliche Melange auf der Straße" bezeichnete die ZDF-Reporterin Dunja Hayali die Teilnehmer einer Anti-Corona-Kundgebung am 1. August 2020 in Berlin. Zuvor hatte sie bei Aufnahmen mit ihrem Kamerateam einen gut halbstündigen Spießrutenlauf erlebt. Schließlich musste der Dreh aus Sicherheitsgründen abgebrochen werden. (https://web.de/magazine/news/coronavirus/demo-corona-regeln-berlindunja-hayali-bricht-dreh-34945004)

2 Ich halte es in diesem Punkt mit der Philosophin und Sozialrevolutionärin Simone Weil (1909 – 1943), die im März 1934 an Simone Pétrement schrieb, sie habe beschlossen, sich `völlig aus jeder Art von Politik zurückzuziehen, außer aus der theoretischen Forschung´." (Simone Pétrement: Simone Weil – Ein Leben, Leipzig 2007, S. 280; zitiert aus: Simone Weil: Anmerkung zur generellen Abschaffung der politischen Parteien, Zürich-Berlin 2009, S. 39 f.)

/2./ Corona und ich oder: Ich und Corona

Wie ich mich in der Corona-Krise verhalte? Nun, ich wasche mir noch sorgfältiger als früher die Hände. Ich niese nicht mehr wild in die Gegend, sondern in die Armbeuge oder in ein Taschentuch. Ich trage bis auf Weiteres in der belebten Öffentlichkeit eine Mund-Nase-Bedeckung, um andere Menschen für den Fall, dass ich infiziert sein sollte, vor einer Infektion zu schützen. Leider ist man ansteckend, bevor sich Symptome zeigen. Untersuchungen haben einwandfrei ergeben, dass Selbstschutz vor Viren mit einer Gesichtsmaske kaum, Fremdschutz jedoch sehr wohl möglich ist, weswegen ja auch Ärzte, Anästhesisten und Assistenten bei Operationen eine Maske und Schutzkleidung tragen. Je mehr Leute eine Gesichtsbedeckung tragen, umso sicherer ist man selbst vor Infektionen. Wer also Mitmenschen mehr oder weniger aufdringlich auffordert, auf dieses Schutztextil zu verzichten, schießt unter Umständen ein gewaltiges Eigentor. Ich habe beschlossen, mich künftig auch dann auf diese Art bedeckt zu halten oder gleich ganz zu Hause zu bleiben, wenn ich an einer gewöhnlichen Erkältung laboriere. Ich bin Sprachlehrer und habe mich viele Male mit meist langwierigen Folgen infiziert, weil ein Erkrankter oder eine Erkrankte partout den Unterricht besuchen wollte. Abstand gehalten habe ich, wo es irgend ging, schon immer, wenn ich erkältet war, und habe das im umgekehrten Fall auch von meinen Mitmenschen erwartet. Abstand ist in diesen Fällen die adäquate Form menschlicher Nähe und zeugt von Respekt und gegenseitiger Fürsorge. Umso mehr gilt das bei einem gefährlichen Virus wie Covid-19. Das alles sind menschenfreundliche Selbstverständlichkeiten, von denen man eigentlich kein Aufheben machen müssen sollte.

Selbstverständlich lege ich dieses Verhalten nicht deshalb an den Tag, weil es der Staat verordnet hat, sondern weil *ich* es will und weil ich seine Nützlichkeit *einsehe*. Ich desinfiziere mir auch beim Betreten eines Krankenhauses oder Senioren-Heims die Hände, ich gehe und fahre nicht bei Rot über die Straße, ich drängle mich in einer Schlange nicht vor, ich halte den Behindertenplatz im Bus frei. Nur Rüpel, Grobiane und Laffen verhalten sich anders. Es wäre kindisch und rücksichtslos, wegen gleichlautender staatlicher Anordnungen auf ureigene treffliche Ratschlüsse zu pfeifen. Lieber einmal zu viel Achtsamkeit gezeigt als einmal zu wenig! Wenn Andere anders denken und sich anders verhalten, muss ich es wohl oder übel hinnehmen. Was ich jedoch nicht akzeptiere, ist eine *bewusste Verletzung* der Interessen von Mitmenschen mit unter Umständen schwerwiegenden Folgen. *Abstoßend* finde ich es, wenn diejenigen, die während der Corona-Pandemie in der Öffentlichkeit besonnen und rücksichtsvoll agieren, von bestimmten Zeitgenossen einerseits als Angsthasen und andererseits als willfährige Obrigkeitsbücklinge denunziert werden. Vollends *arschlochhaft* ist ihre Etikettierung als „Coronazis“. Diese „Stürmer“-Vokabel entfuhr einem Unterstützer der neugegründeten politischen Gruppierung „Demokratischer Widerstand“ namens Gunnar Kaiser aus einer an und für sich für Dünnpfiff nicht vorgesehenen ganz und gar maulkorblosen Körperöffnung.[3] Auch der Schritt von der verbalen Verunglimpfung zum gewalttätigen Übergriff wurde getan: Bei Kundgebungen von Gegnern der staatlichen Corona-Politik in München und Nürnberg am 10. Mai wurde versucht, Passanten die Mund-Nase-Bedeckung vom Kopf zu reißen.

Der „Demokratische Widerstand“ und einige andere Gruppen und Personen sind es auch, die wie der Gockel auf dem Mist unablässig in die Gesellschaft hineinkrähen, dass das Covid-19-Virus doch gar nicht so schlimm sei. Mehr Erkrankungen und Todesfälle als bei der alljährlichen Grippe-Epidemie gebe es nicht! Nikil Mukerji

3 Nachzuriechen unter https://www.youtube.com/watch?v=5Nd1VQeB0xQ

und Adriano Mannino dagegen bestreiten vehement, dass man Covid-19 mit einer „normalen" Grippe gleichsetzen könne:

> Drittens ist es (...) höchst unplausibel, Covid-19 mit der saisonalen Grippe zu vergleichen. Die jährliche Grippewelle verteilt sich aufgrund der vorhandenen Herdenimmunität über einen längeren Zeitraum und erfasst nur rund 10 % der Bevölkerung. Eine ungebremste Covid-19-Epidemie würde sich aufgrund des fehlenden Herdenschutzes hingegen auf wenige Monate verteilen, in denen sich zwei Drittel der Bevölkerung infizieren. Hunderttausende Intensivpatienten könnten dann nicht mehr versorgt werden. Entsprechend würde sich eine solche Epidemie viel tödlicher auswirken, selbst wenn die Letalität von Covid-19 unter sonst gleichen Umständen derjenigen der saisonalen Grippe entsprechen sollte.[4]

Ergänzt wird die stiernackige Herabstufung von Covid-19 auf den Rang einer gewöhnlichen Influenza oft durch den Hinweis darauf, dass es hauptsächlich betagte Menschen seien, die dieser neuartigen Krankheit zum Opfer fielen, idealtypisch formuliert durch Boris Palmer, den grünen Oberbürgermeister von Tübingen: „Ich sag es Ihnen mal ganz brutal: Wir retten in Deutschland möglicherweise Menschen, die in einem halben Jahr sowieso tot wären."[5] Ich muss gestehen, dass ich in einem ersten Reflex zu Beginn der Corona-Pandemie ähnlich gedacht habe. Ziemlich schnell bin ich aber vor mir selbst erschrocken. Natürlich stimmt es, dass selbst unter den günstigsten Umständen menschlichen Zusammenlebens *nicht alle* krankheitsbedingten Todesfälle zu vermeiden

4 Nikil Mukerji / Adriano Mannino: Covid-19: Was in der Krise zählt – Über Philosophie in Echtzeit, Stuttgart 2020, 3., durchgesehene Auflage, S. 73

5 https://www.welt.de/politik/deutschland/article207575263/Boris-Palmer-Retten-Menschen-die-in-halbem-Jahr-sowieso-tot-waeren.html

sind, die Frage ist aber, wie viele unter Aufbietung aller Kräfte und Möglichkeiten *vermieden werden können!* Das wiederum hängt in starkem Maße von den politischen, sozialen, ökonomischen und damit auch medizinisch-hygienischen Verhältnissen in einem Land ab. Viele Länder in den abgehängten Regionen des Globus haben miserable Gesundheitssysteme, nicht nur im Hinblick auf Grippe-Epidemien. Auch in Deutschland ist das Gesundheitswesen in den letzten 20 Jahren im Hinblick auf die Profitabilisierung dieses Sektors verschlankt worden. Allein hier sind im Jahr 2019 laut dem Robert-Koch-Institut etwa 25 000 Menschen an einer Grippe gestorben. Ob diese Zahl durch eine bessere medizinische Versorgung hätte geringer ausfallen können, weiß ich nicht, aber unbestritten ist, dass sie viel höher gewesen wäre, wenn sich nicht Millionen vor allem älterer und gesundheitlich vorbelasteter Menschen vorsorglich hätten impfen lassen. Auch ich lasse mich alljährlich gegen die Grippe impfen. Ein entscheidender Unterschied zwischen den Grippeviren und dem Covid-19-Virus ist eben, dass es für letzteres im Gegensatz zu ersteren noch keinen Impfstoff gibt und dass es in seinen Eigenschaften und Wirkungsweisen bislang noch nicht umfassend erforscht ist. Wenn es auch für die Grippeviren keinen Impfstoff gäbe, wäre die Zahl der Toten um ein Vielfaches höher.

Hätten die Menschen weltweit nicht so besonnen reagiert und sich stattdessen von Corona schicksalsergeben „durchseuchen" lassen, wären die Folgen verheerend gewesen. Von einer vollendeten Durchseuchung spricht man, wenn 60 bis 70 Prozent einer gegebenen Anzahl Personen von einem Virus befallen worden sind. Im Falle Deutschlands wären das etwa 50 Millionen Einwohner. Bei einer gewöhnlichen Grippe beträgt die Sterblichkeitsrate 0,1 bis 0,2 Prozent, bei Covid-19 ist sie nach Auskunft der allermeisten Virologen fünf- bis zehnmal so hoch. Seien wir zurückhaltend und gehen wir von einer Mortalitätsrate von 0,5 Prozent aus. Liebe Leute vom „Demokratischen Widerstand“: Wieviel ist ein halbes Prozent von 50 Millionen? Schon mal durchgerechnet? 250 Tausend etwa? Habt ihr das realisiert? Eine Stadt wie Augsburg – weitgehend entvölkert? Diese Zahl von verstorbenen Menschen also würdet ihr nach Lage der Dinge nonchalant in Kauf nehmen. Nochmal für alle, die entweder böswillig oder leichtfertig mit „normalen“ Letalitäts-Zahlen hantieren: Bei 250 Tausend Toten hätte jeder von Euch in seiner näheren oder ferneren Umgebung mindestens einen Verstorbenen zu beklagen, wenn es ihn nicht gleich selbst getroffen hätte![6]

In der Nr. 6 der Zeitung „Demokratischer Widerstand“ setzen Dipl. Soz.-Päd. Birgit Assel und Dr. med. Rakuna Kerstin Schön noch einen drauf:

> Vor Viren können und brauchen wir nicht zu flüchten. Sie gehören zu unserem Leben. Sind wir gesund, können sie uns meist

6 Am 8. Juni berichtet das „web.de-magazin“: „Die Maßnahmen gegen die Ausbreitung des Coronavirus haben Analysen zufolge allein in elf europäischen Ländern bis Anfang Mai etwa 3,1 Millionen Todesfälle verhindert. Der großangelegte Lockdown samt Grenzschließungen, Kontaktsperren und Schulschließungen habe eine Kontrolle des Pandemie-Verlaufs ermöglicht, berichtet ein britisches Forscherteam um Seth Flaxman vom Imperial College London nach der Analyse der Todesfallzahlen im Fachmagazin `Nature´. Wenn der gegenwärtige Trend anhalte, bestehe Anlass zu Hoffnung. Bis zum 6. April hätten die Maßnahmen rund 530 Millionen Infektionen allein in sechs Ländern verhindert, berichtet ein zweites Forscherteam ebenfalls in `Natur´. Sie hatten den Infektionsverlauf bis zu diesem Stichtag in China, Südkorea, Italien, Iran, Frankreich und den USA analysiert. `Ich denke, kein anderes menschliches Unterfangen hat jemals in so kurzer Zeit so viele Leben gerettet´, sagte Studienleiter Solomon Hsiang von der UC Berkeley (USA).“ (https://web.de/magazine/news/coronavirus/corona-aktuell-live-ticker-corona-massnahmen-verhinderten-millionen-tote-34468484) Selbst wenn man wegen möglicher Fehler bei der Berechnung nur von der Hälfte der genannten Zahlen ausgeht, ergeben sich immer noch 1,55 Millionen verhinderte Sterbefälle und 265 Millionen vermiedene Erkrankungen!

> nichts anhaben. Vielleicht stellt sich ein Schnupfen ein oder auch einmal Fieber und Unwohlsein. Doch unser Immunsystem ist meistens stark genug, die natürlichen Eindringlinge abzuwehren, nach kurzer Zeit sind wir wieder wohlauf.[7]

Meist! Meistens! Ha, wir Gesunden! Wir mit dem starken Immunsystem! Manchmal? Kranke? Die mit dem schwachen Immunsystem? Die zigtausend Covid-19-Toten? Müssen wohl am Beatmungsgerät an einem Schnupfen gestorben sein, mit einer Prise „Unwohlsein“ als Zugabe. Waren wohl nicht stark genug! Sind nicht, wie es sich für einen anständigen Menschen gehört hätte, „wieder wohlauf“ geworden. Nein, vor Viren müssen wir nicht flüchten. Gehören zum Leben. Her mit HIV! Her mit Grippe-Viren! Her mit Covid-19! Ein Guter hält's aus! – Es ist mir unbegreiflich, wie man als Sozialpädagogin und Ärztin so eine fahrlässige, das Wohl der Patienten und Klienten gefährdende Sichtweise entwickeln kann.
Es steht fest, dass durch das besonnene Verhalten vieler Menschen auf der ganzen Welt sehr viele Corona-Opfer vermieden worden sind! Es ist unbezweifelbar, dass es eine vielfach höhere Zahl von schwer Erkrankten, dauerhaft Geschädigten und Verstorbenen gegeben hätte, als sie es bis Anfang September 2020 gegeben hat, wenn alle so gedacht hätten wie der „Demokratische Widerstand“ und Boris Palmer. Gerade diese Leute sind es aber, die seit Wochen exzessiv auf dem ersten Satz des ersten Artikels der im Grundgesetz für die Bundesrepublik Deutschland enthaltenen Grundrechte herumreiten: „Die Würde des Menschen ist unantastbar.“ Natürlich ist diese billig zu habende Sentenz das Papier nicht wert, auf das es gedruckt ist, wenn man sich die Lebensbedingungen vieler Menschen selbst in einem globalen Gewinnerland wie Deutschland ansieht, ganz zu schweigen vom beschisse-

7 Birgit Assel / Kerstin Schön: „Herrschaftsgewalt und \`Panikdemie´: Wir stehen auf, überall!“, in: Demokratischer Widerstand Nr. 6, 30. Mai 2020, S. 2

nen Leben unzähliger Menschen in den Zulieferzonen der Erde für u. a. deutsches Kapital. Als Beispiel aus Bad Old Germany möge der am 1. Januar 2020 um 16 Cent (!) von 9,19 auf 9,35 Euro angelüpfelte Mindestlohn genügen. Was für eine grandiose Verarschung! Der „Demokratische Widerstand“ aber nimmt den zitierten Satz – scheinbar? – für bare Münze und zieht mit ihm wie unter einem Heerbanner in die angestrebte Schlacht. Nun denn, Leute vom „Demokratischen Widerstand“: Hic Rhodos, hic saltate! Schlagt euch doch für die Würde eurer Mitmenschen in die Bresche, und wenn sie noch so alt sind! Aber nein, sie springen *nicht!* Also muss ich ihnen ein Beispiel geben:

Ende 2018 zeichnete sich unwiderruflich ab, dass meine Mutter, die in einem – sehr gut geführten – Passauer Seniorenheim ihre letzten Monate verbrachte, nur noch wenige Wochen zu leben bzw. zu leiden hatte. Zu allem Überfluss war eine Schneidezahn-Krone kaputtgegangen, so dass nur noch ein kümmerlicher und entstellender Stiftzahn zu sehen war. Meine Geschwister und ich veranlassten umgehend, dass für ein paar hundert Euro eine neue Krone hergestellt und angepasst wurde. Vier Wochen später wurde dieser Kunstzahn bei der Einäscherung unserer Mutter mitverbrannt. Hätten wir die gleiche Einstellung gegenüber alten Menschen gehabt, wie sie der „Demokratische Widerstand“ und Boris Palmer in der Corona-Pandemie an den Tag legen, und hätten wir den neuen Zahn wegen seiner absehbar kurzen Tragezeit nicht in Auftrag gegeben, wäre es würdeloses Verhalten unsererseits und am Ende ihres Lebens ein entwürdigender Umstand mehr für unsere Mutter gewesen!

Ob ich unter dem staatlicherseits angeordneten Lockdown leide? Ich beantworte diese Frage nur dann gerne, wenn der Fragesteller oder die Fragestellerin sich auch nach meiner Ansicht über den *normalen* Gang der Dinge erkundigt und zumindest Neugierde für meine Absage an das gewöhnliche staatliche und kapitalistische Wirken zeigt. Ich weigere mich, mit einer nationalen Identität in eine Debatte, die unter nationalen Vorzeichen geführt wird, einzusteigen. Die Drangsale eines in Indien lebenden Wanderarbeiters gehen mir näher als die Parkplatznöte eines in Berlin lebenden SUV-Besitzers mit deutschem Pass. Die schweren Erkrankungen und Todesfälle, die die Covid-19-Pandemie weltweit verursacht hat, berühren mich. Ich beklage die elenden Lebensumstände und die miserable medizinische Versorgung in vielen Ländern. Die unfassbare Armut von Abermillionen Menschen aufgrund des weltweit herrschenden kapitalistischen Geldvermehrungssystems entsetzt mich.

Wie es mir persönlich geht? Nun denn, mir geht es gut. Das Virus hat mich erfreulicherweise bis jetzt verschont. Ich genoss in der Zeit des Lockdowns die Fahrten in schwach besetzten öffentlichen Verkehrsmitteln und tat einen Teufel, mir sardinendosenvolle U-Bahnen, Straßenbahnen und Züge zurückzuwünschen. Ich liebte es, nachts an der Münchner Lindwurmstraße zu stehen und vom Sendlinger-Tor-Platz bis zur Poccistraße auf einer Länge von fast zwei Kilometern kein einziges Auto zu sehen. Ich betrachtete tagsüber oft den schrammenlosen Himmel, einen Himmel, wie es ihn seit vielen Jahrzehnten nicht mehr gegeben hat. Es gefällt mir, dass an den Supermarktkassen kaum mehr gedrängelt wird. Ich hoffe, dass das abstandhaltende Schlangestehen auch nach Corona beibehalten wird. Länger warten muss man deshalb noch lange nicht. Unterrichten konnte ich drei Monate lang nicht, doch das war nach 41 Jahren Lehrtätigkeit verschmerzbar. Ich habe in dieser Zeit kein Geld verdient, aber egal! Und die Kultur? Da mir unter allen Künsten die Literatur die liebste ist, bin ich von Haus aus aus dem Schneider. Unabhängig von Ort und Zeit ein gutes Buch zu lesen ist Kopfkino, Gedankenballett, Gehirngymnastik, Seelenmusik, geistige Architektur in einem! Und sonst? Ehrlich gesagt, mir fehlt gar nicht so viel. Von verhaltensauffälligen bis -gestörten Schauspielern, Regisseuren, Kabarettisten und Comedians halte ich mich eh seit Langem fern. Erfrischend finde ich den Münchner Filmemacher Klaus Lemke, der das deutsche Kino, von wenigen Ausnahmen abgesehen, für „eine verweichlichte, bürokratische Idiotenveranstaltung" hält, „gelähmt vom Einverständnis mit einem Fördersystem, das ein Tritt in die Kreativität jedes Regisseurs ist." Jetzt, wo alles heruntergefahren ist, wäre seiner Ansicht nach für all die „Jammerer" in der Filmbranche „der ideale Zeitpunkt für einen Neustart gekommen."[8] Lässig bleiben! Das ist auch meine Parole. Diese Welt ist sowieso nicht meine Welt.

Ob es mich kalt lässt, dass durch den Lockdown die Wirtschaft, zumindest partiell, den Bach runtergeht? Wahrlich, wahrlich, ich sage euch: Soll sie es doch, meinetwegen kann sie über den Jordan gehen! Eine Wirtschaftsform, deren grundlegender Zweck die Vermehrung des Geldes ist, eine Wirtschaftsform, die Mensch, Tier und Natur einzig und allein nach ihrem ökonomischen Nutzen betrachtet und behandelt, eine Wirtschaftsform, die einige Millionen Menschen stinkreich und Milliarden von Menschen bitterarm macht, eine Wirtschaftsform, die das Klima unseres Planeten in einer erdhistorisch gesehen aberwitzig kurzen Zeit aus dem Tritt gebracht und unendliche Zerstörungen in Fauna und Flora angerichtet hat und weiter anrichtet – so eine Wirtschaftsform gehört, mit Verlaub, besser heute als morgen downgelockt! Nun hat es der Staat selbst gemacht. Ein Grund zum Jubeln? Immerhin hat sich die Luft über den industriellen Kernzonen des Globus erheblich verbessert. Aber nein, die

8 David Steinitz (Interview mit Klaus Lemke): „Macht euch locker", in: Süddeutsche Zeitung vom 23./24. 5. 2020, S. 17

Stilllegung weiter Bereiche der Wirtschaft soll nur vorübergehend sein. Ist das schade!

Ob mich das Los der vielen Menschen, die durch den Lockdown großer Bereiche der Wirtschaft arbeitslos wurden oder mit ungewisser Perspektive in Kurzarbeit gehen mussten, nicht rührt? Doch, antworte ich, das rührt mich schon, das rührt mich genauso wie der Umstand, dass auch schon *vor* Corona Menschen arbeitslos waren oder sich für lachhaft wenig Geld Monat für Monat den Rücken krummbuckeln durften, und da ich nicht mit schwarz-rot-goldenen Scheuklappen durch die Welt laufe, rührt es mich genauso wie das Faktum, dass in Afrika und anderswo mit Kinderarbeit seltene Erden für die Produktion unserer tollen technischen Geräte und für den Profit der verarbeitenden Unternehmen aus der Erde gebuddelt werden, und es rührt mich ebenso wie die elenden Lebensbedingungen in den Slums der Großstädte dieser Welt, und es rührt mich nicht weniger als die Tatsache, dass noch in den hinterletzten Winkeln der Erde für die Vermehrung des Geldes Menschen aus ihren angestammten Lebensverhältnissen gerissen und als menschlicher Müll liegen gelassen werden. Was mich aber auch rührt, nein: schockiert, ist der Umstand, dass die Menschen auf der ganzen Welt das alles haben geschehen und das alles mit sich haben machen lassen.

Arbeit im Kapitalismus dient ausschließlich dem Zweck der Vermehrung von Kapital – das berühmte G - G‘ von Karl Marx – und wird deswegen auch nur dann, wenn dieser Zweck realisiert werden kann, „gegeben“. Arbeit und Einkommen sind im Kapitalismus von jeher prekär gewesen, weswegen es schon seit eh und je Gründe genug gab, dieser ökonomischen Form Adieu zu sagen. Spätestens in den Krisen, die dem Kapitalismus so immanent sind wie dem Elefanten sein Rüssel, erleben die Menschen, dass das Geldvermehrungssystem nicht zu verwechseln ist mit einem gesellschaftlichen Zustand, in dem von allen Menschen genau das produziert wird, was allen ein auskömmliches und zufriedenstellendes Leben in einer intakten Natur ermöglicht. Dann verlieren Millionen von Menschen buchstäblich den Boden unter den Füßen.

Vor etwa 200 Jahren hat der Siegeszug des Kapitalismus über die Welt begonnen. Der Kapitalismus ist die despotischste Wirtschaftsform aller Zeiten. Vor ihm hatte buchstäblich nichts Bestand. Viviane Forrester spricht in ihrem empfehlenswerten gleichnamigen Buch vom „Terror der Ökonomie".[9] Milliarden von Menschen sind, ob sie wollen oder nicht, davon betroffen. Ihre natürlichen und sozialen Lebensbedingungen und auch sie selbst haben einen Wert bekommen. Oder auch keinen. Der Kapitalismus hat die Menschen heruntergebracht auf nacktes Leben. Geld ist alles, der Mensch an sich ist nichts. Wenn der nackte Mensch einen Wert bekommt, weil er sich verdingen darf, ist er etwas. Dann hat er etwas. Ansonsten bleibt er nichts und hat auch nichts. Verwertbar oder nicht? Das ist die kapitalistische Urfrage. Wessen Arbeitskraft nicht profitabel benutzbar ist, der kann schauen, wo er bleibt. Wenn er verhungert, weil ja alles seinen Preis hat, er aber kein Geld – sein Problem! Hunger, Not und Elend gehören zum Kapitalismus wie das Wasser zum Meer.

In den Zeiten der Corona-Pandemie setzt sich die kapitalistische Kosten-Nutzen-Rechnung logischerweise mit verheerenden Folgen fort. Wessen Arbeitskraft nicht mehr profitabel eingesetzt werden kann, der fliegt. Es kommt zu Firmenpleiten und Kurzarbeit. In nicht-kapitalistischen und nicht-nationalen Verhältnissen dagegen würde in einer Pandemie das öffentliche und auch schaffende Leben heruntergefahren werden, ohne dass auch nur ein Mitglied der Menschengemeinde Angst um sein Aus- und Weiterkommen haben müsste.

---

9 Viviane Forrester: Der Terror der Ökonomie, Wien 1997

Man sollte sich schon auch ansehen, *welche* Arbeitsplätze und Jobs in der Corona-Zeit verloren gehen. Ich möchte niemand wünschen, nach der Zwangspause wieder in eine Knochenmühle zurückkehren zu müssen, die ihm seine Lebenskraft und Gesundheit raubt, und obendrein aufs Neue miserabel bezahlt zu werden. Soll man wirklich sein halbes Leben an der Kasse, am Bildschirm oder in einem Call-Center verbringen? Wie viele Arbeitsplätze sind denn nicht, bei Licht betrachtet, veritable *Scheiß-Arbeitsplätze?* Freilich, Investmentbanker und Soldaten sind unter kapitalistisch-nationalen Vorzeichen unverzichtbar, aber in einem anderen Leben …? Natürlich ist das eine Systemfrage. Wie wollen die Menschen leben? Leider stellt sich so gut wie niemand diese Frage auf eine Kapitalismus und Nationalstaat transzendierende Weise.

/3./ Corona und der Lockdown oder: Wie der Staat gegen die Wirtschaft für die Wirtschaft entscheidet

Eine Frage stellt sich von ganz alleine, und sie wird auf völlig unterschiedliche Weise beantwortet: Wie ist es zu erklären, dass der deutsche Staat weite Bereiche der Wirtschaft stillgelegt hat, obwohl er ihr und auch sich selbst *prima vista* mit dieser Maßnahme in einem nach dem Zweiten Weltkrieg nicht dagewesenen Ausmaß schadet? Im Grunde muss diese Frage für *alle* Staaten dieser Welt gestellt werden. Von autokratischen Ländern wie der Ukraine bis hin zu demokratischen Ländern wie Frankreich und Spanien ist in unterschiedlicher Schärfe früher oder später der politische Beschluss zum ökonomischen und sozialen Lockdown getroffen worden, noch dazu vor dem Hintergrund einer nach dem Finanzcrash von 2008 durch immense Geldschöpfung von Seiten der maßgebenden Staaten und der Zentralbanken mit Ach und Krach geretteten und seitdem auf unsicherem Boden lavierenden kapitalistischen Weltökonomie. How come also?

Das die Interessen der Wirtschaft einschränkende Vorgehen der Staaten in der Corona-Krise ist nicht präzedenzlos:
Als erstes Beispiel nenne ich die gesetzliche Einführung des 8-Stunden-Tages in den Industrieländern am Ende des 19. und Anfang des 20. Jahrhunderts. Sie fand gegen den Widerstand der meisten Unternehmen statt, war aber letztlich doch in ihrem Interesse. Der Staat als „ideeller Gesamtkapitalist" (Karl Marx) hatte erkannt, dass ein zeitlich begrenzter Arbeitstag der Auspressung der Arbeitskraft förderlicher ist als ein exzessiv ausgedehnter. Die Arbeitsleistung kann verdichtet werden, die Konzentration am Arbeitsplatz bleibt hoch, die Arbeitskraft wird nicht so schnell verschlissen. Außerdem lässt sich die Arbeiterschaft politisch und sozial besser einbinden.

Jeder Staat will über ein Volk verfügen, das in Schichten und Einkommensklassen gegliedert optimal den Erfolg des nationalen Kapitals sichert und damit den Nationalreichtum vermehrt. Mit Recht und Gesetz unterwirft der bürgerliche Staat die in seiner Gesellschaft konkurrierenden Subjekte jenen Bedingungen, die er als die günstigsten für das Florieren der kapitalistischen Profitmaschine erachtet. Vom Bildungs- bis zum Gesundheitswesen, vom Verkehrs- über das Sozialwesen bis hin zum Militär, bei Besteuerung und Staatsausgaben wird ständig justiert, austariert und an Stellschrauben gedreht, auf dass das Gemeinwesen floriere und Potenz und Durchschlagskraft der Nation bis hin zur Fähigkeit offener Gewaltanwendung mit dem Ziel der Niederhaltung und Unterwerfung von Feinden vermehrt werden.
Der demokratische Staat ist entgegen linken und rechten Theorien und entgegen Klein Ernas und des Gemeinen Mannes Stammtischverstand in niemandes Hand. Weder die Arbeitgeberverbände noch die Gewerkschaften, weder einfache Bürger noch ausländische Agenten können den Staat gegen alle anderen Interessen in ihre Hand bekommen. Der Staat ist *souverän* gegenüber all seinen Bürgern und gegenüber allen Interessensgruppen innerhalb und außerhalb seiner Gesellschaft. Die Basis der nationalen Stärke ist die kapitalistische Reichtumsvermehrung, an der der Staat qua Steuern partizipiert und die er mit allen ihm zur Verfügung stehenden Mitteln fördert, aber das bedeutet nicht, dass „die Wirtschaft“ als Ganzes oder einzelne Unternehmen über den Staatsapparat verfügen können.
Als zweites Beispiel für staatliche Beschränkungen von Kapitalinteressen möge das staatsanwaltliche Vorgehen gegen die betrügerischen Chefs der Firma *Wirecard* dienen, die in ihren Geschäftsbilanzen frei erfundene Activa in schwindelnder Millionenhöhe ausgewiesen hatten, um an den Börsen und bei Kunden ein besseres Standing zu haben.

Das dritte Beispiel für das Handeln von Staaten gegen das Interesse von zumindest großen Teilen der Wirtschaft ist der Krieg. Im Krieg werden alle Mittel, über die eine Nation verfügt, mobilisiert. Alle Wirtschaftssubjekte und die gesamte Gesellschaft werden dem Zweck, die Oberhand über den Feind zu erringen, unterworfen. Der normale Gang des Wirtschaftens wird aufgehoben. Natürlich gibt es Kriegsgewinnler, insbesondere Rüstungsfirmen, aber viele Wirtschaftsbereiche werden eingestellt, umgewidmet oder gleich in Kampfhandlungen beschädigt und vernichtet. Menschen werden als Soldaten oder als Zivilpersonen verheizt. Kriegswirtschaft eben und alles nach Recht und Gesetz. Auch hier Gründe genug, sich von jeglicher Nation und jeglichem Staat abzuwenden.

Nun also der Lockdown vieler Wirtschaftssektoren in der Corona-Pandemie. Es hat nach dem Ausbruch der Corona-Epidemie im chinesischen Wuhan einige Zeit gedauert, bis man sich in den obersten Etagen der Politik über das Ausmaß und den Ernst der Lage klar geworden ist. Cordt Schnibben und David Schraven weisen in ihrem akribisch recherchierten Buch „Corona – Geschichte eines angekündigten Sterbens“[10] nach, dass sowohl die chinesische Regierung als auch die deutsche und andere europäische Regierungen zu spät die erforderlichen Maßnahmen zur Eindämmung der Pandemie getroffen haben. Fakt ist, dass sich das Virus mit einer Geschwindigkeit ausbreitete, die eine Lage befürchten ließ mit vielen Millionen Erkrankten und Hunderttausenden von Toten. Der „Demokratische Widerstand“ hätte das Virus durchgewunken und die Opfer in Kauf genommen, die Regierungen des Bundes und der Bundesländer hingegen sahen wohl die Gefahr, dass bei einem gesundheitspolitischen *Laisser-faire* die Bevölkerung gravierend geschädigt wird und

10 Cordt Schnibben / David Schraven: Corona – Geschichte eines angekündigten Sterbens, München 2020

aufgrund rasant zunehmender Fallzahlen unkontrollierbar in Unruhe, wenn nicht gar Panik gerät mit der Folge, dass das Wirtschafts- und Sozialleben zusammenbricht. Zusätzlich mögen sie eine politische Radikalisierung befürchtet haben.

Ich bin mir sicher, dass sich für den Fall des Nichthandelns der deutschen Politiker der gleiche „Demokratische Widerstand" gebildet hätte, wie er sich jetzt bemerkbar macht, mit dem Unterschied, dass er ihnen vorwerfen würde, durch ihr *Farniente* den Geist der Grundrechte und des Grundgesetzes zu verraten, die Bevölkerung schutzlos dem Corona-Virus auszuliefern und zu Verrätern am deutschen Staat und am deutschen Volk zu werden. Somit haben wir den historisch seltenen Fall, dass sich durch Covid-19 für eine außerparlamentarische Opposition eine Win-win-, für den Staat und seine ausführenden Organe jedoch eine Loose-loose-Situation ergeben hat.[11]

In der Geschichte ist es hin und wieder gar nicht so einfach. Einigen Politikern in diesem von Anarchos gerne „Schweinesystem" genannten Staat nehme ich es ab, dass sie sich echte Sorgen um das Wohlergehen der Menschen machen, während manche meiner linksrevolutionären Genossen und Genossinnen in den siebziger, achtziger und neunziger Jahren eitle und rechthaberische Menschen waren, denen die Angehörigen der zum revolutionären Subjekt erkorenen „Arbeiterklasse" lediglich als Transmissionsriemen für die Durchführung eigener hochfliegender Aspirationen am kalten Herzen lagen.[12] Und heute? Kei-

11 Als Anfang Juni in Schweden, das mit seinem legeren Corona-Sonderweg von den Quer-Deutschen mit Applaus überschüttet wurde, Anders Tegnell, der Chef-Epidemiologe des Landes, nach Tausenden von Toten einräumen musste: „Wir hätten von Anfang an härtere Maßnahmen erlassen sollen.", polterten die rechtspopulistischen Schwedendemokraten bei einer aktuellen Fragestunde im schwedischen Parlament: „Die Corona-Politik der Regierung ist gescheitert."

12 Wolfgang Schwiedrzik, Mitglied im Zentralkomitee der Anfang der siebziger Jahre gegründeten Kommunistischen Partei

nen Deut anders, wage ich zu behaupten.
Die deutsche Politik jedenfalls entschied sich ebenso wie die führenden Politiker der meisten anderen Staaten für den Lockdown, weil sie ihn für das Gemeinwesen als die günstigste von zwei misslichen Optionen betrachtet hat.[13] So oder ähnlich handelten weltweit fast alle Staaten. Den höchsten Preis zahlen die Menschen in den Staaten, die sich am hartnäckigsten gegen einschlägige Anti-Corona-Maßnahmen sperr(t)en: Brasilien unter Bolsonaro, die USA unter Trump. In den Vereinigten Staaten waren Ende September 2020 über 200 000 Tote zu beklagen, in Brasilien auch schon mehr als 135 000.

Bevor ich auf den Widerstand gegen die bundesdeutsche Corona-Politik eingehe, möchte ich selbst, und wenn ich mich noch so verbiegen muss, ausleuchten, ob es nicht andere Erklärungen für das Handeln der politischen Ent-

Deutschlands (KPD), stellt viele Jahre später ernüchtert fest: „Die Stellvertreterposition der Avantgarde ist nichts anderes als eine Selbstermächtigung von intellektuellen Klüngeln, um im Namen der Interessen der Arbeiterklasse eine politische Linie zu definieren, die nach dieser Ideologie selbst zu tumb ist, um ihre Interessen zu erkennen. Wir sind die Avantgarde, wir müssen an die Macht." (Gunnar Hinck: Wir waren wie Maschinen – Die bundesdeutsche Linke der siebziger Jahre, Berlin 2012, S. 199)

13 Sehr gut finde ich hierzu den Leserbrief von „Ralph Petroff, Nürnberg" in „konkret", der Zeitschrift für „Politik & Kultur": „Warum sollte irgendein Staat (zumal ein kapitalistischer) ohne jede Not seine Wirtschaft durch einen Lockdown schädigen? Warum haben dementsprechend gerade Wirtschaftskreise und ihre politischen Sprechpuppen besonders vehement Lockerungen gefordert? Und warum ist die Lage dann in den (nicht zufällig sowohl wirtschaftlich als auch Corona-politisch) besonders liberalen Staaten auch besonders dramatisch? Diese Personen kommen nicht mal auf die Idee, dass die Regierung nach einer simplen Abwägung zu dem Schluss gekommen sein könnte, dass ein kontrollierter Lockdown immer noch billiger kommt als ein Massensterben der Lohnsklaven. Im Grunde genommen handelt es sich hier nicht um Linke, sondern eher um Libertäre: Der böse Staat mischt sich ein und will mir meine Freiheit nehmen!" (konkret, Nr. 7 / 2020, S. 6)

scheidungsträger geben könnte.
Könnte es sein, dass die deutschen Politiker den Lockdown beschlossen haben, um die Wirtschaft gewollt absaufen zu lassen? Weil sowieso über kurz oder lang eine weltweite ökonomische Krise ins Haus steht? Nach dem Motto: Lieber ein Ende mit Schrecken als ein Schrecken ohne Ende? Mit anschließender Währungsreform und Schuldentilgung? Dagegen spricht, dass die deutsche Wirtschaft, besonders im Export, boomte. Dagegen spricht, dass der deutsche Haushalt eine schwarze Null aufwies. Dagegen spricht, dass Deutschland möglicherweise allein dagestanden hätte, wenn die anderen Länder ihre Volkswirtschaften nicht heruntergefahren hätten. Also: Nein!
Könnte es sein, dass sich Deutschland mit allen mächtigen Staaten abgesprochen hat, durch eine konzertierte Aktion die unvermeidliche Weltwirtschaftskrise beschleunigt herbeizuführen, um anschließend den nächsten kapitalistischen Zyklus zu starten? Dagegen spricht, dass die großen Staaten erbitterte Konkurrenten um den Erfolg auf den Weltmärkten und um politische und militärische Dominanz sind. Dagegen spricht, dass China, Deutschland, die USA und einige andere Länder bis dato Gewinner-Länder sind. Dagegen spricht, dass keine Regierung dieser Welt die entstehende allgemeine Krise überstehen könnte. Also: Nein!
Könnte es sein, dass die deutschen politischen Entscheidungsträger die Corona-Pandemie in China bestellt haben, um schärfere Sicherheitsgesetze gegen die eigene Bevölkerung verabschieden zu können? Nach dem Motto: Schlagt mich, damit ich jemand Anderen schlagen kann? Also bitte: Nein!
Könnte es sein, dass die deutschen Politiker gekauft worden sind, weil sich irgendwer von den „bestellten" Corona-Maßnahmen einen geldwerten Vorteil versprochen hat? Querbeet, durch alle Parteien? Von Merkel bis Habeck, von Söder bis Scholz? Nun ja, viele Menschen lassen sich

Monat für Monat durch die Zahlung von mal mehr, mal weniger Geld ihre Arbeitskraft abkaufen, das kennt man zur Genüge, aber bei Merkelhabecksöderscholz handelt es sich um ein Gesinnungstäter-Konglomerat, das voll und ganz mit den im Grundgesetz der Bundesrepublik Deutschland festgelegten Aufgaben der Exekutive verschmolzen ist. Das sind Staatsbürokraten von echtem Schrot und Korn, die nicht für eine Handvoll in die eigenen Taschen geschobener Dollar ein ganzes Land verscheuern. Also: Nein!

Könnte es sein, dass die chinesische Regierung das Corona-Virus auf die Staatenwelt losgelassen hat, um alle Konkurrenten entscheidend zu schwächen und zur Weltmacht Nr. 1 zu werden? Dies wäre das größte Eigentor der gesamten Menschheitsgeschichte. Erstens zieht das Virus auch in China selbst seine Kreise, zweitens schwächt eine Weltwirtschaftskrise gerade den Staat am meisten, der seine Ökonomie mit weitem Vorsprung vor den USA zum Exportweltmeister herangezüchtet hat, und drittens würden die USA samt den Verbündeten dieses Vorgehen als Kriegsgrund verstehen und den chinesischen Staat auslöschen. Also: Nein!

Könnte es sein, dass Gott die Pandemie als Strafe für das sündige Treiben der Menschheit geschickt hat? Fragen Sie einen Papst, Popen oder Imam!

Könnte es sein, dass Adolf Hitler noch lebt und mit seinen letzten Getreuen, darunter einem Virologen, in einem unentdeckt gebliebenen Bunker unter dem Münchner Königsplatz ein vermeintlich für jedermann tödliches Virus zusammengebastelt und zwecks Spurenverwischung über Mittelsmänner im chinesischen Wuhan hat ausstreuen lassen, um sich nach langen Jahren des Grams am deutschen Volk zu rächen, weil es ihm den Endsieg und die Weltherrschaft vermasselt hat? Stern TV, bitte übernehmen Sie!

/4./ Der quer-deutsche Widerstand gegen die Corona-Politik der Bundesregierung oder: Wo sich Lechts und Rinks zum Verwechseln ähnlich sehen

Der Widerstand gegen die Corona-Politik der Bundes- und Landesregierungen umfasst ein breites Spektrum unterschiedlicher politischer Positionen. Er ist mit der klassischen Einteilung in Ultralinks – Links – Liberale Mitte – Rechts – Ultrarechts nicht zu fassen. Das ist insoweit nicht verwunderlich, als es zwischen den politischen Polen schon immer eine programmatische Schnittmenge und eine Tendenz zur inhaltlichen, organisatorischen und personellen Osmose beziehungsweise Diffusion gab. Georg K. Glaser beschreibt in seinem Roman „Geheimnis und Gewalt"[14] sehr eindringlich und berührend, wie in den dreißiger Jahren viele seiner kommunistischen Kampfgefährten zur NSDAP hinüberdiffundierten, und wie ihn der Versuch seiner eigenen Partei, der KPD, anwiderte, diesen Prozess durch immer extremeren Nationalismus zu stoppen. Auf einer Kundgebung gegen die Corona-Politik der Bundesregierung am 9. Mai in Stuttgart, an der von Veganern bis zu Reichsbürgern eine breite politische Farbpalette vertreten war, fragte einer der Veranstalter die zehntausend Anwesenden, wer sich als politisch „rechts" einordnen würde. Es erhoben sich nur wenige Hände. Das gleiche Ergebnis zeitigte die Frage, wer sich „links" verstehen würde. Bei der Frage allerdings, wer sich als „Verschwörungstheoretiker" bezeichnen würde, kam es zu einem Ausrutscher, weil viele Hände nach oben gingen. Da muss die Masse noch lernen. Der Mann auf der Bühne überging den Fauxpas nonchalant und brachte es auf den Punkt: Sie alle hier seien „Querdenker" und bildeten eine bundesweite „Querfront", die Deutschland von den Verrätern da oben säubern wolle. *Quere Deutsche* also haben sich in Stuttgart versammelt! Ich nenne die Protestanten

14 Georg K. Glaser: Geheimnis und Gewalt, Hamburg 1994

gegen die offizielle Corona-Politik in ihrer Gesamtheit deshalb ab jetzt der Einfachheit halber und um diesen Menschen in ihrem Selbstverständnis gerecht zu werden, die *Quer-Deutschen*. Weil ich aber eine Differenzialanalyse vornehmen möchte, greife ich dankbar auf Ernst Jandls berühmtes Gedicht „lichtung" zurück:

manche meinen
lechts und rinks
kann man nicht
velwechsern.
werch ein illtum![15]

Ich bezeichne unter Verwendung dieser luziden und geradezu hellseherischen Vorlage diejenigen unter den Quer-Deutschen, die zumindest den Anschein erwecken, mehr links angehaucht als rechts angeweht zu sein, als *Rinke* und jene Quer-Deutschen, bei denen es sich in punkto Gehauche und Gewehe genau umgekehrt verhält, als *Lechte.*

Zu den Rinken zähle ich die Gruppierung „Demokratischer Widerstand" mit ihrer gleichnamigen, angeblich in Hunderttausenden Exemplaren kostenlos verteilten Gazette (Herausgeber: Anselm Lenz, Batseba N'diaye und Hendrik Sodenkamp mit Prof. Giorgio Agamben), die Initiative „Querdenken 711" des Stuttgarter Unternehmers Michael Ballweg sowie das Internet-Magazin „Rubikon". Den Lechten ordne ich die AFD, Pegida, die NPD, die Reichsbürger, den Internet-Sender KenFM, den Buchverlag Antaios und Leute wie Eva Herman, Attila Hildmann und Xavier Naidoo zu.

In der Beurteilung der Lage gibt es auf den ersten Blick zwischen diesen Blöcken mehrere basale Übereinstimmungen. Unisono behaupten sie, dass die Corona-Pandemie zu einem Popanz aufgeblasen werde, das Vorgehen

15 Ernst Jandl: Laut und Luise, Stuttgart 1998, S. 135

der Politik fundamental gegen demokratische Prinzipien verstoße, die Politik die Bürger mundtot machen wolle und die Errichtung eines totalitären Überwachungsstaates plane, und dass schließlich alle aufrechten Demokraten aufstehen müssten, um die gefährdeten demokratischen Rechte zu verteidigen, selbst wenn es einen Umsturz des politischen Systems erfordere. Was Corona an sich betrifft, verweise ich auf die obigen Ausführungen und wende mich im Folgenden dem Demokratie-Verständnis der rinken Quer-Deutschen zu.

/4.1./ Die Rinken aka „Demokratischer Widerstand“ oder: Wie man mit losem Maul alten Wein in alte Schläuche füllt

Da staunen die Linken vom alten Schlag! Jahrzehntelang rackerten sie sich ab, den Arbeitern oder gleich dem ganzen Volk beizubringen, dass sie im kapitalistischen System zu kurz kommen, und hofften darauf, dass die so Berackerten gegen ihre Ausbeuter und Unterdrücker aufstehen und gehörig Rabatz, vielleicht sogar Revolution machen würden. Nichts dergleichen geschah. Müde setzte sich so manche(r) Linke zur Ruhe und wurde gesetzte(r) Altlinke(r). Und nun kommt eine Gruppierung namens „Demokratischer Widerstand“ kurz nach Ausbruch der Corona-Pandemie scheinbar aus dem Nirgendwo und ruft nicht nur zum Widerstand gegen die staatliche Corona-Politik auf, sondern stellt auch gleich die Machtfrage. Eine bundesweite Kundgebung in Berlin wird mit folgenden den Sieg im politischen Kampf großmäulig vorwegnehmenden Sätzen angekündigt:

> Am 1. August beginnt die Abstimmung mit den Füßen in Berlin. Aus der ganzen Republik reisen Menschen mit Bussen, Zügen, Autos, Fahrrädern und per pedes an. Die Deutschen verständigen sich neu. Der verfassungserneuernde Prozess beginnt um 11 Uhr am Brandenburger Tor. (…) Es lebe unsere neue Bundesrepublik![16]

Wenn das keine Chuzpe ist! Wir bestreiten der alten Bundesrepublik ihr Existenzrecht und schaffen uns eine neue! Im Klartext: „Die Deutschen“, also „wir“, planen die Revolution! Und was passiert, o ihr Linken, die ihr euch zur Ruhe gesetzt habt? Die Massen strömen! Ob es nun

16 Anne Höhne / Anselm Lenz / Batty N'Diaye / Hendrik Sodenkamp: „Es lebe unsere neue Bundesrepublik!“, in: Demokratischer Widerstand Nr. 12, 18. Juli 2020, S. 2

20000 oder 200000 Protestanten waren, die die Berliner Kundgebung besucht haben, tut nichts zur Sache: Es waren viele!
Was ist das für eine Kraft, die sich in diesem Deutschistan des Jahres 2020 breitgemacht hat wie eine Flunder und zum großen Schlag ausholen will?

/4.1.1./ Die Rinken, die Grundrechte und das Recht zum Widerstand oder: Wie man sich zwanzig vermeintliche Rosinen aus dem Grundgesetz pickt

In jeder Ausgabe der Wochenzeitung „Demokratischer Widerstand" werden auf einer ganzen Seite die ersten 20 Artikel des Grundgesetzes für die Bundesrepublik Deutschland abgedruckt. Das Grundgesetz wird auf Demonstrationen verteilt. Dort wird auch die schwarz-rot-goldene Nationalflagge geschwenkt und es erklingt der in der Endzeit der DDR gegen die Staatsregierung gerufene Sprechchor: „Wir sind das Volk!" Die Widerständler beteuern lautstark, dass sie in Treue fest zur Verfassung stünden, während die Regierung, die Landesregierungen, die Parteien und die Politiker durch ihre Corona-Politik Verrat am Grundgesetz begingen. Nun sei wegen des Lockdowns und der Einschränkungen des öffentlichen Lebens der Fall eingetreten, der in Artikel 20 (4) des Grundgesetzes beschrieben werde: „Gegen jeden, der es unternimmt, diese Ordnung zu beseitigen, haben alle Deutschen das Recht zum Widerstand, wenn andere Abhilfe nicht möglich ist."
Manche Dummheiten sind unausrottbar.
Würde jemand, der in einer Diktatur eingekerkert wird, rufen: „Das ist aber undiktatorisch!"?
Würde jemand, der in einem despotischen System eingesperrt wird, rufen: „Das ist aber undespotisch!"?
Würde jemand, der in einem faschistischen Staat wegen

seiner abweichenden Meinungen körperlich bedroht und versehrt wird, rufen: „Das ist aber unfaschistisch!"
Wenn aber ein demokratischer Staat auf der Grundlage seiner Gesetze Demonstrationen observiert, durch seine Geheimdienste alle Winkel der Gesellschaft ausleuchten lässt, wegen bestimmter politischer Anschauungen Berufsverbote erteilt, für eine bestimmte Zeit Grundrechte einschränkt, Notstandsgesetze beschließt und im Ernstfall exekutiert, militärisch aufrüstet und dann und wann Kriege führt, und überhaupt per Recht und Gesetz Lebensverhältnisse durchsetzt, die vielen Menschen im In- und Ausland Not und Armut bescheren, dann krischen die Linken von ehedem und kreischen die Rinken von heute wie von Sinnen: „Das ist aber undemokratisch!"
Nachdem ich 1978 das Erste Staatsexamen absolviert hatte, hat mir der Bayerische Staat aufgrund seines „Radikalenerlasses" den Zugang zum Referendariat für das Lehramt an Gymnasien verwehrt, weil ich Mitglied einer kommunistischen Studentenorganisation war. Korrekt, das *war* demokratisch!
Wenn Deutschland im Interesse wirtschaftlicher Vorteile diplomatische Beziehungen mit Staaten unterhält, in denen Oppositionelle verfolgt, verhaftet, gefoltert und ermordet werden, dann *ist* das demokratisch!
Wenn Deutschland auf „atomare Teilhabe" pocht, dann *ist* das demokratisch!
Wenn Deutschland keine Geschwindigkeitsbegrenzung auf Autobahnen einführt, obwohl das jedes Jahr viele Menschen das Leben oder die Gesundheit kostet, dann *ist* das demokratisch!
Als die USA als bisher einziges Land Atombomben eingesetzt haben, dann *war* das demokratisch!

In der Psychologie gibt es den Begriff des „Framings". Darunter ist zu verstehen, dass man durch Propaganda und ständige Wiederholung in den Hirnen und Herzen der so Bearbeiteten Konnotationen herstellt, die gar nicht mehr reflektiert werden müssen. Früher oder später sind sie jedem in Fleisch und Blut übergegangen. „Coca Cola" verbindet fast jeder sofort mit „Freundschaft", „Marlboro" mit „Abenteuer" und „Demokratie" mit „Supergutes politisches System, das beste überhaupt". Natürlich werden die meisten Demokratiefreunde zugeben, dass es das mit Hiroshima und Nagasaki nicht gebraucht hätte, dass die Umweltzerstörung, die durch das Wirken demokratischer Staaten und ihres marktwirtschaftlichen Systems verursacht wird, inakzeptabel ist, dass Hartz IV für viele Menschen eine Katastrophe darstellt, aber nie! nie! nie! kommen sie auf die Idee, dass all das *Methode* hatte bzw. hat. Idealistische Linke und auch die Rinken von heutzutage betrachten die von ihnen beklagten politischen Maßnahmen als *Abweichungen* vom an und für sich guten demokratischen System, als Ausrutscher, als Schandfleck – für Deutschland! Sie demonstrieren, zetteln Streiks an, wiegeln auf, gehen manchmal sogar auf die Barrikaden – für die Reinwaschung der Demokratie, für ihre Rettung. Sie bezeichnen sich als Musterdemokraten und bemerken in ihrer Verblendung nicht, dass sie selbst immer tiefer im Sumpf von Machtausübung und Nationalbewusstsein versinken. Spätestens dann, wenn sie Parteien gründen und in einem Parlament an die Macht kommen, werden aus idealistischen Protestlern realpolitische Entscheider. Das paradigmatische Beispiel sind die deutschen Grünen, die durch ihr mittlerweile jahrzehntelanges parlamentarisches Mitwirken in Regierung und Opposition *de facto* an der Klimakatastrophe mitgestrickt haben. Das abschreckendste Beispiel ist Joschka Fischer, der als grüner Außenminister den ersten kriegerischen Einsatz deutschen Militärs im Ausland verantwortete und heute als *elder statesman* daherbramarbasiert, dass Europa auch militärisch vermehrt seiner internationalen Verantwortung gerecht werden müsse.

Seit vierzig Jahren rede ich mir den Mund fusslig, dass die demokratische Legislative immer wieder *rechtmäßig* neue Sicherheitsgesetze zum Kampf gegen ihre inneren und äußeren Feinde verabschiedet, und seit eben diesen vierzig Jahren muss ich immer wieder erleben, dass sie von Demokratie-Idealisten als hässliche, entfernbare Warzen am wunderschönen Körper der Demokratie gebrandmarkt werden. Jedesmal, wenn neue Sicherheitsgesetze geplant werden, wollen Linke genau den Zustand verteidigen, den sie noch bei der vorherigen Gesetzesnovellierung bekämpft haben. So jagen denn die Linken wie die Bekloppten bellend, jaulend und kläffend hinter jeder neuen Verschärfung der Sicherheitsgesetze her, um dann, wenn sie, wie zu erwarten, vom Staat vor vollendete Tatsachen gestellt werden, winselnd den Schwanz einzuziehen – bis zur nächsten Kampagne! Denn ein treuherziger Linker gibt niemals auf, leider auch nicht seine falschen Ansichten, die letzten Endes genau dem System dienen, das er so beharrlich anbelfert. Auch schon 1968, zum Höhepunkt der Studentenbewegung, war das so. Gunnar Hinck schreibt in seinem Buch über radikale linke Politik in den siebziger Jahren:

> Die Notstandsgesetze waren Ende Mai vom Bundestag verabschiedet worden, so dass der APO [Außerparlamentarische Opposition; Anm. R. A.] ein wichtiges, identitätsstiftendes Thema abhandenkam. Einmal in Kraft getreten, spielten die Gesetze paradoxerweise keine Rolle mehr.[17]

Das *wesentliche* Ergebnis linken Tuns ist seit eh und je die Zementierung der Politik- und Staatsgläubigkeit in den eigenen und leider auch in fremden Köpfen sowie der unerschütterliche Glaube daran, dass der Mensch nicht ohne Nationalität leben kann. Wer „Demokratie" sagt, sagt

17 Gunnar Hinck: Wir waren wie Maschinen – Die bundesdeutsche Linke der siebziger Jahre, a. a. O., S. 104

auch „Staat" und „Nation". Das eine ist ohne das andere nicht zu haben. Wenn man die Vokabel „Demokratie" auf ihre zwei Bestandteile hin abklopft, kommt „Volk" und „Herrschaft" heraus. Ein Volk ohne Staat gibt es nicht, und einen Staat, der ein wie Gummi knetbares Instrument in den Händen eines Volkes ist, gibt es auch nicht. Der Staat ist der Souverän. Die Bürger dürfen ihre Meinung äußern und in Form von Parteien an der politischen Willensbildung *im Rahmen der bestehenden Gesetze* mitwirken.

Der den Politik-, Staats- und Nationalglauben bestärkende Mitwirkungswille der Linken hat eine lange und unrühmliche Tradition. Von der SP**D** über die USP**D** und KP**D** bis hin zu SE**D** und **D**KP hatten und haben fast alle Parteien sowohl der reformistischen als auch revolutionären Linken das „D" im Namen und befanden respektive befinden sich somit auf einer ganz basalen Ebene im gleichen Fahrwasser wie NS**D**AP, NP**D** und AF**D** auf der ultrarechten und nationalsozialistischen Seite. So sieht es heute auch im Bundestag aus. Von links bis rechts sind – in ihrem jeweiligen Selbstverständnis – lauter „gute Deutsche" vertreten und alle wollen politische Gestaltungsmacht in Deutschland erringen. Allesamt ergreifen sie *Partei* für dieses Land und verfolgen das Ziel, als *Pars* – möglicherweise in Koalitionen mit anderen *Partes* – im Namen des *Totums* der deutschen Nation, des deutschen Volkes und des deutschen Staates zu regieren. Der linke Weg war schon immer ein patriotischer Irrweg! Den Spruch von Bertolt Brecht: „Der Schoß ist fruchtbar noch, aus dem das kroch!" muss man richtig verstehen. Aus dem von Links über die politische Mitte bis Rechts einhellig kundgetanen und vom allergrößten Teil der Bevölkerung mitgetragenen Ja zur deutschen Nation und zum deutschen Staat und zur Herrschaft des deutschen Volkes kann wie in der Weimarer Republik etwas herauskriechen, was man als nationalsozialistische Diktatur bezeichnen muss.

Nun also bilden die Rinken, mit dem Grundgesetz wedelnd, *eine neue Welle* der Demokratie-, Staats- und Nationalgläubigkeit aus.

/4.1.2./ Die Rinken reden sich die herausgepickten Grundrechte schön oder: Wie man im Sozialkunde-Unterricht mit Pauken und Trompeten durchfallen würde

Kennen aber die Rinken das Grundgesetz so gut, wie man es von einem Fanatiker dieses Gesetzeswerkes an und für sich erwarten dürfte? Haben sie im Sozialkunde-Unterricht oder eventuell im Politik-Studium wirklich gut aufgepasst? Haben sie beim Selbststudium *genau* und *vorurteilslos* hingesehen?
Immerhin ist die CDU/SPD-Regierung hundertprozentig verfassungsgemäß zustande gekommen! Die Bundeskanzlerin ist verfassungsgemäß vom Bundestag gewählt worden und verfügt verfassungsgemäß über die Richtlinienkompetenz. Die Abgeordneten des Bundestags sind verfassungsgemäß in einer Bundestagswahl gewählt worden. Die Mehrheitsverhältnisse im Bundestag haben sich verfassungsgemäß aus dem Auszählen der von den Wählern abgegebenen Erst- und Zweitstimmen ergeben. Alle Staatsgewalt ging auch im Oktober 2017, wie es in Artikel 20 (2) des Grundgesetzes festgelegt ist, vom Volke aus.
Hoppala, ihr Rinken! *Wohin* geht denn die Staatsgewalt vom Volke aus? Habt ihr weitergelesen? Besagter Artikel 20 (2) GG gibt eine glasklare Auskunft:

> Alle Staatsgewalt geht vom Volke aus. Sie wird vom Volke in Wahlen und Abstimmungen und durch besondere Organe der Gesetzgebung, der vollziehenden Gewalt und der Rechtsprechung ausgeübt.

Legislative, Exekutive und Judikative, Herrschaften! *Dort* ist die Staatsgewalt gelandet. Im Grunde genommen sollte das jedes Kind wissen, und jeder Wähler sollte sich bewusst sein, dass er bei einer Wahl seine Stimme *abgibt* und das weitere demokratische Procedere *anerkennt.* Er kann hinkünftig von der Regierungspolitik abweichende Meinungen *äußern*, aber politisch *entscheiden* kann er vier Jahre lang nix mehr. Weder müssen die Staatsbürger gefragt werden, wenn eine parlamentarische Beschlussfassung zu was auch immer ansteht, noch darf das Volk das Parlament und die Regierung zu etwas zwingen. Der von den Linken so heiß geliebte „Druck von der Straße" darf ausgeübt werden, das ja, schon alleine deshalb, weil auf diese Tour gehörig Dampf abgelassen werden kann, aber nie und nimmer darf sich laut dem Grundgesetz für die Bundesrepublik Deutschland „die Straße" Hoffnung machen, das Regieren zu übernehmen. Wer das mit Gewalt versucht, handelt undemokratisch, und weil die Urväter des Grundgesetzes 1949 eingedenk der deutschen Geschichte und im Interesse des Schutzes des Staats ausschließen wollten, dass diese elementare Bestimmung des demokratischen Systems der Bundesrepublik von innerhalb des Parlaments oder von außerhalb ausgehebelt werden kann, haben sie den berühmten Absatz (4) des Artikels 20 eingefügt:

> Gegen jeden, der es unternimmt, diese Ordnung zu beseitigen, haben alle Deutschen das Recht zum Widerstand, wenn andere Abhilfe nicht möglich ist.

Damit, ihr Rinken, seid auch ihr gemeint! Wenn ihr mit Widerstand nicht meint, zu demonstrieren und eure Sicht der Dinge schriftlich und mündlich kundzutun, wenn ihr mit Widerstand nicht meint, das Bundesverfassungsgericht anzurufen, wenn ihr mit Widerstand nicht meint, eine Partei zu gründen und den Marsch durch die Institutionen anzutreten, sondern wenn ihr mit Widerstand meint, gewalttätig auf die demokratischen Institutionen einzuwirken oder sogar einen Umsturz herbeizuführen – dann seid *ihr* nach dem Buchstaben des Grundgesetzes bis auf die Knochen *undemokratisch!* Dann habt ihr nicht nur mit der Strafverfolgung durch die demokratische Exekutive zu rechnen, sondern auch mit dem Widerstand des Volkes, es sei denn, das Volk kennt die Bestimmungen des Grundgesetzes ebenso wenig wie ihr.

Erstes Fazit: Die Rinken wollen die Demokratie mit einem *Angriff* auf die Demokratie „verteidigen"!
Ich gehe davon aus, dass sich zumindest die Wortführer der Rinken über diesen Sachverhalt klar sind, sich aber nach außen hin aus polittaktischen Erwägungen diesbezüglich einen Maulkorb verpassen. „Recht zum Widerstand"! Wenn man sich diese aus dem Gesamttext des Artikels (20) herausgehülsten Worte auf seine schwarz-rot-goldenen Fahnen schreibt, meine Güte, wie geil klingt das denn?

Das vermeintliche Recht zum Widerstand begründen die Rinken damit, dass die Bundesregierung und die Landesregierungen durch ihre Corona-Politik die in den Artikeln (1) bis (19) des Grundgesetzes niedergelegten Grundrechte missachten und somit einen Verfassungsbruch begehen würden.
Nun ist es mit diesen Grundrechten von Haus aus so eine Sache. Es verhält sich mit diesem Pluralwort wie mit den Schlagworten „Demokratie", „Frieden", „Staat" und „Politik". Die damit gemeinten Denotate werden als unhintergehbare Konstituenten des Lebens der Menschen, zumal des 21. Jahrhunderts, dargestellt. Sie sind *fraglos* gut. Framing, das bereits im Kindergarten beginnt! Man sollte sich aber schon mal fragen, was das eigentlich für eine Welt ist, in der man mit *Rechten* für Selbstverständlich-

keiten zugepflastert wird. So selbstverständlich scheint es also doch nicht immer zu sein, dass die Wohnung und das Briefgeheimnis unverletzlich sind. Und in der Tat, *das Grundgesetz selbst* erlaubt Einschränkungen der Grundrechte durch die Organe der Gesetzgebung, der vollziehenden Gewalt und der Rechtsprechung! Hier eine Auswahl:[18]

- **Art. 2 [Freie Entfaltung der Persönlichkeit, Recht auf Leben, körperliche Unversehrtheit, Freiheit der Person]** (2): „Jeder hat das Recht auf Leben und körperliche Unversehrtheit. Die Freiheit der Person ist unverletzlich." Klingt gut, nicht wahr, aber dann folgt der Passus: „In diese Rechte darf nur auf Grund eines Gesetzes eingegriffen werden." Warum verschweigt ihr das, ihr Rinken?
- **Art. 5 [Recht der freien Meinungsäußerung, Medienfreiheit, Kunst- und Wissenschaftsfreiheit]** (1): „Jeder hat das Recht, seine Meinung in Wort, Schrift und Bild frei zu äußern und zu verbreiten und sich aus allgemein zugänglichen Quellen ungehindert zu unterrichten. Die Pressefreiheit und die Freiheit der Berichterstattung durch Rundfunk und Film werden gewährleistet. Eine Zensur findet nicht statt." Klingt gut, nicht wahr, aber dann folgt Absatz (2): „Diese Rechte finden ihre Schranken in den Vorschriften der allgemeinen Gesetze, den gesetzlichen Bestimmungen zum Schutze der Jugend und in dem Recht der persönlichen Ehre." Warum verschweigt ihr das, ihr Rinken?
- **Art. 8 [Versammlungsfreiheit]** (1): „Alle Deutschen haben das Recht, sich ohne Anmeldung oder Erlaubnis friedlich und ohne Waffen zu versammeln." Klingt gut, nicht wahr, aber dann folgt Absatz (2): „Für Versammlungen unter freiem Himmel kann dieses Recht durch Gesetz

18 „Grundgesetz für die Bundesrepublik Deutschland vom 23. Mai 1949", in: Grundgesetz, 51. Auflage, Stand: 1. März 2020, München 2020, S. 1-76

oder auf Grund eines Gesetzes beschränkt werden." Warum verschweigt ihr das, ihr Rinken?
- **Art. 9 [Vereinigungsfreiheit]** (1): „Alle Deutschen haben das Recht, Vereine und Gesellschaften zu bilden." Klingt gut, nicht wahr, aber dann folgt Absatz (2): „Vereinigungen, deren Zwecke oder deren Tätigkeit den Strafgesetzen zuwiderlaufen oder die sich gegen die verfassungsmäßige Ordnung oder gegen den Gedanken der Völkerverständigung richten, sind verboten." Warum verschweigt ihr das, ihr Rinken?
- **Art. 10 [Brief-, Post- und Fernmeldegeheimnis]** (1): „Das Briefgeheimnis sowie das Post- und Fernmeldegeheimnis sind unverletzlich." Klingt gut, nicht wahr, aber dann folgt der erste Satz von Absatz (2): „Beschränkungen dürfen nur auf Grund eines Gesetzes angeordnet werden." Warum verschweigt ihr das, ihr Rinken?
- **Art. 11 [Freizügigkeit]** (1): „Alle Deutschen genießen Freizügigkeit im ganzen Bundesgebiet." Klingt gut, nicht wahr, aber dann folgt Absatz (2): „Dieses Recht darf nur durch Gesetz oder auf Grund eines Gesetzes und nur für die Fälle eingeschränkt werden, in denen eine ausreichende Lebensgrundlage nicht vorhanden ist und der Allgemeinheit daraus besondere Lasten entstehen würden oder in denen es zur Abwehr einer drohenden Gefahr für den Bestand oder die freiheitliche demokratische Grundordnung des Bundes oder eines Landes, zur Bekämpfung von Seuchengefahr, Naturkatastrophen oder besonders schweren Unglücksfällen, zum Schutze der Jugend vor Verwahrlosung oder um strafbaren Handlungen vorzubeugen, erforderlich ist." Warum verschweigt ihr das, ihr Rinken?
- **Art. 18 [Verwirkung von Grundrechten]**: „Wer die Freiheit der Meinungsäußerung, insbesondere die Pressefreiheit (Artikel 5 Abs. 1), die Lehrfreiheit (Artikel 5 Abs. 3), die Versammlungsfreiheit (Artikel 8), die Vereinigungsfreiheit (Artikel 9), das Brief-, Post- und Fernmeldegeheimnis (Artikel 10), das Eigentum (Artikel 14)

oder das Asylrecht (Artikel 16a) zum Kampfe gegen die freiheitliche demokratische Grundordnung mißbraucht, verwirkt diese Grundrechte. Die Verwirkung und ihr Ausmaß werden durch das Bundesverfassungsgericht ausgesprochen." Verschweigt ihr das, ihr Rinken, weil ihr euch angesprochen fühlt?

Kurz und gut: Wenn der „Demokratische Widerstand" und andere rinke Gruppen behaupten, dass die Bundesregierung und die Landesregierungen verfassungsbrüchig würden, weil sie zur Bekämpfung der Corona-Pandemie Grundrechte einschränken, handelt es sich im besseren Fall um Nichtwissen und im schlechteren um eine interessegeleitete *Lüge* und um eine *Irreführung*. Die Einschränkung des Rechtes auf Freizügigkeit wird in Art. 11 (2) sogar *explizit* mit dem Verweis auf eine Seuchengefahr erlaubt! Die Agitation der Rinken erweckt zusätzlich den Anschein, als ob die betreffenden Grundgesetze durch die „Politiker-Kaste" *abgeschafft* werden sollten. Auch das ist eine Lüge, da es bei allen corona-politischen Maßnahmen um *zeitlich begrenzte* Einschränkungen geht. Das Grundgesetz selbst *verbietet* die Aufhebung der Grundrechte in Artikel 19 (2): „In keinem Falle darf ein Grundrecht in seinem Wesensgehalt angetastet werden." Das Antasten sprich die Aufhebung eines oder mehrerer, wenn nicht aller Grundrechte könnte allenfalls dann geschehen, wenn durch Wahlen Parteien mit völkisch-nationaler, religiöser oder sozialdiktatorischer Programmatik an die Macht kämen und den Staat von innen her legislativ, exekutiv und judikativ umformten. Philip Manow schreibt in seinem Buch „Die (Ent-)Demokratisierung der Demokratie" zutreffend:

> Die beständige Gefahr besteht darin, dass die Feinde der Demokratie im Namen der Demokratie die Demokratie kapern könnten.[19]

19 Philip Manow: Die (Ent-)Demokratisierung der Demo-

Genau für diesen Fall ist im Jahr 1968 zusammen mit den Notstandsgesetzen, die unter anderem die Einschränkung von Grundrechten erlauben, der Artikel 20 (4) in das Grundgesetz eingefügt worden.
De te fabula narratur, „Demokratischer Widerstand"?

Zweites Fazit: Die Rinken erweisen sich als durch und durch undemokratisch, indem sie den die Staatsgewalt ausübenden Organen der Gesetzgebung, der vollziehenden Gewalt und der Rechtsprechung das Recht absprechen, in Zeiten der Corona-Pandemie Grundrechte vorübergehend einzuschränken!

/4.1.3./ Die Rinken und die Meinungsfreiheit oder: Wie man frei Schnauze ein Hygiene-Textil mit einem Maulkorb „verwechselt"

Ganz obenan bei den Beschwerden der Rinken über die Verfassungswidrigkeit politischer Maßnahmen in Corona-Zeiten steht die Klage über die Einschränkung der Meinungsfreiheit. Immer wieder hört man aus ihren und überhaupt aus aller Quer-Deutschen Mündern die Behauptung, dass die verfassungsbrüchige Merkel-Regierung eine Meinungsdiktatur zu errichten beabsichtige beziehungsweise in weiten Teilen schon errichtet habe. Sehr oft wird die staatliche Anordnung, in Geschäften und öffentlichen Verkehrsmitteln eine Mund-Nase-Bedeckung zu tragen, als „Maulkorb-Erlass" bezeichnet.
Laut Duden bedeutet die Redewendung „jemandem einen Maulkorb anlegen", dass einer Person durch Verbote und Zwangsmaßnahmen die freie Meinungsäußerung unmöglich gemacht werden soll. Nun ist auf den ersten Blick ersichtlich, dass eine Mund-Nase-Bedeckung ein ganz und gar untaugliches Mittel darstellt, jemanden mund-

---

kratie, Berlin 2020, S. 140

tot zu machen. Unter diesem Hygiene-Textil plappert es sich manchmal sogar munterer drauflos als barlippig und bloßnäsig. Man kann sprechen und wird gehört. Überall. Es handelt sich also *nicht* um ein meinungsäußerungsverhinderndes Utensil, sondern um ein Maulkörbchen – *für die Viren!* Die sollen unmittelbar vor den Meinungsverkündungsportalen abgefangen werden, auch dann, wenn Rinke sprechen und ihre politischen An- und Absichten kundtun! Die Vorstellung, dass eine Staatsgewalt durch von Ohr zu Ohr vor die Artikulationsschlitze seiner Untertanen gehängte Lappen deren Wortmeldungen kontrollieren und im Bedarfsfall unterdrücken will, mag ein mäßig lustiger Regie-Einfall für eine Operetten-Inszenierung sein, in der ein Operettenstaat vorkommt, allein, aus dem – wahrscheinlich – unverhüllten Mund eines Corona-Protestanten hört sich dieses schrill vorgetragene Theorem an wie auf politischen Ertrag berechnetes – *hysterisches Hühnerhofgegacker!*

Durch die politischen Corona-Maßnahmen ist die deutsche Presse-Landschaft in keiner Weise beeinträchtigt worden. Die gesamte Medienwelt rotiert genauso wie vor Corona, nein, sogar noch mehr und noch schneller. Ihr Rinken seid das beste Beispiel. Vor Corona war von eurem „Demokratischen Widerstand“ nichts zu sehen oder höchstens ein matter Vorschein. Nun haut ihr jede Woche in rauhen Mengen ein Blatt raus, laut euren eigenen Angaben ab Mai sogar in einer Auflage von einer halben Million. Rinke und Lechte tröten in einer Frequenz ihre Sichtweisen in Wort, Bild und Schrift in die Welt hinaus, dass es im Blätter- und Bildschirmwald rauscht und knistert wie schon lange nicht mehr. Ich habe nun schon einige Tage meines befristeten Lebens hingegeben, um das, was ihr *in einer Tour* von euch gebt, auch den größten Unsinn, zu lesen und anzuhören. Ihr Rinken behauptet unablässig, dass die angeblich mit der Regierung unter einer Decke steckenden Medien wie ARD und SZ die Öffentlichkeit manipulieren würden. Nun, da mag was dran sein, aber sie werden sich anstrengen müssen, wenn sie die Verdrehungen und Lügen, die *ihr* der Welt über die Demokratie und die Grundrechte erzählt, übertrumpfen wollen. Ansonsten: Wo ist denn das Problem? Ihr lebt in eurer Meinungs- und Medien-Bubble und andere Zeitgenossen in der ARD- und SZ-Seifenblase! Das Internet ist euer Tummelfeld. Spätestens Blauhelm Rezo hat mit seinen millionenfach angekuckten Videos eine neue Epoche der Meinungsmacherei eingeläutet. Ihr Protestanten erzählt der Menschheit, dass Demokratie das Beste für sie sei – und die von euch so gegeißelten „Staatsmedien" verkünden das auch! Von so viel Aufmerksamkeit, wie ihr sie jetzt habt, konntet ihr vor Kurzem doch nur träumen! Ihr könnt doch die demokratische Meinungsvielfalt, die euch – scheinbar oder anscheinend? – so sehr am Herzen liegt, jetzt besser denn je zusammen mit vielen anderen mit Leben erfüllen, oder? Der demokratische Staat lässt euch ungehindert *Teil des öffentlichen Lebens* sein! Wie viele Leute lesen und hören denn jetzt den „Demokratischen Widerstand" und den „Rubikon", die sie noch vor Wochen nicht einmal dem Namen nach gekannt haben? Ihr rühmt euch sogar unentwegt, dass ihr mit eurem müpfig-sauerteigigen Amtsblatt die „auflagenstärkste Wochenzeitung der Republik" habt! Mensch, zwickt euch!

Drittes Fazit: Wider alle Fakten und wider besseres Wissen verbreiten die Rinken die Lüge, dass das Grundrecht auf Meinungsfreiheit im Allgemeinen und ihre Meinungskundgabefreiheit im Besonderen durch die Corona-Politik eingeschränkt worden seien.

Bezüglich Versammlungen unter freiem Himmel sprich Demonstrationen und Kundgebungen allerdings wurden die Meinungsäußerungsmöglichkeiten tatsächlich eingeschränkt. Abgesehen davon, dass, wie oben aufgezeigt, jedes Grundrecht ganz verfassungsgemäß eingeschränkt werden darf, verfolgen aber die staatlichen Maßnahmen gar nicht ursächlich den Zweck, Menschen die Kundgabe ihrer Meinungen zu verunmöglichen, sonst hätte man ja auch das Drucken von Zeitungen und das Nutzen der Internet-Kanäle unterbinden müssen, sondern sie dienen dem Ziel, die Verbreitung des Corona-Virus zu verhindern. Aus diesem Grund wurden auch massenhafte Zusammenkünfte von Menschen in Kinos, Theatern, Fitness-Centern, Kirchen und Fußballstadien untersagt. Hat eigentlich schon mal jemand behauptet, dass die Politik mit dem temporären Verbot des Besuchs von Fußballspielen das Ziel verfolgen würde, dem (Profi-)Fußballsport das Lebenslicht auszublasen? Hat schon mal jemand behauptet, dass die Politik mit der vorübergehenden Schließung von Theatern, Kinos und Kleinkunstbühnen die Vernichtung des kulturellen Lebens auf die Agenda gesetzt hätte? Hat schon mal jemand behauptet, dass die Politik mit der vorübergehenden Schließung von Friseurläden die Verwilderung der Haartracht als Staatsziel ausgegeben hätte? Der Zweck der staatlichen Maßnahmen ist eindeutig. Es wäre ja auch zu doof, sich auf welche Weise auch immer ein Virus ins deutsche Haus zu holen, bloß damit neue, schärfere Gesetze zur inneren Sicherheit erlassen werden können. So un-souverän ist kein Staat! Und noch eins ist klar: Wenn die zuständigen staatlichen Organe beschließen, dass ausnahmslos *alle* Plätze, an denen viele Menschen sich sehr nah kommen, temporär geschlossen werden müssen, damit die Ausbreitung des Virus gestoppt wird, dann gilt das natürlich auch für Demonstrationen! Gleiches Recht für alle, ein urdemokratisches Prinzip, das wollt ihr Rinken doch auch! Warum habt ihr denn sonst dick und fett auf die Eingangsseite eures „Demokratischer Widerstand“-Internet-Portals den Dreiklang „Freiheit – *Gleichheit* – Geschwisterlichkeit“ gepflanzt?

Seit Anfang Mai sind Kundgebungen unter bestimmten Bedingungen wieder erlaubt: Begrenzte Teilnehmerzahl, eineinhalb Meter Abstand und Mund- und Nase-Bedeckung! Was machen die Quer-Deutschen? Sie halten sich an nichts! Im Gegenteil: Sie werden aggressiv gegenüber andersdenkenden Menschen und gefährden durch ihr Verhalten die schon errungenen Fortschritte im Kampf gegen das Virus und die Gesundheit vieler Menschen!
Das Politikverständnis der Rinken lässt sich zum bisherigen Stand der Untersuchung so zusammenfassen:

1. Die Rinken sind deutsche Nationalisten.
2. Die Rinken geben sich als Fanatiker des Grundgesetzes für die Bundesrepublik Deutschland aus.
3. Die Rinken stellen im Widerspruch zu ihrer Grundgesetzgläubigkeit die im Grundgesetz enthaltenen Grundrechte falsch dar.
4. Die Rinken verstoßen in Wort und Tat gegen das demokratische Grundgesetz. Sie denken und handeln undemokratisch.

Die Rinken praktizieren also schon im Anfangsstadium ihrer Politkarriere genau das, was sie der laut ihren Aussagen volksverräterischen Politikerkaste vorwerfen: Verdrehung von Tatsachen und Bereitschaft zum Lügen und Heucheln! Kompliment, ihr Widerständler, so kann aus euch noch etwas werden!

/4.1.4./ Die Rinken und ihre Kampfansage an die Entscheidungsfreiheit von Entscheidern und die Meinungsfreiheit von Meinungsmachern oder: Was ich nicht will, was du mir tust, das füg´ ich flott dir selber zu!

Im Grunde genommen könnte man damit die Sache auf sich beruhen lassen. Stinknormale und sterbenslangwei-

lige Querelen unter deutschen Nationalisten über den korrekten Gang der Dinge für die deutsche Nation, für den deutschen Staat, für die deutsche Wirtschaft, für das deutsche Volk! Irgendwann werden sie eine neue Partei gründen, halt, haben sie schon, Bodo Schiffmann, „Widerstand 2020“, dann versanden sie entweder oder schicken ein neues Grüppchen Delegierter in den Bundestag, und hastenichgesehn stecken sie schnell auch dort, wo sie bis dahin nur die „Etablierten“ ausmachten, nämlich unter *einer* Decke! Das Leben ist zu schön, um sich weiter mit so einem miefigen, reaktionären Schmarrn abzugeben.
Aber nein! Am 16. Mai haben die Rinken in der Nr. 5 ihrer Zeitung „Demokratischer Widerstand“ mit einer Liste von „45 Forderungen“ dankenswerterweise die Katze aus dem Sack gelassen. Nein, sie wollen *nicht* mit der Berliner „Politiker-Kaste“ früher oder später unter einer Decke stecken, sie wollen eine ganz *neue* Decke über Deutschland spannen! Sie wollen den *Umsturz:*

> 33. Veranstaltungen und Zusammenkünfte, einschließlich Sitzungen des Parlaments der Europäischen Union, seiner Fraktionen und Ausschüsse, des Deutschen Bundestages, seiner Fraktionen und Ausschüsse, des Bundesrates und seiner Ausschüsse, des Abgeordnetenhauses, seiner Fraktionen und Ausschüsse, der Bundesregierung, des Senats von Berlin, des Rats der Bürgermeister und seiner Ausschüsse — (die Krisenmachergremien) werden bis auf Weiteres nicht mehr stattfinden. 34. Die Krisenmacher werden sich vor einem Gericht verantworten müssen — das Corona-Tribunal.[20]

Warum denn nicht gleich? Das ganze Getue und Geheuchle um den Schutz des Grundgesetzes hätten sich die Rinken sparen können, aber mit Speck fängt man eben Mäuse! Der Speck ist das Grundgesetz, das man, wie

20 Jill Sandjaja: „45 Forderungen“, in: Demokratischer Widerstand Nr. 5, 16. Mai 2020, S. 2

ich im Fernsehen gesehen habe, auch etwa achtjährigen Kindern in die Hand drückt, die man auf Kundgebungen mitgezerrt hat (Keine Manipulation, was?), und wenn man dann zum Sturm auf die Parlamente und überhaupt alle legislativen, exekutiven und judikativen Institutionen und die Hunderttausende von in ihnen angestellten und verbeamteten Personen ansetzt, denn ohne das wird man die „Krisenmacher" nicht vor das angestrebte Tribunal bringen können – dann schnappt die Falle zu! Dann wird ein *neues* Deutschland entstehen, und wie in diesem Staat, in dem die Quer-Deutschen die *Macht* ergriffen haben werden, die Demokratie aussehen wird, verraten unverblümt zwei weitere Forderungen:

> 35. Drosten soll nochmal Medizin studieren, glaube ich.
> 36. Hubert Burda Media, Axel Springer, Bertelsmann, G+J, Die Zeit, ARD, ZDF, Holtzbrinck Publishing Group, Verlagsgruppe Handelsblatt, Funke Medien Gruppe, taz, Süddeutsche Zeitung und die Frankfurter Allgemeine – dieses deutsche Mediennetzwerk beendet sofort seine Propaganda. Sie werden in Zukunft fair und sachlich berichten oder andere machen das für sie.[21]

Nein, „Drosten" (Kein Vorname, kein Titel, nichts!) wird in diesem System nicht „nochmal Medizin studieren sollen" (Das ist auch schon wieder gelogen!), er wird es weder dürfen noch müssen, sondern man wird ihm die Ausübung seines Berufs untersagen, und er wird froh sein müssen, wenn es *dabei* bleibt.

In diesem sauberen Deutschland der Rinken – und Lechten? – wird es eine *Gleichschaltung* der öffentlichen Meinung geben. Tausende von Journalisten werden gezwungen werden, die Weltsicht der neuen Herrscher und ihres sauberen Volks zu teilen und weiterzugeben, anderenfalls das „andere für sie machen", und ich wage zu prophezeien, dass es auch hier nicht bei Berufsverboten bleiben wird.

21 Ebd.

Nun ist die Welt völlig verkehrt: In der Bundesrepublik Deutschland dürfen Rinke und Lechte ungehindert ihre Meinungen verbreiten, aber sie schwafeln von einer Meinungsdiktatur, die es abzuwenden gelte, und dann, wenn *sie* das Heft in der Hand haben, bringen sie umgehend das ganze Land auf Linie, indem sie abweichende Meinungen verbieten! Den richtigen Ton haben sie auch schon angeschlagen: Es ist der geifernde Ton von Freunden der Nation, des Staates und des Volkes gegen – *Volksschädlinge!* Mit ihrer Proklamation kündigen die Rinken indirekt an, dass sie auch einem Teil der Bevölkerung den Mund verbieten werden, denn wenn sie es schon den Journalisten verbieten wollen, „unfair" und „unsachlich" berichten zu wollen, warum sollten sie dann vor Privatpersonen haltmachen, Journalist ist ja heutzutage jeder, wie es die Rinken und Lechten selbst am besten vormachen.[22]

---

22 Das Androhen von Volks- oder Revolutionsgerichten seitens radikaler Linker an die Adresse von „Volksfeinden" hat eine lange Tradition. Ein Beispiel ist in Gunnar Hincks Abhandlung über die bundesdeutsche Linke der siebziger Jahre nachzulesen. Ein Staatsanwalt erinnert sich an Tiraden von Hans-Gerhart „Joscha" Schmierer, der von 1973 bis 1982 Sekretär des Zentralkomitees des KBW (Kommunistischer Bund Westdeutschland) war: „Von allen Revoluzzern, mit denen ich damals dienstlich zu tun hatte, war er bei weitem der fanatischste, erfüllt von einem unbändigen Hass auf die Vertreter der Staatsgewalt. Richtern und Staatsanwälten drohte er, dass sie sich dereinst vor den Revolutionsgerichten für ihre Tätigkeit zu verantworten hätten." (Gunnar Hinck: Wir waren wie Maschinen – Die bundesdeutsche Linke der siebziger Jahre, a. a. O., S. 126) Äußerungen dieser Art qualifizierten den guten Mann offenbar für eine von 1999 bis 2007 währende Mitarbeit im Planungsstab des Auswärtigen Amts unter Bundesaußenminister Joschka Fischer sowie dessen Nachfolger Frank-Walter Steinmeier, wo er u. a. für Grundsatzfragen der Europapolitik zuständig war. Joschka & Joscha im AA – manchmal spinnt die Geschichte!

/4.1.5./ Die Rinken sinken hin in die Zeit und den ostdeutschen Raum vor 1989 oder: Wie man nach einer deutschen Tragödie eine deutsche Farce aufführt

Mir blitzt etwas durch den Kopf und ich schreibe es jetzt brühwarm hin. Irgendwie kommt mir das Modell des „Demokratischen Widerstands“ für ein neues Deutschland bekannt vor. Ich habe ein Déjà-vu! Neues Deutschland? Das ist es! Die Tageszeitung „Neues Deutschland“ war von 1946 bis 1989 das Zentralorgan der Sozialistischen Einheitspartei Deutschlands. Und diese SED war die Staats- und Regierungspartei – *der DDR!!!* Dem „Demokratischen Widerstand“ schwebt für eine lichte Zukunft so etwas wie die DDR vor! Deutsch! Demokratisch! Republik! Meinungsfreiheit ja, aber nur, wenn sie auf Linie ist! Was noch? Schnell nochmal ein Blick in den Forderungskatalog aus der Nr. 5 des rinken Zentralorgans:

> 29. Der Sozialstaat wird wieder ins Leben gerufen.
> 30. Die Fehler und die Fehlentwicklung der heutigen und früheren Regierungen werden korrigiert.
> 31. Solidarität wird empfohlen im Sinne eines politischen Wechsels.
> 32. Die Interessenspolitik der Reichen und Machtgeilen hat ein Ende.
> 39. Jede lebende Person in der Bundesrepublik Deutschland erhält ein bedingungsloses Grundeinkommen und eine Entschädigung für die Corona-Krise.
> 40. Die wirtschaftliche Profitgier findet ein Ende.
> 41. Einen Niedriglohnsektor gibt es nicht mehr. Arbeitsverträge werden neu verhandelt. Echte Gewerkschaften!
> 42. Das Wirtschaftssystem wird neu geordnet.

Meine Fresse, das ist die gute alte DDR, original! Der „Demokratische Widerstand“ ist die Rache Honeckers für den Anschluss seines Arbeiter- und Bauernstaates an die

BRD! Es stimmt also doch, was der Erste Sekretär bzw. Generalsekretär des Zentralkomitees der Sozialistischen Einheitspartei Deutschlands und Vorsitzende des Staatsrats und Vorsitzende des Nationalen Verteidigungsrats der DDR noch im August 1989 mit einem angedeuteten Schmunzeln von sich gegeben hat: „Den Sozialismus in seinem Lauf halten weder Ochs noch Esel auf!" Honecker war der Prophet und Anselm Lenz, einer der Herausgeber des „Demokratischen Widerstands", ist sein Wiedergänger! Der Sprechduktus stimmt schon mal. Wer aber ist der Erich Mielke unserer Zeit? Man wird sehen![23]

Ein kurzer Blickwechsel vom Sozialismus zum Nationalsozialismus lehrt, dass die jungen Rinken in Corona-Zeiten nicht nur à la DDR flöten, sondern auch so zwitschern, wie die alten Rechten kurz nach dem Wüten der Spanischen Grippe mit weltweit mindestens 30 Millionen Toten vor über einem Jahrhundert sungen. Im „25-Punkte-Programm der Nationalsozialistischen Deutschen Arbeiterpartei" vom 24. Februar 1920 ist zu lesen:

---

23 Drei Monate, nachdem ich diese, mit Verlaub, so hellsichtigen wie hellseherischen Zeilen geschrieben hatte, kündigt der „Demokratische Widerstand" eine Kundgebung am 2. Oktober 2020 in Berlin mit folgendem erzpatriotisch-gesamtdeutschen Politschwulst an: „Dann ab 20 Uhr: Der große Aufzug durch die Stadt, hin zum Rosa-Luxemburg-Platz, wo am 28. März die Demokratiebewegung begann. Dort erwartet uns eine Kapelle emeritierter Militärmusiker: Wir singen die dritte Strophe der Nationalhymne, dann den Text der DDR-Hymne [!!!] zur Haydn-Partitur und schließlich wieder die dritte Strophe." (Demokratischer Widerstand Nr. 20, 19. 9. 2020, S. 2) Bingo! Allen, die die DDR-Hymne nicht auswendig gelernt haben, sei als Kostprobe die dritte Strophe kredenzt: „Laßt uns pflügen, laßt uns bauen, / Lernt und schafft wie nie zuvor, / Und der eignen Kraft vertrauend, / Steigt ein frei Geschlecht empor. / Deutsche Jugend, bestes Streben / Unsres Volks in dir vereint, / Wirst du Deutschlands neues Leben, / Und die Sonne schön wie nie / Über Deutschland scheint." Nein, um die DDR ist es – frei Geschlecht hin, frei Geschlecht her – wahrlich nicht schade!

> 23. Wir fordern den gesetzlichen Kampf gegen die bewußte politische Lüge und ihre Verbreitung durch die Presse. Um die Schaffung einer deutschen Presse zu ermöglichen, fordern wir (…) d) Zeitungen, die gegen das Gemeinwohl verstoßen, sind zu verbieten.[24]

Nun steht endgültig fest, dass der „Demokratische Widerstand" sich auf keinen Fall auf den Artikel 20 (4) des Grundgesetzes berufen kann. Im Gegenteil: Gerade für politische Kräfte seines Zuschnitts war dieser Artikel geschaffen worden, wie auch sehr klar aus einem „#Faktenfuchs"-Beitrag des „Bayerischen Rundfunks" hervorgeht:

> Wann ist Widerstand im Sinne des Artikels 20 Absatz 4 gerechtfertigt und wann nicht? „Das Widerstandsrecht bezieht sich auf einen Angriff, der die grundgesetzliche Ordnung als solche beseitigen soll, sie also von Grund auf bedroht", schreibt Staatsrechtler Josef Isensee in seinem Beitrag „Widerstandsrecht im Grundgesetz", der im Handbuch Politische Gewalt erschienen ist. Als Beispiele nennt er Versuche, „die Alleinherrschaft einer Partei aufzurichten" oder „den Rechtsstaat dem Gesetz der Scharia" zu unterwerfen oder eine „ökologische Diktatur zu errichten". Isensee zufolge reiche es hingegen nicht aus, dass die Legislative Grundrechte einschränkt. „Das Widerstandsrecht reagiert nicht auf einzelne Verfassungsverstöße, für die ohnehin Abhilfe bereitsteht." So eine Abhilfe ist zum Beispiel die Möglichkeit, vor Gericht gegen eine Grundrechts-Einschränkung zu klagen. Das haben einige Bürger auch bei den Corona-Einschränkungen getan, teilweise erfolgreich: So erklärte der Bayerische Verwaltungsgerichtshof am 27. April die Verkaufsverbote für große Geschäfte für verfassungswidrig. Im Saarland kippte das Landesverfassungsgericht einen Tag später die strikten Ausgangsbeschränkungen. Relevant könnte das im Art. 20 Abs. 4 GG gemeinte Recht auf Widerstand nach allgemeiner staats-

24 http://www.documentarchiv.de/wr/1920/nsdap-programm.htm

> rechtlicher Auffassung nur werden, wenn die freiheitlich-demokratische Grundordnung durch Usurpatoren beseitigt wird und sich Menschen gegen die neuen Machthaber und deren Unrechtssystem beispielsweise auch mit Gewalt zur Wehr setzen. Diese Widerstandskämpfer hätten dann nicht im rechtsfreien Raum gehandelt, sondern haben eine verfassungsrechtliche Legitimation, wenn wieder das Grundgesetz gilt.[25]

De te fabula narratur, „Demokratischer Widerstand"!

Ganz ehrlich! Während ich diese bisherigen Seiten geschrieben habe, war ich ein paarmal davor, den Griffel hinzuschmeißen. Macht euern Dreck alleene! – schrie es in mir. Die Menschheit ist anscheinend nicht in der Lage, anders als in politischer Form und damit in den Kategorien von Kontrollwut, Herrschaft, Machtausübung und Unterwerfung über das Leben und den ganzen Rest zu verhandeln. Deutschland! Volk! Staat! Verrat! Politik! Querfront! Tribunal! Es widert mich an.
Wenn ich mir nur vor Augen halte, dass es auf den Corona-Widerstands-Kundgebungen Leute gibt, die allen Ernstes behaupten, dass es unter der Merkel-Regierung wie im Nationalsozialismus zugehe, dann würgt es mich! Wenn ich sehe, dass Leute mit einem gelben Davidstern an Brust, Schulter oder Revers, der die Aufschrift „Ungeimpft" trägt, durch Stadt und Land stolzieren, dann empfinde ich das als Schlag in die Magengrube! Was ist das denn für eine Hirnkotze! Entweder sind diese Maulhelden blöder und unwissender, als die Neumondnacht dunkel ist, oder es ist eine an Gemeinheit nicht zu überbietende Ausgeburt diabolischer Geschichtsfälscher mit kackbraunem Anstrich!

---

25 #Faktenfuchs: „Wie der Begriff `Widerstand´ zweckentfremdet wird", 27. 06. 2020 (https://www.br.de/nachrichten/deutschland-welt/faktenfuchs-wie-der-begriff-widerstand-zweckentfremdet-wird,S2odBOu)

Nehmen wir den Artikel „Mitdenken statt mitlaufen – Ein Appell an alle Freunde des Grundgesetzes“ von Dr. Tamara Ganjalyan in „Demokratischer Widerstand Nr. 2“! In einem Organ, dessen Herausgeber und Unterstützer, wie gesehen, nichts Geringeres vorhaben, als das demokratische System der Bundesrepublik Deutschland durch ein sozialistisch-autoritäres System zu ersetzen, darf sie auf Seite 5 zunächst daran erinnern, was man in der Schule dachte, als man mit dem Grauen des Nationalsozialismus konfrontiert wurde:

> Wie konnte es nur sein, dass die weit überwiegende Mehrheit der Bevölkerung mit all dem entweder einverstanden war oder einfach weggesehen hat? Nicht aufgestanden ist, als noch Zeit dafür war? Nicht den Mund aufgemacht hat, als es noch die Möglichkeit dazu gab?[26]

Und dann, so plappert sie weiter, als ob sie in der Schule *nicht* gehört hätte, wie eine *wirkliche* nationalsozialistische Diktatur mit Konzentrationslagern, Krieg gegen die ganze Welt, Rassenwahn und Völkermord an den Juden aussah, dann kam Corona – und Deutschland war wieder da, wo es vor 87 Jahren aufwärts schon mal war! Der krönende Abschluss dieser hundserbärmlichen Gleichsetzung ist die Insinuation, dass zukünftige Generationen alle jene, die sich im Jahr der Corona-Pandemie *nicht* den widerständigen Quer-Deutschen angeschlossen haben, als Steigbügelhalter für die faschistische Machtergreifung von Merkel, Söder, Laschet & Co. anklagen werden:

> Ich hoffe, dass sie uns nicht werden fragen können: »Mama (Papa, Oma, Opa, ...), warum hast du damals nichts gesagt? Damals, als es anfing? Warst du einverstanden mit der Suspen-

26 Dr. Tamara Ganjalyan: „Mitdenken statt Mitlaufen – ein Appell an alle Freunde des Grundgesetzes“, in: Demokratischer Widerstand Nr. 2, 24. April 2020, S. 5 f.

> dierung der Grundrechte? Mit der Beschneidung deiner bürgerlichen Freiheiten? Hast du alles unverdaut geschluckt, was dir die Regierung, die Presse und der Rundfunk pausenlos um die Ohren gehauen haben? Oder hast du einfach weggesehen, aus Feigheit, aus Angst vor den Behörden oder der Meinung deiner Mitmenschen? Warum warst du Mitläufer statt Mitdenker?«[27]

Nein, Frau Dr. Tamara Ganjalyan, wenn diese Kinder und Enkel auch nur halbwegs bei Trost sind , dann werden sie *Sie* für den Fall, dass das politische Programm des „Demokratischen Widerstands" in die Praxis umgesetzt worden sein sollte, etwas ganz anderes fragen, etwas, was Ihnen den Atem stocken lassen wird: „Warum, Mama (Oma), warum hast du mir diesen diktatorischen Sozialstaatsscheiß à la DDR samt dem sozialistischen Gedankendeckel obendrauf eingebrockt? Hast du das denn damals nicht gesehen, wohin dein andersdeutsches Wir-Guten-von-da-unten-gegen-die-Bösen-von-da-oben-Rhabarbern führt?" Ich gebe ihnen einen wirklich gutgemeinten Rat, Frau Dr. Ganjalyan: Ziehen Sie sich bitte schleunigst die enormen Balken aus ihren Augen, dann wird es ihnen wie Schuppen von den selbigen fallen und sie werden erkennen, bis wohin *Sie* schon mitgelaufen sind! Beeilen Sie sich, noch steht das Kind erst am Rande des Brunnens! Wenn Sie sich eines Besseren besinnen, entfernen Sie sich außerdem aus einer Gesellschaft, die Ihnen eingedenk Ihrer Einlassungen äußerst unangenehm sein dürfte. Oder doch nicht? #Faktenfuchs, bitte übernehmen Sie:

> Schon vor den Corona-Beschränkungen hat es immer wieder Versuche gegeben, ein Widerstandsrecht nach Art. 20 Abs. 4 zu reklamieren. Zum Beispiel durch die rechtsextreme „Identitäre Bewegung Deutschland (IBD)", die laut hessischem Verfassungsschutzbericht 2018 „gegen Masseneinwanderung, gegen die Lüge von ‚Menschheit und Weltstaat', für den Erhalt der

27 Ebd.

> Völker, der Wurzeln, der Herkunft und der Heimat" ist. Nach Auffassung der IBD sei „eindeutig" der Widerstandsfall nach Art. 20 Abs. 4 GG eingetreten, heißt es in dem Bericht weiter. „Indem sich die IBD mit den Widerstandskämpfern der Weißen Rose gegen das nationalsozialistische Unrechts- und Terrorregime vergleicht und nach Art. 20 Abs. 4 GG das Widerstandsrecht für sich reklamiert, versucht sie ihr Handeln und ihre politischen Inhalte positiv zu deuten und gleichsam gesellschaftspolitisch zu legitimieren", heißt es in der Bewertung des hessischen Verfassungsschutzes. Dieses Vorgehen sei als Versuch zu werten, die eigene Ideologie als allgemein gesellschaftsfähig darzustellen.[28]

Ich verspreche Ihnen, Frau Dr. Ganjalyan: Wenn Sie von Ihrer auf allen vier Beinen hinkenden Merkel-Regierung=Faschismus-Schindmähre herabgestiegen sind, dann setzen wir uns bei einem guten Glas Rotwein zusammen und reden darüber, was gegen das demokratisch-marktwirtschaftliche Deutschland *tatsächlich* vorzubringen ist, und Sie werden sehen, dass genügend Argumente zusammenkommen, sich davon abzuwenden. Oder sollten Sie etwa *dazu* keine Lust haben, weil alles, was *nicht* faschistisch ist, *irgendwie* in Ordnung geht und keines „Widerstands" wert ist? Dann müsste *ich* mich von *Ihnen* zwar nicht mit Grausen, aber allermindestens einem mittelschweren Kopfschütteln abwenden und die Bouteille alleine trinken.

Entschuldigung, Frau Dr. Ganjalyan, noch ein Letztes: Vielleicht denken Sie ja, dass die Umsturzpläne des „Demokratischen Widerstands", dem Sie sich angeschlossen haben, erst *nach* dem Ausbruch der Corona-Pandemie und *nach* der Verkündung der politischen Maßnahmen zu ihrer Eindämmung entstanden sind, nach dem Motto: Wenn die uns *so* kommen, dann kommen wir ihnen

---

28 #Faktenfuchs: „Wie der Begriff 'Widerstand' zweckentfremdet wird", a. a. O.

aber auch! Sie täuschen sich. Der Beschluss, das demokratisch-marktwirtschaftliche System der Bundesrepublik Deutschland auszuhebeln, wurde von Anselm Lenz und anderen Systemsprengern, die jetzt beim „Demokratischen Widerstand“ an vorderster Front mitwirken, schon vor Jahren gefasst. In seinem Aufsatz „Das Ende der Neoliberalen Epoche“[29] forderte Anselm Lenz, einer der Herausgeber der Zeitung, in der Sie Ihren Artikel veröffentlichen durften, nichts weniger als „1. Abschaffung der Berufspolitik / 2. Auflösung des Großeigentums / 3. Unabhängige Medienbetriebe“ und rief zum Aufstand: „Stellen wir den Kapitalismus vor Gericht! Stürmen wir das Schloss!“[30] Natürlich stellte auch er sich die Frage nach dem geeigneten Zeitpunkt dieses Vorhabens und kam zu dem Schluss:

> Immerhin, das Alte *will* sterben, es braucht nur noch ein feierliches Zeichen und ein paar repräsentative Rituale. Einen Platz, wo es von seinem großen Lebenswerk schwadronieren und seine narzisstischen Phantasien ein letztes Mal feiern kann, bis der letzte Vorhang fällt.[31]

Die vornehme Aufgabe des Zeichensetzens haben Lenz und seine Mitstreiter höchstselbst übernommen. Nach anfänglichem Zögern beschlossen sie, die Corona-Politik der Bundesregierung als Anlass und Auslöser für den geplanten politischen Systemwechsel zu instrumentalisieren und

29 Anselm Lenz: „Das Ende der Neoliberalen Epoche“, in: Haus Bartleby (Hg.): Sag alles ab! – Plädoyers für den lebenslangen Generalstreik, Hamburg 2015, S. 140-145

30 Es wurde tatsächlich im Frühjahr 2016 reichlich theatralisch und einem realen Gerichtsprozess nachempfunden an einem selbstinszenierten „Wiener Gerichtshof“ eine Woche lang ein Tribunal gegen den Kapitalismus durchgeführt, dessen Verlauf und „Urteil“ nachzulesen ist in: Haus Bartleby (Hg.): Das Kapitalismustribunal, Wien 2016.

31 Anselm Lenz: „Das Ende der Neoliberalen Epoche“, a. a. O., S. 144

darauf zu setzen, dass ihnen die Massen drei Märchen abnehmen, dass nämlich erstens Corona nicht gefährlicher sei als eine Grippe, dass zweitens die Bundesregierung die demokratische Verfassung in eine diktatorisch-faschistische umwandle, und dass drittens unter Berufung auf den Artikel 20 (4) GG das „Volk“ nicht nur das Recht, sondern auch die Pflicht zum Widerstand habe mit dem Ziel, die Regierung zum Teufel zu jagen. Für die avisierte Machtergreifung war die Corona-Pandemie von allem Anfang an *Mittel zum Zweck*. Die Kranken und Toten, die aus der Trump- und Bolsonaro-liken Verharmlosung des Corona-Virus resultieren, sind dann eben *collateral damage*. Ein schöner Vorgeschmack auf die Verhältnisse unter einem Lenz-&-Co-genehmen Regime!

Ein allerletztes Wort, Frau Dr. Tamara Ganjalyan: Falls Sie nicht *in Verkennung* der wahren Sachlage, sondern *ganz bewusst* die Erzählung vom Marsch der bundesdeutschen Demokratie in den Faschismus mitverbreiten wollen, dann ziehe ich meine obige Einladung zurück, dann … können Sie mich mal!

/4.2./ Querdeutsche Mären von Mogelfritzen, Strippenziehern und Erzlumpen oder: Wie man Corona die Krone aufsetzt

Ein absolutes Highlight der quer-deutschen Protest-Kultur gegen die staatliche Corona-Politik ist das Behauptungsgespinst, dass der Multimilliardär Bill Gates sowohl hinter dem Corona-Virus als auch dem Lockdown wegen des Corona-Virus stecke, dass die WHO und das Robert-Koch-Institut unter seiner Fuchtel stünden, dass er qua Zwangsimpfung die Weltbevölkerung reduzieren wolle, dass er die Merkel-Regierung gekauft habe, dass er der Menschheit Mikrochips einpflanzen wolle, um sie digital zu versklaven, dass er dass er dass er – und das alles, um noch mehr Geld zu scheffeln und zusammen mit ihm hörigen Kräften eine Weltdiktatur zu errichten. Auch Kurienkardinal Gerhard Ludwig Müller, die deutsche Brandfackel des ultraorthodoxen Katholizismus, hat sich der frischgebackenen Anti-Gates-Volksfront angeschlossen und vor der „Schaffung einer Weltregierung" gewarnt, „die sich jeder Kontrolle entzieht"[32]. Aus dem Munde eines führenden Vertreters jener weltumspannenden Organisation, der man nur unter größten Schwierigkeiten das (Teil-)Geständnis abringen konnte, dass über Jahre und Jahre hinweg Tausende Kinder von Priestern missbraucht wurden, klingt dieses kardinale Theorem besonders schön.

Ich gebe zu, dass ich neidisch bin. Seit Jahrzehnten versuche ich aufzuzeigen, dass ein sicheres und zufriedenstellendes Leben für alle Menschen sowie die ökologische Rettung unseres Planeten nur dann erreicht werden können, wenn sich eben diese Menschen weltweit sowohl vom kapitalistischen Wirtschaftssystem als auch von allen Nationalstaaten wie überhaupt von jeglichem politischen

32 https://www.sueddeutsche.de/politik/vatikan-kirchlicher-aufruf-mit-verschwoerungstheorien-1.4901886

Denken wie auch von jedwedem Religionswahn lossagen. Es geht mir darum, die herrschenden ökonomischen, sozialen und politischen *Verhältnisse* aufzuheben. Seit zwanzig Jahren sage ich, dass der Weg der Aufhebung *kein politischer* sein darf, da sonst nur neue Machtverhältnisse entstünden und zum x-ten Male das alte Schema von Herrschen und Beherrschtwerden reproduziert würde. Die Resonanz: Von wenigen Ausnahmen abgesehen – *null!* Entweder wurde ich nicht zur Kenntnis genommen oder milde belächelt. Meine Mitmenschen haben sich weiterhin als systemkonforme Staatsbürger aufgeführt, sind systemkonform ihren Geschäften nachgegangen, haben bei Wahlen systemkonform ihre Stimme abgegeben.

Und nun stellen einige wenige Zeitgenossen die Behauptung auf, dass buchstäblich die ganze Welt am Gängelband *eines einzigen Mannes* hänge! Nicht die globalen kapitalistisch-nationalstaatlichen *Strukturen* werden von ihnen angegriffen, sondern *ein einzelner Mensch und sein düsterer Wille!* Gut, manche behaupten auch, dass es Bill *und* Melinda Gates, also ein Ehepaar, wären, die die Welt in ihre Fänge bekommen wollten beziehungsweise schon so gut wie bekommen hätten. Und was passiert? Innerhalb von wenigen Wochen dringt dieses Gedankenkonstrukt tief in die Gesellschaft ein! Es macht sich in Hunderttausenden von Köpfen breit, die man noch an Weihnachten 2019 für immun gegen solchen Galimathias gehalten hätte. Es wird von Leuten übernommen, die einen selbst, wenn man damit angekommen wäre, noch an Neujahr 2020 besorgt gefragt hätten, ob man denn einen über den Durst getrunken habe. Bereitwilligst übernehmen auch an und für sich vernünftige Menschen immer abstrusere Behauptungen und verbreiten sie umgehend weiter. Eine Erfolgsstory ohnegleichen!

Und ich stehe wieder mal mit leeren Händen da.

Was für ein Mann, dieser Bill Gates! Schafft es, die meisten Regierungen dieser Welt zu einem Lockdown herumzukriegen! Schafft es, sie dahin zu bringen, dass sie einen Großteil ihrer Ökonomien herunterfahren, die, verglichen mit seinen eigenen Milliarden, ein Zigzigzigfaches an Wert repräsentieren und produzieren! Schafft es, dass diese Regierungen einen ungeheuren Verlust an Nationalreichtum hinnehmen und immense Schulden machen! Schafft es, dass diese Regierungen enorm anschwellende Arbeitslosenzahlen samt den absehbaren sozialen Unruhen in Kauf nehmen! Alle Automobilfirmen, die weiterproduzieren wollen, haben im März und April 2020 nicht die geringste Chance gegen diesen gewaltigen Mann! Auch der weltweite Tourismus macht keinen Stich mehr! Sämtliche Fluggesellschaften lahmgelegt! Es ist der schiere Wahnsinn! Bill Gates, das größte Ungeheuer der Weltgeschichte. Reicher als, wie Ken Jebsen, der Chef des Internet-Nachrichtenportals KenFM, in einem halbstündigen und über dreimillionenmal angeklickten Film[33] in die Welt hinausschreit, Roosevelt, Stalin, Hitler und Churchill zusammen! Sinkt auf die Knie, ihr Menschlein, ihr habt euren Meister gefunden, den Teufel in Menschengestalt, Behemoth und Leviathan, Darth Vader und Lord Voldemort in einem! Es tut mir schrecklich leid, ihr grundgesetzbewehrten Aufmüpferlinge von der großdeutschen Querfront und vom „Demokratischen Widerstand" – Widerstand … zwecklos![34]

---

33 https://www.bing.com/videos/search?q=ken+jebsen+bill+gates&docid=607997898414427692&mid=287644291FA5D14FCFA0287644291FA5D14FCFA0&view=detail&FORM=VIRE

34 Der Amerikanist Michael Butter konstatiert bei Menschen, die eine Verschwörung entdeckt zu haben glauben, einen ausgeprägten Hang zur Übertreibung: „Konspirationistische Texte stellen die Verschwörer fast immer als `unmoralische Supermänner´ dar, deren schiere Allmacht sich vor allem darin zeigt, dass es ihnen gelingt, große geschichtliche Abläufe über Jahre, Jahrzehnte oder gar Jahrhunderte hinweg zu steuern und die Massen entsprechend zu manipulieren." (Michael Butter: „Nichts ist, wie es scheint" – Über Verschwörungstheorien, Berlin 2018, 3. Aufl. 2020, S. 99)

Als ob die USA Roosevelts, als ob die Sowjetunion Stalins, als ob Deutschland Hitlers, als ob Großbritannien Churchills *Eigentum* gewesen wären! Jebsen will nicht mal Äpfel und Birnen auseinanderhalten. Der Journalist Jonas Mueller-Töwe hat sich der nach eigenem Bekunden ziemlich unersprießlichen Aufgabe unterzogen, die krassesten Behauptungen von Jebsen einem Fakten-Check zu unterziehen.[35] Das Ergebnis: Nichts ist wahr.

Wenn Bill Gates die deutsche Bundesregierung nach Belieben am Schnürchen zappeln lassen könnte, hätte sie *sofort* nach Bekanntwerden des Virus-Ausbruchs die Reißleine ziehen müssen. Dem war aber, wie erinnerlich, nicht so. Wie die WELT AM SONNTAG am 17. Mai schrieb, „wurde die Gefahr, die vom Corona-Erreger ausgeht, in den ersten Wochen des Jahres deutlich unterschätzt." Gesundheitsminister Spahn nannte im Februar die Zahlen aus China nicht verlässlich, und wochenlang durfte ein Team der WHO nicht in die Bundesrepublik einreisen. Eine auffällige Parallele ergibt sich zum quer-deutschen Widerstand gegen die verspätet einsetzende Anti-Corona-Politik der Bundesregierung, der auch einige Zeit brauchte, um aus dem Quark zu kommen. Anfangs sah es so aus, als ob insbesondere die Lechten die Corona-Pandemie zum Anlass nehmen würden, gegen die Multikulti-Gesellschaft in deutschen Landen zu wettern, die die Widerstandskraft des deutschen Volkes gegen dieses Virus schwächen würde. Dann aber wurde, ebenfalls sehr merkwürdig, in trauter Eintracht mit den Rinken der Startschuss für die Merkel=Volks-und-Demokratie-Verräter- und Bill-Gates=Volks-und-Gesundheitsverderber-Kampagne gegeben, die ja nur funktionieren kann, wenn man dem Virus im Vorfeld alle Reißzähne extrahiert hat. Wer da wohl die Strippen gezogen hat?

---

35 Nachzulesen unter: https://www.t-online.de/nachrichten/panorama/id_87836534/urteilen-sie-selbst-faktencheck-zu-ken-jebsens-corona-verschwoerungs-theorien.html

Laut einem von Claus Hulverscheidt und Kristina Ludwig verfassten Artikel in der „Süddeutschen Zeitung“[36] kümmert sich die mit 50 Milliarden Dollar ausgestattete Bill-und-Melinda-Gates-Stiftung in 130 Ländern „um Bildung, die Entwicklung möglichst ertragreicher, klimaresistenter und damit oft genveränderter Obst- und Gemüsesorten – und um den Kampf gegen Krankheiten wie Malaria, Polio oder Aids“. Sicher hat sich durch diese Tätigkeiten für viele Menschen zumindest vorübergehend das Leben verbessert, so wie sich auch das Leben eines Bettlers minimal verbessert, wenn ich ihm einen Euro gebe. Ebenso sicher aber hat sich für die große Masse der notleidenden Menschen nachhaltig nichts geändert, weil keine karitative Organisation und keine Stiftung, auch nicht die mit Dollars gespickte Bill-und-Melinda-Gates-Stiftung, weder in der Lage noch willens ist, die für die vorgefundenen Miseren verantwortlichen *politischen und ökonomischen Strukturen* zu überwinden. Sie selbst sind ja auf dem Boden der weltweit durchgesetzten Marktwirtschaft entstanden. Das Paradoxe ist, dass eine Stiftung umso mehr Geld für „menschenfreundliche“ Projekte lockermachen kann, je mehr Geld sie aus „menschenunfreundlichen“ Wirtschaftsprozessen herausgeholt hat. Auch das Helfen ist in unserer Welt durch und durch geldvermittelt. Alle „helfenden“ Organisationen sind demnach in letzter Instanz systemstabilisierend und mitverantwortlich für das Fortbestehen von Notlagen für eine unabsehbare Zahl von Menschen. Der Umstand, dass Menschen nur dann befriedigend und sicher leben können, wenn ihnen von staatlichen Institutionen und privaten Unternehmen geholfen wird, und wenn nicht, dann nicht, hat etwas zutiefst Entwürdigendes. Unsere Welt ist so beschaffen, dass der reiche Teil, so er überhaupt will, sich zum armen hinunterbeugen kann, und der arme

---

36 Claus Hulverscheidt und Kristina Ludwig: „Zwischen Gut und Böse“, in: Süddeutsche Zeitung vom 30./31. 5. 2020

zum reichen aufsehen muss. Dafür soll er dann auch noch dankbar sein.

Das alles ist selbstverständlich schon keine Bill-Gates-Frage mehr. Man könnte auch Oxfam, Brot für die Welt, Ärzte ohne Grenzen und viele Namen mehr nennen. Das politökonomische Weltsystem als solches bleibt immer und ewig unangetastet. David McCoy, ein „Londoner Professor für Öffentliche Gesundheit", so berichten die SZ-Journalisten in dem erwähnten Artikel, werfe der Bill-und-Melinda-Gates-Stiftung vor, dass sie nichts dafür tue, „ein grundsätzlich ungerechtes Weltwirtschaftssystem zu verändern."[37] Abgesehen davon, dass dieses Weltwirtschaftssystem weder ungerecht ist noch verändert werden kann, sondern allenfalls, das aber dringlichst, abzuschaffen ist, brüllt der Londoner Gesundheitslöwe auch deshalb erbärmlich schlecht, weil Bill Gates und seine Stiftung nun mal *integraler und stinknormaler Bestandteil* des kapitalistischen Systems sind. Natürlich arbeiten sie mit allen möglichen und unmöglichen Staaten und Unternehmen zusammen, für die ebenfalls die Vermehrung von Geld, Kapital und (National-)Reichtum das innerste Wesen ihres Daseins ausmachen.[38] Sie arbeiten auch in die eigene Tasche.[39] Was denn sonst? Systemkonforme Menschen agieren in einem konformierenden System. Das betrifft alle, von Reich bis Arm, von Unten bis Oben.

Es gibt zahlreiche Menschen, die in einem gedanklichen Zweierschritt meinen, den Gründen für eine von ihnen

---

37 Ebd.

38 Ebd.: „Der Bill & Melinda Gates Foundation Trust, aus dem sich die Stiftung finanziert, investiert außerdem in eine ganze Reihe weiterer Konzerne, die nicht gerade für einen gesunden Lebenswandel stehen. Coca Cola und Pepsi beispielsweise oder Öl-firmen wie BP."

39 Ebd.: „Die Idee, an Pharmakonzerne zu spenden, kann auch deshalb irritieren, weil Bill und Melinda Gates selbst Anteile an einigen dieser Unternehmen halten. Dass auch sie von einem erfolgreich verkauften Medikament profitieren würden, kann man zumindest als Interessenskonflikt betrachten."

tatsächlich oder vermeintlich erlittene Misere auf die Schliche zu kommen. Erstens trennen sie ein Phänomen, zum Beispiel Armut, insofern ab von seinen systemischen Ursachen, als sie es nicht als *notwendige* Facette dieses Systems erkennen wollen, sondern als eine ihm äußerliche, aufgepfropfte, und zweitens suchen sie nach Verantwortlichen, Schuldigen, persönlich Haftbarzumachenden für diese wesensfremde Aufpfropfung auf ein an und für sich gutes System, das in der Folge degenerieren muss. Die Jagd nach dem Sündenbock beginnt. Alles lassen die Menschen mit sich machen, sie bequemen sich den Verhältnissen an, schmiegen sich ein, immer auf den persönlichen Vorteil bedacht – aber wenn mal etwas aus dem gewöhnlichen Rahmen läuft, dann werden ganz gezielt einzelne Personen oder ganze Menschengruppen verantwortlich gemacht und an den Pranger gestellt. So war es immer: Hexen, Juden, Albinos … Nun also Bill Gates.[40]

Noch ein Wort an die Quer-Deutschen zu der Behauptung, dass Bill Gates der Menschheit Mikrochips einpflanzen wolle, um sie digital zu versklaven. Wir können dann, aber auch nur dann, über diese steile These reden, wenn ihr erkannt habt, dass euch vom Staat der Bundes-

40 Ich stimme Roswitha Scholz, der freien Publizistin und Redakteurin der Theorie-Zeitschrift „Exit! Krise und Kritik der Warengesellschaft“, zu, wenn sie über diese auch auf Seiten der Linken weit verbreitete Denkschwäche schreibt: „(…) diese ganzen populistischen Geschichten in der Linken sind mir zutiefst suspekt (…) Da wird der Klassenbegriff gebeugt zugunsten einer Konstruktion gegen `die da oben´. Da heißt es dann: `Enteignet Zuckerberg´ oder die mit Hedgefonds oder die, die ihre Yachten vor Saint-Tropez haben – das sind alles O-Töne. Und das Ganze hat natürlich wieder einen antisemitischen Charakter: Zuckerberg, Wallstreet und die blöde Abstraktion. (…) Das Problem ist, dass die Wertabspaltungsvergesellschaftung ein anonymer Prozess ist und man, wenn sich Panik breitmacht, Schuldige sucht, auf die man mit dem Finger zeigen kann. Das ist immer so. Nur: Die Intellektuellen machen den ganzen Zinnober mit (…)“ (Roswitha Scholz: „Ich will weder Beruf noch Familie“, in: konkret, Nr. 7/2020, S. 21)

republik Deutschland schon bei der Geburt eine Staatsangehörigkeit verpasst worden ist, um euch körperlich, seelisch und geistig in nationale Ketten zu legen, auf dass ihr euer Lebtag lang mit einem schwarz-rot-goldenen Brett vorm Kopf herumzulaufen habt.

Es wird oft gesagt, dass Behauptungen wie jene über Bill Gates „Verschwörungstheorien" seien. Entweder gebrauchen die Kritiker von einschlägigen Aussagen diesen Terminus oder ihre Verfechter selbst. Die Kritiker meinen in aller Regel, dass durch diese Vokabel schon alles entwertet werde, was die Gegenseite in die Welt setzt. Ich bin anderer Meinung.

Legt man dem Begriff „Verschwörung" die Duden-Definition zugrunde, dass es sich dabei um die „gemeinsame Planung eines Unternehmens gegen jemanden oder etwas (besonders gegen die staatliche Ordnung)" handle, dann ist augenfällig, dass die Menschheitsgeschichte übervoll von derartigen Unternehmungen ist. Um mit dem aktuellen Beispiel anzufangen: Die Bewegung der Quer-Deutschen ist eine Verschwörung zum Sturz der demokratisch gewählten Bundesregierung und zum Umsturz des demokratischen Systems der Bundesrepublik Deutschland! Jede Firma ist eine Verschwörung von Kapitaleignern und nolens volens auch der Beschäftigten zum Auskontern der Konkurrenz! In demokratischen Parteien verschwören sich Parteimitglieder, um den alten Parteivorsitzenden abzu- und einen neuen einzusetzen. In Staaten bilden sich Cliquen aus Politik und Wirtschaft, um die Herrschaft an sich zu reißen. Ein berühmtes Beispiel ist die Verschwörung des Catilina im Jahr 63 v. u. Z. gegen die römische Republik. Wie viele Potentaten sind nicht durch eine Verschwörung ihres Thrones, wenn nicht gar ihres Kopfes verlustig gegangen? Verschwörungen, wohin man schaut!

Das Manko bei der zitierten Duden-Definition und bei den allermeisten anderen Erklärungen des „Verschwörung"-Begriffs sowie bei den bisher angeführten Beispielen ist, dass sie sich lediglich auf das Treiben und Trachten einer von außerhalb oder innerhalb eines „guten" Systems kommenden „bösen" Gruppe von Menschen beziehen. Obwohl es sehr lesenswert ist, krankt auch das Buch von Michael Butter über Verschwörungstheorien[41] an dieser begrifflichen Verengung:

> Verschwörungstheorien behaupten, dass eine im Geheimen operierende Gruppe, nämlich die Verschwörer, aus niederen Beweggründen versucht, eine Institution, ein Land oder gar die ganze Welt zu kontrollieren oder zu zerstören.[42]

Butter konzediert, dass es im politischen Geschehen quer durch die Jahrhunderte einwandfrei nachweisbare Verschwörungen gegeben hat, weswegen man seines Erachtens den Begriff nicht per se unter Verdacht stellen sollte, aber auch seine Beispiele sind alle dem Schema „Böse" gegen „Gut" zuzuordnen:

> Das soll natürlich nicht heißen, dass es keine Verschwörungen gibt. Von der Verschwörung des Catilina bis hin zum sehr wahrscheinlichen Versuch des Kremls, die letzten amerikanischen Präsidentschaftswahlen zu beeinflussen, hat es im Verlauf der Geschichte zahlreiche Komplotte gegeben, und das wird sich auch in Zukunft nicht ändern.[43]

Was aber, wenn die etablierten und mit Recht und Gesetz operierenden Mächte ihrerseits durch nichts anderes als eine Verschwörung *zustande gekommen* wären? Wie, wenn sie nach ihrem Zustandekommen nichts anderes als eine

41 Michael Butter: „Nichts ist, wie es scheint" – Über Verschwörungstheorien, a. a. O.

42 Ebd., S. 21

43 Ebd., S. 37

Verschwörung in Amt und Würden zur Absicherung und Ausweitung ihrer Macht bildeten? Wie, wenn sich reale Mächte vertraglich zusammentäten sprich verschwören, um ihre Interessen gewaltsam gegen Dritte durchzusetzen?

Nehmen wir die Gründung des Deutschen Reiches am 1. Januar 1871. Bayern, Württemberg, Baden und Hessen schlossen sich mit dem Norddeutschen Bund unter Führung Preußens[44] zu einem deutschen Nationalstaat mit Reichstag und Kaiser zusammen, um gegen die anderen großen Mächte in Europa konkurrenzfähig zu bleiben beziehungsweise zu werden. Eine dauerhafte Verschwörung ganz großen Stils!

Nehmen wir die Einschwörung der gesamten deutschen Bevölkerung auf den Krieg in der „Zweiten Balkonrede" von Kaiser Wilhelm II. am 1. August 1914 in Berlin:

> Ich danke euch für alle Liebe und Treue, die ihr Mir in diesen Tagen erwiesen habt. Sie waren ernst, wie keine vorher! Kommt es zum Kampf, so hören alle Parteien auf! Auch Mich hat die eine oder die andere Partei wohl angegriffen. Das war in Friedenszeiten. Ich verzeihe es heute von ganzem Herzen! Ich kenne keine Parteien und auch keine Konfessionen mehr; wir sind heute alle deutsche Brüder und nur noch deutsche Brüder. Will

44 Das Wappen des Norddeutschen Bundes zeigt zwei leichtgeschürzte, efeu(?)bekränzte, muskelbepackte, keulenbewehrte Mannsbilder, die sich lässig an ein schwarz-weiß-rot-verhangenes Piedestal mit der Kaiserkrone obendrauf lehnen. Hier zeigt sich *in nuce* die gesamte deutsche Geschichte der folgenden 75 Jahre! Auf den Kundgebungen der quer-deutschen Corona-Widerstandsbewegung am 1. und 29. August 2020 feierte die schwarz-weiß-rote Flagge mit dem Reichsadler mittendrauf eine gespenstische Wiederauferstehung. Reichsbürger, NPDler und andere Volksgenossen schwenkten den Fetzen Stoff mit dem Symbol des Deutschen Kaiserreichs und bis 1935 auch des nationalsozialistischen Dritten Reichs.

> unser Nachbar es nicht anders, gönnt er uns den Frieden nicht, so hoffe Ich zu Gott, daß unser gutes deutsches Schwert siegreich aus diesem schweren Kampfe hervorgeht.[45]

Mit Liedtexten wie „Jeder Tritt ein Britt, jeder Stoß ein Franzos', jeder Schuss ein Russ" zog man denn auch voller Inbrunst in den Krieg.

Nehmen wir das am 8. April 1904 zwischen dem Vereinigten Königreich und Frankreich geschlossene „Herzliche Einverständnis", die „Entente Cordiale":

> Die Entente cordiale regelte die Einflussgebiete des Vereinigten Königreiches und Frankreichs in Afrika. Schwerpunkt des Abkommens waren die Kolonien Ägypten und Marokko. Durch die Entente cordiale wurde Marokko eindeutig Frankreich und Ägypten dem Vereinigten Königreich zugeschrieben. Die Großmächte versicherten einander, den politischen Status der jeweiligen Kolonie nicht zu verändern und die Interessen des Vertragspartners in der Kolonie zu beachten. Zudem sicherten sie einander den freien Verkehr durch den Sueskanal sowie durch die Straße von Gibraltar zu.[46]

Wenn das keine Verschwörung von Mächtigen gegen andere (weniger) Mächtige ist! Wenn man die Menschheitsgeschichte vorurteilslos und unparteilich betrachtet, findet man Verschwörungen ohne Ende. Der Attische Seebund unter Führung Athens. Das Imperium Romanum und der Populus Romanus – „Panem et circenses!" Das Heilige Römische Reich Deutscher Nation. Der Hitler-Stalin-Pakt. Die Deutschen und der Nationalsozialismus – „Führer, befiehl, wir folgen dir!" Die NATO mit ihrer Beistandsverpflichtung.

45 https://web.archive.org/web/20141208143428/http://www.fr-online.de/zeitgeschichte/im-wortlaut-die-balkonreden-wilhelms-ii-,1477344,2738694.html

46 https://de.wikipedia.org/wiki/Entente_cordiale

Die größte, folgenreichste und gewaltigste Verschwörung zu unseren Lebzeiten ist – *der Nationalstaat im Zusammenwirken von Staatsorganen, kapitalistischer Wirtschaft und Staatsbürgern!* Als verbindendes Element und Sahnehäubchen gibt's obendrauf „Kultur" satt, in Deutschland gerne auch unter der Haube des Goethe-Instituts. Alle vier Jahre wird mittels der demokratischen Wahl der Abgeordneten zum Bundestag von Millionen Menschen der Quasi-Schwur abgelegt, dass sie sich auch weiterhin als An- oder Zugehörige dieser und keiner anderen Nation verstehen wollen. Ob für die Grünen oder für die AFD, jede Wählerstimme legt das gleiche Treuezeugnis ab. Mit der Stimmabgabe verpflichten die Bürger ihren Staat und seine ausführenden Organe darauf, das Wohl *ihres* Landes und damit – vermeintlich oder tatsächlich – ihrer selbst und nicht das Wohl *anderer* Länder und *anderer* Menschen zu mehren. Wirtschaftsbeziehungen und Wirtschaftsverträge haben dem eigenen nationalen Verband in die Karten zu spielen. Bundeskanzler*in und Minister*innen leisten expressis verbis und hochzeremoniös einen Eid darauf, dem nachkommen zu wollen. Die „eigene" Nation muss wehrhaft sein: Starker Staat, starke Wirtschaft, gut aufgestellte Bevölkerung, starkes Militär! So geht es etwa 160-mal auf unserem Globus zu. Jeder Staatsbürger, jeder Patriot, jeder Wähler ist, wie Erich Mühsam bemerkt hat, ein Tröpfchen von dem Öl, das die große Staatsmaschinerie schmiert.[47]

Fazit: Analog der Erweiterung des Kultur-[48] und Populis-

47 Erich Mühsam: „Zur Naturgeschichte des Wählers", in: Erich Mühsam: Das seid ihr Hunde wert! – Ein Lesebuch, Berlin 2014, S. 70

48 Der Soziologe und Romanist Robert Picht forderte eingangs der siebziger Jahre, einen neuen Kulturbegriff einzuführen: „Kultur im allerweitesten Sinne, also Kunst und Wirtschaft, Wissenschaft und Technik, Gesellschaft und Politik" (Robert Picht: „Thesen zur Deutschlandkunde", in: Wilhelm Siegler: Die Kultur der deutschsprachigen Länder im Unterricht – Bericht über ein Internationales Seminar des Goethe-Instituts München vom 16. bis

mus-Begriffs[49] sollte auch der Begriff der „Verschwörung" weiter gefasst werden!

Nach den nötigen Klärungen zur im Terminus „Verschwörungstheorie" als Bestimmungswort fungierenden Vokabel wende ich mich dessen Grundwort „Theorie" zu, das mit nicht minderer Dringlichkeit einer begrifflichen Justierung bedarf:

Falls mit „Verschwörung" ein *zweifelsfrei dokumentiertes* historisches Ereignis gemeint ist, wäre es besser, vom *Wissen über eine Verschwörung* zu reden.
Falls lediglich der *Verdacht* auf eine Verschwörung besteht, sollte man von einer *Verschwörungsvermutung* sprechen, ersatzweise einer *Verschwörungstheorie*, die sowohl verifiziert als auch falsifiziert werden kann.
Falls *ohne jegliche Evidenz* oder gar *wider besseres Wissen* die Existenz einer Verschwörung behauptet wird, möglicherweise weil man selbst einer verschwörerischen, nach der Macht greifenden Gruppe oder Bewegung anhängt, sollte man das als *Verschwörungsideologie* oder *Verschwörungsmythologie* sowie als *Verschwörungslüge* bezeichnen.
Falls *völlig irrationale Behauptungen* über eine Verschwörung in die Welt gesetzt werden, sollte man sie als *Verschwörungsquatsch* oder als *Verschwörungsschmarrn* bezeichnen und ihre Urheber*innen zu einem Verlag oder Filmproduzenten schicken.[50]

---

20. März 1970, München 1972, S.124)

49 So fordert die Historikerin Ute Daniel völlig zutreffend, Populismus nicht nur, wie es in den allermeisten politiktheoretischen Schriften geschieht, links oder rechts zu verorten, sondern im demokratischen System selbst: „Das populistischste aller jemals ersonnenen politischen Systeme ist die Demokratie. Für sie ist der Appell an die Bevölkerung und deren aktive Beteiligung konstitutiv." (Ute Daniel: Postheroische Demokratiegeschichte, Hamburger Edition und Mittelweg 36, Hamburg 2020, S. 150)

50 Michael Butter berichtet in seinem Buch über Verschwörungstheorien von einem Verschwörungstheoretiker namens

Aus dieser weitgefächerten Begriffspalette vermag ich in der quer-deutschen Widerstandsbewegung fast nur Verschwörungsideologien, Verschwörungslügen und Verschwörungsquatsch zu entdecken. Von einer *realen* Verschwörung in diesem Umfeld jedoch weiß ich unumstößlich. Ich habe sie in den Augen der Widerständler entdeckt. In leichter Abwandlung einer Stelle aus dem Evangelium des Matthäus möchte ich fragen: „Was seht ihr den Splitter im Auge eures Bruders, doch die Balken in euren Augen nehmt ihr nicht wahr? (...) Ihr Heuchler, zieht zuerst die Balken aus euren Augen. Dann mögt ihr sehen, wie ihr den Splitter aus dem Auge eures Bruders herauszieht.“[51]

Ich bitte jede und jeden von euch Frauen und Männern, die ihr euch in den letzten Wochen und Monaten der von links- und rechtsnationalistischen Polit-Profis initiierten und mit unsäglichen Verschwörungslügen angefütterten Bewegung der Quer-Deutschen angeschlossen habt, euch vor Augen zu halten, dass ihr alle Teil einer umfassenden Verschwörung zum Nutzen eures eigenen nationalen Ladens und zum Schaden der übrigen Welt seid. Ihr wart es alt-deutsch, ihr seid es quer-deutsch und ihr würdet es auch neu-deutsch sein. Nur weil die Menschen auf der ganzen Welt in ihren jeweiligen nationalen Farben so denken und fühlen, kommt es zu den bekannten Kollateralschäden der Geschichte: Armut, Hunger, Elend, Krieg. Im

David Icke, der „glaubt, dass die Welt von einer Elite ursprünglich außerirdischer Reptilien regiert wird, die sich vor Urzeiten auf der Erde niedergelassen haben und sich von der negativen Energie der Menschen ernähren.“ (Michael Butter: „Nichts ist, wie es scheint“ – Über Verschwörungstheorien, a. a. O., S. 35)

51 Im Original lautet diese Stelle: „Was siehst du den Splitter im Auge deines Bruders, doch den Balken in deinem Auge nimmst du nicht wahr? (...) Du Heuchler, zieh zuerst den Balken aus deinem Auge. Dann magst du sehen, wie du den Splitter aus dem Auge deines Bruders herausziehst.“ (Die Benedikt Bibel, Matthäus 7. Kapitel, Verse 3 und 5, Freiburg im Breisgau 2007, S. 1032)

„eigenen" Land und anderswo. Warum, verdammt nochmal, habt ihr es jahrzehntelang hingenommen und gutgeheißen, dass für deutsche Interessen Waffen im Wert von vielen Milliarden exportiert werden? Warum, verdammt nochmal, habt ihr es jahrzehntelang hingenommen und gutgeheißen, dass mit Gesundheit Geschäfte gemacht werden? Warum, verdammt nochmal, habt ihr es jahrzehntelang hingenommen und gutgeheißen, dass Quadratkilometer um Quadratkilometer zubetoniert wird? Warum, verdammt nochmal, habt ihr es jahrzehntelang hingenommen und gutgeheißen, dass Hühner, Schweine und Rinder auf unsägliche Weise „gehalten" werden? Warum, verdammt nochmal, nehmt ihr all das und noch vieles mehr immer nur hin und hin und hin? Warum heißt ihr das alles gut? Bevor ihr nun diesen einen Mann, Bill Gates, attackiert, fasst euch lieber an die eigene Nase! Ihr stellt euch vor, dass alles hübsch so bleibt, wie ihr es in eurem Mitmacher-Leben gewohnt wart, und wollt das jetzt wieder einklagen. Ja, das erste Mal in eurem Leben wird das schöne Arbeits-, Geldverdiener-, Steuerzahler-, Konkurrenz-, Trip-hierhin-Trip-dahin-, Bundesliga- und DSDS-Ankucker-Leben gehörig aus dem Tritt gebracht. Das bringt euch auf die Palme, das darf nicht sein, das gibt es doch nicht, alles soll bitteschön und unbedingt so weitergehen, wie es war! Und nun macht ihr euch auf die Suche. Wer ist schuld an dieser – unter uns gesagt: immer noch recht milden – Misere? Ein Virus könnt ihr nicht an den Pranger stellen, nicht mal sehen kann man es. Nein, es müssen andere Sündenböcke her. Ha, Merkel! Ist die nicht schon 2015 auffällig geworden? Ha, Drosten! Ha, die WHO! Und jetzt Ober-Haha: Gates, die Sau! Der und nur der hat uns das alles eingebrockt! Aber wisst ihr was? Dieser Gates, so reich und einflussreich er auch sein mag, ist auch nur ein Teilchen unter Milliarden mal ärmerer, mal reicherer, mal wichtigerer, mal unwichtigerer, mal auftrumpfenderer, mal kleinlauterer menschlicher Mitmach-Partikel im weltumspannenden System von kapitalistischer Geldvermehrung und Nationen-Konkurrenz – *zu denen auch ihr gehört!* Wenn ihr jetzt unter der Fahne eines neuen Deutschlands und im Namen des deutschen Grundgesetzes auf Straßen und Plätze geht, um euch einen besseren Platz in diesem Misthaufen zu ergattern, dann stinkt es zum Himmel! Ein Literaturtipp zur Güte: Wilhelm Reich: *Rede an den kleinen Mann.*[52]

Es ist eine ebenso weit verbreitete wie uralte Unsitte und denkerische Fehlleistung, Geschichte als die *Geschichte von Großen Männern und mitunter auch Großen Frauen* darzustellen. Alexander hat den Vorderen und Mittleren Orient erobert? Nein, zigtausend gewaltbereite und unterwerfungswillige Mitstreiter haben es möglich gemacht. Caesar hat die gallische Stadt Alesia erobert? Nein, es waren die 70 Tausend Soldaten, die sich von ihm befehligen ließen! Napoleon hat halb Europa unterworfen? Nein, es waren Unmengen von willigen Soldaten und die menschlichen und sachlichen Ressourcen der Grande Nation, die ihm die dafür nötigen Mittel zur Verfügung stellten. Hitler hat Millionen von Juden vergast? Nein, es waren die Deutschen, die seine barbarische Sichtweise geteilt haben! Wenn alle diese Menschen sich verweigert hätten und sich jeglichem imperialen und nationalen Bestreben und jeglichem imperialen und nationalen Machtgebilde entzogen hätten, würde man heute die Namen dieser „großen" Männer und Frauen nicht kennen, weil es sie schlichtweg nicht gegeben hätte. Bill Gates ist nicht deshalb Milliardär geworden, weil er es einfach mal so *wollte,* sondern weil es ihm die ihm und allen Menschen gleichermaßen vorgegebenen und von ihm und den allermeisten Menschen akzeptierten ökonomischen Strukturen ermöglicht haben. Pharma-Konzerne verdienen nicht deshalb Milliarden mit

52 Wilhelm Reich: Rede an den kleinen Mann, Frankfurt am Main 1984

Medikamenten, weil sie es einfach mal so *wollen*, sondern weil es ihnen die ihnen und allen Menschen gleichermaßen vorgegebenen und von ihnen und den allermeisten Menschen akzeptierten ökonomischen Strukturen ermöglichen. Angela Merkel hat mit ihrem Kabinett nicht deshalb die gesetzlichen Verfügungen zur Bekämpfung des Corona-Virus erlassen, weil sie es – römtömtöm römtömtöm – einfach mal so *wollte*, sondern weil die politische Position im deutschen Staat, die sie bekleidet, von ihr verlangte, unter Abwägung aller Aspekte (Wirtschaft, innere und äußere Sicherheit, Schutz der Bevölkerung) die für das Wohl des nationalen Gemeinwesens günstigste Entscheidung zu treffen. Entweder kritisiert man den politisch-ökonomisch-sozialen *Gesamtzusammenhang*, in den die Menschen an ihren jeweiligen Positionen eingebettet sind, oder man bezeichnet in Umdrehung dieses Verhältnisses einzelne Personen oder Personengruppen als dessen Feinde. Von der letzteren Position ist der Schritt zur Jagd auf die Volksverräter nicht weit!

Ich will nun einfach mal so annehmen, dass all die oben skizzierten Bullshit-Verschwörungstheorien über Bill Gates, die WHO, das Robert-Koch-Institut und die Bundesregierung mit Bundeskanzlerin Merkel an der Spitze zutreffen. Würde daraus folgen, dass man sich für eine „saubere“ Weltwirtschaft, für eine „saubere“ Politik, für ein „sauberes“ Deutschland einzusetzen habe? Natürlich nicht! Man müsste stattdessen davon ausgehen, dass zum Wesen von Weltwirtschaft, Politik und Staat und der in ihnen handelnden Personen offensichtlich auch solche Phänomene gehören. Man müsste zu dem Schluss kommen, dass sie ein untrennbarer Bestandteil dieser Strukturen sind, so wie eine Tischplatte nun mal sowohl eine glatte Ober- als auch eine rauhe Unterseite hat. „Fair is foul, and foul is fair!“[53]

---

53 Chor der drei Hexen in: William Shakespeare: Macbeth,

Selbstverständlich sind den großen Staaten und zumindest den Big Playern des weltweiten Wirtschaftslebens Handlungsebenen immanent, die nicht auf den ersten und auch nicht auf den zweiten Blick offen zu Tage treten. Natürlich wird mit allen Tricks, mit Bestechung und Erpressung, mit Manipulation und Verführung, mit Mord und Totschlag gearbeitet. Alle großen Staaten haben ihre Spionage-Abteilungen und Geheimdienste, ihre institutionalisierten Beeinflussungs-Instrumente und Forschungsabteilungen, die legal *und* „illegal" tätig sind. Staaten wie die USA, Russland und China erlauben sich selbst, *alle* Mittel einzusetzen, um sich in der Konkurrenz der Staaten durchzusetzen und die erworbene Dominanz zu bewahren und auszubauen. Es ist tatsächlich so, wie der reaktionäre Staatsrechtler Carl Schmitt schrieb: „Souverän ist, wer über den Ausnahmezustand entscheidet."[54]

Es steht einfach zu viel auf dem Spiel. Ein Staat, der sich Zimperlichkeiten erlaubt, hat schon verloren. Jeder der großen Staaten operiert in „gesetzesfreien" Zonen, die er sich selbst gestattet. Das saudi-arabische Herrscherhaus lässt in seiner Botschaft in der Türkei durch seine Schergen einen Regimekritiker ermorden. Die USA haben bei Atomwaffen-Tests in der Südsee viele Menschen, darunter auch eigene Soldaten, verstrahlen lassen. Der russische Geheimdienst verübt Giftanschläge auf missliebige Personen. In geheimen Labors werden im Auftrag der Supermächte Viren gezüchtet, die die Menschheit ausrotten können, und es wird an verheerenden Waffensystemen geforscht, die erst nach Jahrzehnten der Öffentlichkeit bekannt werden, wenn überhaupt. Gezielt wird an der Schwächung und Zersetzung gegnerischer Staaten und Staatenblöcke gearbeitet.

Erster Akt – Erste Szene, Stuttgart 2016, S. 8

54 Dies ist der erste Satz aus: Carl Schmitt: Politische Theologie – Vier Kapitel zur Lehre von der Souveränität, 10. Aufl. Berlin 2015.

Ja, es gibt den „Deep State“ in jedem Land, das den Anspruch hat, weltweit mitzumischen! Ist das illegal? Ist das undemokratisch? Nein, das gehört zum System, und zu diesem System gehört auch, den Menschen eintrichtern zu können, dass diese Ebene staatlichen Handelns *nicht* verfassungskonform und demokratisch ist! Auch dadurch wird das Gesamtsystem stabilisiert! Das ist das Wirkungsfeld von Demokratie-Idealisten wie Heribert Prantl von der „Süddeutschen Zeitung“, der Schriftstellerin und Juristin Juli Zeh und des Autors Daniel Kehlmann.

Von den Querdeutschen – den Rinken wie den Lechten – wird rosenkranzgleich heruntergebetet, dass es in Deutschland ein Medienkartell gebe und sie belegen es rituell mit dem Namen „Lügenpresse“. Sie selbst hingegen seien die Verkünder der reinen, lauteren Wahrheit. Das Volk solle endlich aufwachen und erkennen, wo der *Monte Verità* liege.

Nun haben ja, wie jeder weiß, Lügen kurze Beine. Früher oder später kommt in aller Regel die Wahrheit ans Licht. So erging es 2018 dem „Spiegel“-Redakteur Claas-Hendrik Relotius, als man herausfand, dass viele seiner Reportagen in Teilen oder zur Gänze erfunden waren. Schon 2008 war der – nach eigener Auskunft – „Borderline-Journalist“ Tom Kummer aufgeflogen, weil er für das Magazin der „Süddeutschen Zeitung“ erfundene Interviews unter anderem mit Brad Pitt und Sharon Stone geschrieben hatte. Den größten Coup in der Medien-Landschaft der Nachkriegszeit allerdings landeten der „Stern“-Reporter Gerd Heidemann und der Fälscher Konrad Kujau, als sie der Chefredaktion des „Stern“ und dem Verlag Gruner + Jahr erstunkene und erlogene Hitler-Tagebücher unterjubelten. Aufgeflogen.

Man darf getrost davon ausgehen, dass sich noch mehr als die bisher enttarnten Sensationsjournalisten in den klassischen Medien getummelt haben und es unter Umständen noch tun, aber die Beine werden kürzer. In punkto Erfindungsgabe, Phantasterei und Lügenspinnerei haben diese Leute aber nun in den Neuen Medien in Form von Zigtausenden von Möchtegern-Journalisten und Freislerliken Hetzern unschlagbare Konkurrenz bekommen und könnten eigentlich abdanken.

Der Gerechtigkeit halber sei erwähnt, dass viele Journalisten in den „etablierten" Medien hervorragende Investigations- und Aufklärungsarbeit leisten. Ich erinnere an die Reporter Bob Woodward und Carl Bernstein von der „Washington Post", die Anfang der siebziger Jahre zur Aufdeckung der „Watergate Affäre" beitrugen, und an die 2016 von der „Süddeutschen Zeitung" und dem „International Consortium of Investigative Journalists (ICIJ)" der Öffentlichkeit präsentierten „Panama Papers", die akribisch darlegen, mit wie viel Lug und Trug *in business and politics* gearbeitet wird.

Es wird also in den klassischen Medien hin und wieder auch gelogen. Wenn es doch nur das wäre! Ihr wesentlicher Charakterzug ist aber die *systemkonforme Brille*, durch die sie die Welt betrachten und über sie berichten. Deutschland – ja! Marktwirtschaft – ja! Demokratie – ja! Patriotismus – ja, aber ein gesunder! Eigentlich das gleiche Fundament wie bei den Rinken und Lechten, möchte man meinen. Stimmt, aber die buchstabieren das halt anders aus. Den einen ist das vorhandene Deutschland, wie gezeigt, zu wenig „sozialistisch", den anderen nicht doitsch genug, wie zu zeigen sein wird. Es ist dies eine Konstellation, von der ich mich nur mit flauem Magen abwenden kann.

Speziell gegenüber jungen und nicht politisch organisierten Leuten in der quer-deutschen Welle bin ich bereit, fürs Erste Milde walten zu lassen. Man kann sich schon mal verrennen. Meine Güte, wenn ich so zurückdenke, was *ich* in jungen Jahren vertreten habe! Von gutem, mensch-

heits- und weltveränderungswilligem Trachten beseelt und durchglüht wollte ich Politik mit Politik bekämpfen, wollte ich die Diktatur des Kapitals gegen die Diktatur des Proletariats eintauschen, wollte ich nicht beherrscht werden, sondern selber herrschen, nicht als Einzelperson selbstverständlich, sondern mittels meiner kommunistischen Partei! Auch ich war ein Freund des Volkes, das ich aber, wenn das politische Projekt, dem ich angehangen habe, erfolgreich gewesen wäre, ganz schön mitkujoniert hätte! Ich bin froh, dass meinem damaligen politischen Unterfangen kein Erfolg beschieden war und dass ich mich Anfang der neunziger Jahre nach einem intensiven Theoriedurchfilzungs- und Selbstbefragungsprozess ein für allemal von allen politischen Volksbeglückungs- und Machterobungs- bzw. Machtausübungsbestrebungen verabschiedet habe.
Das möchte ich denjenigen unter euch Quer-Deutschen, die es irgendwie gut meinen und die im tiefsten Inneren eine menschen- und naturfreundliche Welt anstreben, zu bedenken geben:
Gegenwärtig schwimmt ihr auf der Welle des Erfolgs. Ihr habt Zuspruch, es geht vorwärts, aufwärts! Ihr habt das Gefühl, am Rad der Geschichte zu drehen und ihr habt das unbändige Gefühl, als Menschheitsbefreier und Rebellen gegen unterdrückerische Verhältnisse auf der richtigen Seite zu stehen. (Eure Verdrehungen und Verfälschungen lasse ich jetzt mal beiseite!) Ihr seid im Vollbesitz des politischen *radical chic*. Und in diesem Hochschwang der Gefühle merkt ihr nicht, dass ihr genau in diesem Gebaren und Fühlen schon *verloren* seid! Von allem Anfang an betätigt ihr euch als Menschenführer, als Hier-geht's-lang!-Aufzeiger. Ihr seid bereits Macht-Menschen geworden. Ihr habt schon zu lange, ich gebrauche jetzt ein Bild von Friedrich Nietzsche, in den Abgrund geschaut – und jetzt beginnt er in euch zurückzuschauen! Mit eurem politischen Tun und Denken werdet ihr

in den Abgrund gerissen werden! Schaut euch Honecker an! Schaut euch Mittag an! Schaut euch Mielke an! Meint ihr nicht, dass die in ihren jungen Jahren als Kämpfer gegen den Nationalsozialismus und als Wortführer des Kampfes für eine kommunistische Gesellschaft tolle Feger waren? Auch ihr werdet eines Tages, falls ihr mit eurem deutsch-nationalen Projekt erfolgreich gewesen sein solltet, wie Erich Mielke, der DDR-Minister der Staatssicherheit kurz vor seinem politischen Ende, sagen: „Ich liebe doch alle … alle Menschen!" Es wird euch nichts helfen. Schon weit vorher wird der radical chic, der euch jetzt so glänzen lässt, verblichen sein. Viele Revolutionäre haben das erleben müssen. Auch Che Guevara, die Ikone aller Rebellen und Revolutionäre, der nach der kubanischen sozialistischen *Revolución* unter anderem für die Errichtung von Straf- und Arbeitslagern verantwortlich war, in denen „Gegner der Revolution" interniert wurden! Unter seiner Verantwortung wurden zahlreiche Todesurteile gefällt und vollstreckt. Ihr kündigt ja auch schon ein Corona-Tribunal an. Und ihr würdet nicht nur gegen die gestürzten Mächtigen aus Politik und Wirtschaft und Kulturleben vorgehen müssen, sondern auch gegen den Gemeinen Mann und die Gemeine Frau, wenn sie sich nicht bruchlos in euren neu-nationalen Polit-Rahmen einfügen lassen wollen. Auf andere Weise lebensgefräßig wird euer Alltag sein, der Alltag des Regierens, der Alltag des Antreibens, der Alltag des Gesetze-Machens, der Alltag des Bestrafens, der Alltag des Alltags! Da blättert noch mehr ab als der Lack, der euch jetzt noch schmückt. Ich wünsche euch von ganzem Herzen einen Misserfolg eurer politischen Unternehmungen, vor allem aber die Einsicht, dass ihr euch mit eurem quer-deutschen Nationalismus so fürchterlich wie furchterregend verrannt habt!

Manche meinen, lechts und rinks kann man nicht velwechsern …

/4.3./ Die Lechten aka Die Neuen Rechten oder: Wie man mit generalüberholtem Polit-Rüstzeug die Corona-Welle reitet

… Werch ein Illtum! Die Untersuchung des rinken Anteils am Sauerteig der querdeutschen Protestbewegung gegen die Corona-Politik der Bundesrepublik Deutschland und der sechzehn Landesregierungen hat ergeben, dass dieses Ingrediens eine süßlich-saure Mischung aus verbogen-verlogenem Rebellions-Pathos und quer-quarrender Deutschtümelei darstellt. Wie verhält es sich nun bei der *rechten* Beimischung im Woche für Woche mehr aufgehenden Vollzornbrot der Quer-Deutschen? Vorhang auf …

/4.3.1./ Eva Herman und Xavier Naidoo zum Einstieg oder: Wie sich zwei erzdeutsche Racheengel beim Barte des Propheten in Szene setzen

Am 5. Mai 2020 führt Eva Herman, eine ehemalige Fernsehmoderatorin, die fünf Jahre zuvor geklagt hatte, Europa werde „geflutet mit Afrikanern und Orientalen. Unsere alte Kraft, unsere christliche Kultur, Glaube und Tradition, werden zerstört“[55], unter dem Titel „Wir erleben die letzten Atemzüge der BRD“ ein fast einstündiges Interview[56] mit dem Sänger Xavier Naidoo, der für die nahe Zukunft ein „patriotisches Album“ angekündigt hat. Nachdem sie die Bill-Gates-Leier bedient haben, sind sie sich voller Vorfreude einig, dass etwas bevorstehe, was sie sich in den kühnsten Träumen nicht hätten vorstellen können. Es nahe eine historische Zeit, eine biblische

55 Wikipedia, https://de.wikipedia.org/wiki/Eva_Herman

56 https://www.bing.com/videos/search?q=eva+herman+xavier+naidoo&docid=608013875441569226&mid=25DF4EE6B55E0831EE1225DF4EE6B55E0831EE12&view=detail&FORM=VIRE

Zeit. Naidoo betont, dass diese Zeit manchen Menschen sehr weh tun würde, und nicht jeder werde das aushalten. Auf alle Fälle müsse Deutschland endlich einen Friedensvertrag bekommen, und man müsse mit aller Kraft das Grundgesetz verteidigen, eine der letzten Bastionen in diesem System, aus dem er sich im Übrigen ebenso wie Eva Herman schon längst entfernt habe. Naidoo wendet sich an die Starken in diesem Lande, nicht an die Schwachen. Herman pocht auf innere Ruhe und langen Atem. Der Erfolg, der sich bei der Anti-Corona-Politik-Bewegung zeige, sei das Ergebnis von zwanzig Jahren geduldiger Vorbereitung. Ihre Siegesgewissheit schöpfen Herman und Naidoo aus dem Glauben an den Herrn, denn der sei mit ihnen. Aus der Bibel hat es Naidoo seit einiger Zeit besonders das „Buch Jesaja" angetan. Dort stehe in aller Deutlichkeit, dass die Verfechter des falschen Glaubens einer gerechten Strafe zugeführt würden.
Für Literatur-Tipps bin ich immer dankbar und greife sofort zu meiner schweinsledernen Prachtausgabe der Bibel, die der Herder Verlag anlässlich der „Wir sind Papst!"-Wahl von Kardinal Ratzinger im Jahr 2005 für den Spottpreis von 10 Euro auf den Markt geworfen hat. Hier eine schnelle Lesefrucht aus den „Sprüchen über die Fremdvölker", Abteilung „Gegen Babel", Jesaja 13, Vers 9-16:

> Seht, es kommt der Tag des Herrn, / furchtbar und voll Grimm und Zornesglut, / um die Erde in eine Wüste zu verwandeln / und die Sünder daraus zu vertilgen. (...) Wen man findet, der wird niedergestoßen; / wer ergriffen wird, fällt durch das Schwert. / Ihre Kinder werden vor ihren Augen zerschmettert, / ihre Häuser geplündert und ihre Frauen geschändet.[57]

Danke, das genügt! (Warum liest man solche Perlen der frommen Denkungsart eigentlich nicht in Gottesdiensten vor, mit Weihrauch und so? Kurienkardinal Müller, bitte!)

57 Die Benedikt Bibel, a. a. O., S. 783

Sind Eva Herman und Xavier Naidoo Spinner? Aber, Mann Gottes, die Bibel, das Gründungsdokument des christlichen Abendlandes schlechthin! Und die vielen Tausend Menschen, die Naidoo und Herman auf diversen Kanälen followen! Die beiden Herzchen sind in zahlreicher Gesellschaft!

Egal, wie gesponnen und zuspruchsreich auch immer, festzuhalten bleibt: Gleich den Rinken lechzt das traute lechte youtube-Paar dem Untergang der Bundesrepublik Deutschland, wie man sie bisher kennt, entgegen. Gleich den Rinken halten sie das Grundgesetz hoch. Gleich den Rinken wollen sie die Volksverräter bestrafen. Sie wollen eine Schlacht für die wahre deutsche Kultur schlagen und deuten an, dass das eine beinharte Geschichte wird. Sie meinen es blutig ernst. Und damit sind sie nicht allein. Zweiter Vorhang …

/4.3.2./ Das Menetekel über den Dächern von Passau oder: Wie die Nazis sungen, so haben es auch zwei Männer der Jetztzeit gebrungen

Vor etwa acht Jahren saß ich bei herrlichstem Wetter mit Mutter und Schwester auf der Terrasse eines Cafés am Rande der Passauer Veste Oberhaus und erfreute mich des Anblicks der tief unter mir liegenden, von Donau und Inn umrahmten Altstadt. Am Tisch neben uns saßen zwei etwa 30-jährige Männer, und es dauerte nicht lange, bis meine Mutter nach alter Sitte mit ihnen ins Gespräch kam. Binnen kurzem stellte sich heraus, dass ich da zwei bis ins Mark durchgebräunte Neo-Nationalsozialisten vor mir hatte. Sie rühmten Hitler, sie zogen über das Judentum her, sie hielten Elogen auf das Dritte Reich und seine Soldaten, sie lästerten über das verkommene demokratische System unserer Tage. Ich traute meinen Ohren nicht. Mir war sofort klar, dass hier jedes Wort fehl am Platze

war. Ich stand auf, lehnte mich über das Terrassengeländer, sah auf Passau hinunter – und hätte speien können. Mir war kotzübel, nicht im metaphorischen Sinne, nein, leiblich. Hey, das waren junge Leute! Keine Springerstiefel, keine Stiernacken, keine Bomberjacken! Alles in astreinem Deutsch vorgetragen, nix grunzgrunz, Herrschaften!
Der Spuk ging vorbei. Meiner Mutter erzählte ich nichts von meiner Befindlichkeit, lediglich meiner gehörlosen Schwester, die spürte, dass mit mir etwas nicht stimmte, gab ich Auskunft.
Damals tat ich diese grausige Begebenheit als singuläres Ereignis ab. Heute weiß ich es besser.

/4.3.3./ Lechtsrum über rinksrum oder: Wie sich die Neue Rechte vor zwanzig Jahren auf einen langen Marsch begeben hat

Ein ähnliches wie das von mir beschriebene Aha- oder besser Öha- oder am besten Uaaah-Erlebnis schildert der Historiker und freie Publizist Volker Weiß in einem ausgezeichneten Buch über die Geschichte der rechten Politik in Deutschland nach 1945.[58] Im Zusammenhang mit den parlamentarischen Erfolgen der AFD und den Pegida-Kundgebungen und -Aufmärschen der Jahre 2015 und 2016 traten das erste Mal deutlich sichtbar Akteure der Neuen Rechten auf den Plan, die bis dahin von der Öffentlichkeit weithin unbemerkt zielstrebig an einer Neuformulierung rechter Politik gearbeitet hatten. Der Verleger Götz Kubitschek, Marc Jongen, ein ehemaliger Assistent von Peter Sloterdijk, und andere Vertreter dieser politischen Richtung hielten Reden, schrieben Artikel, wurden interviewt und zu Gesprächen und Talkshows

58 Volker Weiß: Die Autoritäre Revolte – Die Neue Rechte und der Untergang des Abendlandes, Stuttgart 2017

eingeladen. Über die Reaktion in der Presse-Welt schreibt Weiß:

> Journalisten, in deren Vorstellungswelt "Rechte" nur als stiefeltragende Schläger existierten, rieben sich die Augen angesichts der Tatsache, mit eloquenten Ideologen konfrontiert zu werden.[59]

Schon 1987 hatte Claus Leggewie, Politikwissenschaftler und Mitherausgeber der „Blätter für deutsche und internationale Politik", die Sichtweise „linke Intelligenz versus CSU-Tölpel" ins Reich der Mythen verwiesen.[60]
Ich möchte ebenfalls eindringlich davor warnen, die intellektuellen Kapazitäten der Neuen Rechten zu unterschätzen. Auch schon die alte Rechte, auch der deutsche Nationalsozialismus unter Hitler hatten ihre gebildeten, mit Doktorhüten, Professorentiteln und Denkerstirnen ausgestatteten Sturmtruppen und intellektuellen Zuträger, selbst wenn es nicht in allen Aspekten hundertprozentige Deckungsgleichheit gegeben haben mag.[61] Auch Hitlers „Mein Kampf" ist nicht, wie viele Linke in überheblicher, selbstgefälliger Manier meinen, lediglich das irre Geschreibsel eines Wahnsinnigen.[62]

---

59 Ebd., S. 27

60 Claus Leggewie: Der Geist steht rechts – Ausflüge in die Denkfabriken der Wende, Berlin 1987, S.21

61 Siehe hierzu: Herbert Mertens / Steffen Richter: Naturwissenschaft, Technik und NS-Ideologie – Beiträge zur Wissenschaftsgeschichte des Dritten Reiches, Frankfurt am Main 1980.

62 Leider gibt es eine Sorte von politischer und meta-politischer Literatur, die die abstoßendsten Inhalte auf eine quasi-geniale Weise darbietet. Dazu zähle ich die Schriften des Marquis de Sade (Die hundertzwanzig Tage von Sodom; Die Philosophie im Boudoir oder Die lasterhaften Lehrmeister), das Alte und Neue Testament, den Koran, Niccoló Machiavellis Traktat „Il principe" (Der Fürst) und die kulturkritischen, politischen und rechtsphilosophischen Schriften von Carl Schmitt.

Der neurechte Antaios Verlag vertreibt ein „Das Buch im Haus nebenan" betiteltes Bändchen[63], in dem rechte Autoren von ihren literarischen Erweckungserlebnissen berichten. Da werden dann schon mal Schriftsteller wie Joseph Roth, Niklas Luhmann, Christoph Ransmayr und Hans Fallada genannt, die auch zum normal-bürgerlichen und linken literarischen Sternenhimmel zählen.

Natürlich gibt es unter den Personen, die sich zum neurechten Spektrum rechnen, auch sehr viele, die keine einzige Seite von den genannten Autoren lesen würden, weil sie ihre Hände lieber zum Fäusteballen und Zuschlagen als zum Buchhalten hernehmen, aber den inhaltlichen Ton in der Bewegung geben nun mal die rechten Intelligenzbestien vor. Vor deren Existenz und Wirken die Augen zu verschließen, wäre ein großer Fehler.

Meine zweite Warnung für die Befassung mit rechter Politik bezieht sich auf den Gebrauch des „Faschismus"-Begriffs, des vor allem in der linken Szene so beliebten F-Wortes.

Was und wer ist nicht in der Geschichte der Bundesrepublik von Demokraten und Linken als „faschistisch" verschrien worden! Franz Josef Strauß, neue Polizeigesetze, das Vorgehen der Polizei gegen Demonstranten, und und und. Die Vokabel wurde und wird meistens als *Kritik-Verstärker* benutzt, so wie man Maggi in eine als fad empfundene Suppe schüttet. Man rechnet dabei mit der eilfertigen Zustimmung aller in der Wolle gefärbten Demokratie-Wächter. Oh Gott, ja, das ist ja … das ist doch Faschismus, da muss man was machen! Wie denn, wo denn, was denn? Natürlich: Wenn jemand sich selbst als „Faschist" mit „arischer Abstammung" bezeichnet, so

63 Ironischerweise sah sich der Verlag nach Ausbruch der Corona-Pandemie gezwungen, den ursprünglichen Titel „Lektüren, die Impfungen gleichen" über Bord zu werfen. Er passte einfach nicht mehr zu der Bill-Gates-will-alle-Menschen-impfen-und-versklaven-Kampagne der vereinigten Quer-Deutschen.

wie Christian Lüth, der langjährige Partei- und Fraktionspressesprecher der AFD[64], dann spricht nichts dagegen, ihn auch als solchen zu bezeichnen. Aber im Normalfall handelt es sich bei dem, was als „faschistisch" bezeichnet wird, um ganz gewöhnliches *demokratisches* Denken und politisches Handeln. Ich stimme Philip Manow zu, wenn er schreibt: „Zur intellektuellen Fahrlässigkeit inflationärer Faschismusdiagnose gäbe es viel zu sagen."[65]
Innerhalb der Rechten selbst gibt es Unterscheidungen und auch Konkurrenzen. Mussolini und seine Partito Nazionale Fascista waren, wie der Name sagt, faschistisch, während Hitler und die NSDAP sich als nationalsozialistisch bezeichneten. Der rechte Autor Armin Mohler unterscheidet drei Typen rechtsnationaler Politiker: Etatisten, Nationalsozialisten und Faschisten, wobei sich letztere durch ihren besonderen Politik- und Lebensstil von den erstgenannten abhöben.[66] Den Unterschied will er mit einer „Episode" aus den Kriegsjahren erhellen:

> 1942, während meines Studiums in Berlin, ließ ich gegenüber einem höheren Hochschulbeamten den Namen von Ernst Jünger fallen. Der Mann, ein linientreuer Nationalsozialist, schaute mich misstrauisch an und sagte mit tadelndem Unterton: „Jünger ist ein Faschist!" Auf meine überraschte Miene hin schob er nach: „Jünger kämpfte nicht für sein Volk – im Krieg kämpfte er um des Kämpfens willen ..."[67]

---

64 Die AFD hat Lüth von seiner Tätigkeit freigestellt. Ihren Erfolg als stramm rechtsnationale Partei wollte sie allem Anschein nach mit dem zur Unzeit kommenden Etikett „faschistisch" nicht gefährden.

65 Philip Manow: (Ent-)Demokratisierung der Demokratie, a. a. O., S. 189, Anm. 14

66 Armin Mohler: Der faschistische Stil, kaplaken 67, Schnellroda 2020, S. 63-66

67 Ebd., S. 36

Die deutsche Rechte nahm nach 1945 wohlweislich Abstand von allen diesen Begriffen, obwohl sie ihre Affinität zu ihnen nie in Abrede stellte. Sie übernahm alte Sichtweisen und Theoriebestände und verband sie mit neuen Konzepten. Auf Partei-Ebene drückte sich das in drei Wellen als Nationaldemokratische Partei Deutschlands (NPD), als Republikaner (REPs) und als Alternative für Deutschland (AFD) aus. Auf der theoretischen Ebene gab es immer – durchaus analog zu Strategiedebatten auf der linken Seite – einen Streit über die Frage, ob man das demokratische System parlamentarisch oder revolutionär kapern und ummodeln sollte. Konservativ-nationalliberal oder nationalrevolutionär? Entscheidend für den heutigen Stand der Dinge aber waren Weichenstellungen mit gravierenden Auswirkungen bis in die Jetztzeit und auch und gerade in die quer-deutsche Corona-Widerstandsbewegung hinein, die von Akteuren der äußersten Rechten um die Jahrtausendwende vorgenommen wurden und die plump und reflexhaft als faschistisch zu bezeichnen der Sache nicht gerecht würde. Ich selbst werde deshalb ebenso wie Volker Weiß und andere Autoren bis auf Weiteres von den „Neuen Rechten“ sprechen.

Im Jahr 2000 gründeten Götz Kubitschek und Karlheinz Weißmann das private *Institut für Staatspolitik* (IfS)[68], das sich mit Diskussionszirkeln, Schulungen, Winter- und Sommer-Akademien[69] und Theorie-Projekten wie dem

---

68 Arbeitsbereiche: „Staat und Gesellschaft“ – „Politik und Identität“ – „Zuwanderung und Integration“ – „Erziehung und Bildung“ – „Krieg und Krise“ – „Ökonomie und Ökologie“.

69 Auszug aus dem Protokoll der „Winter-Akademie 2020“ zum Thema „Lesen“: „Den Auftakt für den Akademiesamstag machte mit einem Vortrag über 'Linke Lektüren' Sezession-Redakteur Benedikt Kaiser. Linke Lektüre für undogmatische, aufgeschlossene Rechte, so leitete er ein, könne im schlechten Fall zu anderen Ergebnissen führen als zur Integration adaptionsfähiger Gedanken des politischen Gegners in das eigene Weltbild. Bei Henning Eichberg etwa sorgte es für den sukzessiven Übergang in

„Staatspolitischen Handbuch“[70] zur Denkfabrik und Kaderschmiede für die Neue Rechte entwickeln sollte. Die Resultate dieser Arbeit werden seitdem im gleichzeitig entstandenen Antaios Verlag veröffentlicht. Eine besondere Rolle spielt dabei die mittlerweile auf über 70 Titel angewachsene Reihe „kaplaken“. Hier eine kleine Auswahl:

Konstantin Fechter: Bürgerkrieg und Sündenbock
Thorsten Hinz: Zurüstung zum Bürgerkrieg – Notizen aus einem überfremdeten Land
Akif Pirinçci: Die Große Verschwulung
Alexander Gauland: Nation – Populismus – Nachhaltigkeit
Gabriele Bensberg: Schicksalsfrage Identität
Benedikt Kaiser: Querfront
Frank Lisson: Widerstand. Lage – Traum – Tat

Zur Öffentlichkeitsarbeit des IfS gehört seit 2003 die Zeitschrift *Sezession* samt Blog. Flankiert wurde das Dreigestirn IfS-Sezession-Antaios lange Zeit von der Wochenzeitung *JUNGE FREIHEIT* (JF). Als allerdings 2013, propagandistisch unterstützt von der JF, die AFD gegründet wurde, kam es zum Bruch. Parlamentarische Arbeit bezeichneten die Kreise um Antaios und IfS im Kern als systemstabilisierend, sie ließen sie höchstens als Zutat rechter Politik gelten. In der Werbung des Antaios-Verlags für das Buch „Warum Konservative verlieren“ von Alex Kurtagic heißt es:

---

das andere politische Lager. Daher skizzierte Kaiser – bei im Laufe des Vortrags verdeutlichten Schnittmengen – zunächst entscheidende und bleibende Differenzen mit der linken *famille spirituelle.*“ (https://staatspolitik.de/das-war-die-20-winterakademie-des-ifs/)

70 Bisher sind fünf Bände erschienen: Bd. 1: Leitbegriffe (von „Abendland“ bis „Zyklus“) – Bd. 2: Schlüsselwerke – Bd. 3: Vordenker – Bd. 4: Deutsche Orte – Bd. 5: Deutsche [historische] Daten

> Die Rechte muss sich von den Konservativen lösen: Letztere sind nur anders angepinselte Liberale und verlieren alles – nur eben langsamer.[71]

Seit 2010 publiziert im Dunstkreis von IfS-Sezession-Antaios sowie AFD und Pegida auch das von Chefredakteur Jürgen Elsässer[72] herausgegebene Monatsmagazin „Compact – Magazin für Souveränität".[73] Für die neurechte Szene stellt es in etwa das dar, was die „Bild-Zeitung" im Verhältnis zur „Süddeutschen Zeitung" ist.[74] Bei Büchern nimmt diese Stelle der „Kopp Verlag" ein.
Schon lange zuvor hatten sich Kubitschek & Co. zur Abkehr vom rechten Mainstream entschlossen und sich, einem Aufruf der französischen *Nouvelle Droite* um Alain de Benoist, Pierre Krebs und Guillaume Faye folgend, auf einen „langen Marsch durch die metapolitische Wüste" begeben, um eine „Kulturrevolution von rechts"[75] in Szene zu setzen. Im Jahr 2020 waren dann genau jene zwanzig Jahre marschiert worden, mit und von denen Eva Herman

---

71 https://antaios.de/gesamtverzeichnis-antaios/reihe-kaplaken/1300/warum-konservative-immer-verlieren?number=978-3-944422-35-0

72 Dieser Mann ist paradigmatisch für die Konversion vom radikalen Linken zum radikalen Rechten. Vom „Kommunistischen Bund" über die linksradikale Zeitschrift „konkret" zum Parteigänger von AFD, Pegida und IfS – auch eine deutsche Karriere! Materialreich und gut belegt nachzulesen unter: https://de.wikipedia.org/wiki/Jürgen_Elsässer

73 Laut Wikipedia forderte „Compact" im Jahr 2017 in einem Sonderheft die Freilassung von Beate Zschäpe. In der Ausgabe 4/2020 war zu lesen: „Sie kommen! Die neue Asylflut im Schatten von Corona". [https://de.wikipedia.org/wiki/Compact_(Magazin)]

74 Einen ausgezeichneten Überblick über das neu-rechte Personen- und Organisationsgeflecht bieten: Christian Fuchs / Paul Middelhoff: Das Netzwerk der Neuen Rechten – Wer sie lenkt, wer sie finanziert und wie sie die Gesellschaft verändern, Hamburg 2019.

75 Thor v. Waldstein: Metapolitik. Theorie – Lage – Aktion, kaplaken 46, Schnellroda 2019, 4. Aufl., S. 10

in ihrem Jesaja-geschwängerten Gesinnungsaustausch mit Xavier Naidoo geprahlt hatte.

/4.3.4./ Erste neu-rechte Grabwespen-Attacke oder: Wie man einen kommunistischen Theoretiker für konträre politische Zwecke kapert

Im Tierreich geht es oft grausam zu. Weibliche Grabwespen beispielsweise lähmen Insekten und Spinnen mit einem Stich und verschleppen sie in zuvor gegrabene Hohlräume, wo sie sie umgehend mit einem Ei „befruchten". Die sich daraus entwickelnden Larven können sich von den gekaperten Wirtskörpern ernähren, auf dass aus ihnen die nächste räuberische Generation hervorgehe.[76]
Auch die Geschichte der Menschheit und nicht zuletzt das politische Geschehen der Neuzeit sind reich an Krudelitäten.[77] Zu einem an das Treiben der Grabwespen gemahnenden Akt sehr spezieller politischer Grausamkeit kam es durch den Beschluss der Kubitschekisten, sich selbst und den gewünschten politischen Nachwuchs durch das Aasen an einem politischen Gegner zu mästen. Und das ging so:
Vor der Jahrtausendwende zog diese Gruppe von strammen Rechten eine trübe Bilanz. Alle Versuche, durch die Gründung von Parteien und auf dem üblichen demokratisch-parlamentarischen Weg an die Macht zu kommen, waren in den fünfzig Jahren seit der Gründung der

---

76 Auf wunderbare Art beschrieb der Insektenforscher Jean-Henri Fabre (1823 – 1915) das Treiben dieser (und vieler anderer) possierlichen Tierchen. Siehe: Jean-Henri Fabre: Das offenbare Geheimnis – Aus dem Lebenswerk des Insektenforschers, Zürich 1989.

77 Unter Vorbehalt empfehle ich zur Einführung: Hans Dollinger: Schwarzbuch der Weltgeschichte – 5000 Jahre der Mensch des Menschen Feind, Erftstadt 2004. Das umfangreiche Buch eignet sich nur für starke Naturen.

Bundesrepublik Deutschland gescheitert. Die Erfolge von NPD, DVU und Republikanern hatten sich als zwar kräftiges, aber eben doch als Strohfeuer entpuppt. Noch dazu haftete diesen Parteien und überhaupt allem, was rechts war, der Geruch des Ewiggestrigen an. Alles, was sich rechts von CDU und CSU positionierte, wurde explizit oder unausgesprochen mit der in den Augen der demokratischen Öffentlichkeit ein für allemal verbrannten Zeit der nationalsozialistischen Herrschaft, mit Kriegstreiberei und vor allem mit der millionenfachen Ermordung von Juden in Verbindung gebracht. „Nie wieder Faschismus!" lautete die von allen politischen Lagern einhellig gerufene Parole. Kurz gesagt: Die äußerste Rechte war keine Attraktion!

Die Gruppe um Kubitschek sah auch, dass die Erfolge der Linken in Form der Regierungsbildung durch die SPD und in Gestalt des Einmarschs der Grünen Partei in die Parlamente eingebettet waren in ein kulturelles Umfeld, das sich ab Anfang der sechziger Jahre herausgebildet hatte. Love & Peace, Selbstbefreiung & Kritik an Autoritäten, Wehrdienstverweigerung & Lust auf Rebellion – das waren die Töne, die in der Gesellschaft die Musik machten! Akribisch listet Antaios-Autor Thor v. Waldstein im Rückblick die „Meilensteine metapolitischer Erfolge" der Linken auf:

- die Reeducation 1945 ff.
- die Frankfurter Schule 1950 ff.
- die Vergangenheitsbewältigungsmaschinerie 1960 ff.
- die marxistische Kulturrevolution 1968 ff.
- die grün-alternative Bewegung 1980 ff.
- die multikulturellen Bekehrungsversuche seit spätestens 1990 ff.[78]

---

78 Thor v. Waldstein: Metapolitik. Theorie – Lage – Aktion, a. a. O., S. 16

Für die Zeit nach 2000 schiebt v. Waldstein noch einen weiteren linken Erfolgs-Brocken nach:

- die Gender-Mainstreaming-Propaganda 2000 ff.[79]

Wer, so lautete vor zwanzig Jahren die ultrarechte Diagnose, diese links-alternativ-marxistische Welle ritt, war umschwebt von der Aura des Jugendlichen, Rebellischen, Frischen – kurz gesagt: Er oder sie war eine Attraktion! V. Waldstein & Co. mag bei diesen Raisonnements das ikonische Bild Che Guevaras vor den neidvollen Augen gegaukelt haben. Die Schlussfolgerung lag auf der Hand: Der Zeitgeist muss die Seite wechseln! What comes up, must come down! Et vice versa.

Äußerst hilfreich bei den weiteren Überlegungen und Schritten war der theoretische Zugriff auf den kommunistischen Theoretiker *Antonio Gramsci*. Er wurde 1891 auf Sardinien geboren und war von 1924 bis 1927 Generalsekretär der Kommunistischen Partei Italiens (Partito Comunista Italiano, PCI). Im November 1926 wurde er als Abgeordneter im italienischen Parlament auf Weisung der faschistischen Mussolini-Regierung verhaftet und nach einem Prozess im Gefängnis von Turi (Provinz Bari) eingekerkert. Dort schrieb er die berühmten „Gefängnishefte“[80]. Volker Weiß skizziert das von Gramsci in ihnen ausgearbeitete Konzept der Metapolitik so:

> Gramsci hatte das traditionelle marxistisch-leninistische Konzept eines Zugriffs auf die Staatsorgane und Produktionsmittel um den Gedanken erweitert, dass ein Erfolg der Revolution

79 Ebd.

80 Die Schriften von Antonio Gramsci werden vom Hamburger „Argument Verlag + ariadne“ herausgegeben. Als Einstiegslektüre bietet sich an: Lia Becker / Mario Candeia / Janek Niggemann / Anne Steckner (Hg.): Gramsci lesen! – Einstieg in die Gefängnishefte, Hamburg 2013, 5. Aufl. 2019.

> zuvor die Erringung einer „kulturellen Hegemonie“ seitens der Linken voraussetze.[81]

Was den Kommunisten billig ist, muss rechten Rechten recht sein, dachten sich die Rechtsaußen der Republik. In der Tat lassen sich Gramscis Überlegungen auf verschiedenste politische Strömungen anwenden. Benedikt Kaiser, ein Mitarbeiter des IfS und Autor des Antaios Verlags, sieht auch heute noch für eine „zeitgemäße“ Rechte die „Herausforderung, eigene thematische Erweiterungen jenseits dogmatischer ideologischer Denkbahnen vorzunehmen“[82], womit vor allem der außerparlamentarische Weg gemeint ist. Auch Thor v. Waldstein schlägt in diese Kerbe:

> (...) könne eine Gruppierung, die politische Macht anstrebe, nur obsiegen, wenn es ihr zuvor gelinge, den kulturellen Überbau einer Gesellschaft in den Griff zu bekommen. (...) Und hierfür sei nichts wichtiger, als Einfluss auf die Denk- und Verhaltensweisen der Zivilgesellschaft zu gewinnen. Diese kulturelle Hegemonie, quasi die Lufthoheit über die Köpfe und Herzen der Menschen, sei stets wichtiger als die parlamentarische Mehrheit als solche.[83]

Von allem Anfang an war sich die Keimzelle der Neuen Rechten einig, dass eine Verbindung von „Aktion“ und „Verstand“, von „Klugheit“ und „Tatendrang“ anzustreben und ein „überbetonter Intellektualismus“ unbedingt zu vermeiden sei. Ganz wichtig sei es, Gefühle zu wecken: „Empörung, Zorn, Trauer, Hass, Verachtung, Angst, aber auch Enthusiasmus, Hoffnung, Glaube an eine große Aufgabe.“[84]

---

81 Volker Weiß: Die autoritäre Revolte – Die NEUE RECHTE und der Untergang des Abendlandes, a. a. O., S. 57
82 Benedikt Kaiser: Blick nach links, kaplaken 61, Schnellroda 2019, S. 33 f.
83 Thor v. Waldstein, a. a. O., S. 14
84 Ebd., S. 37

Im Jahr 2010, so berichtet es Volker Weiß, jubelte man in der vom IfS herausgegebenen Zeitung „Sezession“, weil man endlich in der Realität die Fleischwerdung eigener neu-rechter Ideen beobachten durfte, allerdings nicht in Deutschland, sondern in Italien.[85] In Rom hatten Neofaschisten ein Haus besetzt und es nach dem dichtenden Mussolini-Verehrer Ezra Pound „Casa Pound“ genannt. Eine Delegation der „Sezession“ fuhr hin und Martin Lichtmesz reportierte, was man dort gesehen hatte:

> „Soziales Pathos, antikapitalistische Rhetorik, nationale Symbolik (...) `weder links noch rechts´, sondern schlicht `fascista´.“[86]

Die „Casa Pound“ wurde zum Vorbild für die vor allem von der Zeitschrift „Sezession“ unterstützte „Identitäre Bewegung“ (IB), die mit Aktionen wie einer Banner-Hissung auf dem Brandenburger Tor („Sichere Grenzen – Sichere Zukunft“) aufmerksam machte und sich als Fels in der Brandung gegen einen drohenden „Bevölkerungsaustausch“ versteht. Auch bei den Pegida-Aufmärschen und -Kundgebungen wusste sie sich publicity-trächtig in Szene zu setzen. Volker Weiß schreibt über die IB:

> Gezielt pflegt sie ein subkulturelles Image, wählt provokative Aktionsformen und arbeitet routiniert mit popkulturellen Codes.[87]

Im Programm des Antaios Verlags wird der Inhalt des schon erwähnten Buchs von Alex Kurtagic mit diesen an die Selbstdarstellung und das Selbstverständnis der Neuen Rechten appellierenden Sätzen skizziert:

---

85 Volker Weiß: Die autoritäre Revolte – Die NEUE RECHTE und der Untergang des Abendlandes, a. a. O., S. 78 ff.

86 Martin Lichtmesz: „Casa Pound“, in: Sezession 34/2010, S. 22; zit. aus: Volker Weiß: Die autoritäre Revolte – Die NEUE RECHTE und der Untergang des Abendlandes, a. a. O., 78 f.

87 Volker Weiß: Die autoritäre Revolte – Die NEUE RECHTE und der Untergang des Abendlandes, a. a. O., S. 93

> 1. Die Rechte muß ästhetisch aufrüsten und einen Stil entwickeln, der sich auch auf ein popkulturelles Niveau herunterbrechen läßt. Nur so ist in der Massengesellschaft metapolitisch etwas zu erreichen.
> 2. Die Rechte muß ihre Träumer und Randfiguren, ihre Exzentriker und politischen Romantiker in Ehren halten und genau beobachten: Der kühne Wurf gelingt nicht dort, wo Vorsicht und Vernunft walten! [88]

Die Neuen Rechten durften also, nachdem sie erfolgreich und grabwespenartig den kommunistischen Theoretiker Antonio Gramsci für ihre Zwecke gekapert hatten, nach Jahren geduldiger metapolitischer Kärrnerarbeit die erste Ernte in die Scheuer fahren und der Linken das Monopol auf rebellische Attitüden und Posen streitig machen. Dabei kam ihnen zugute, dass die Linken nicht nur in die Jahre, sondern auch in die Parlamente gekommen waren, bis hin zur Übernahme von Regierungsverantwortung. Symbolhaft war das sichtbar geworden an der Wandlung Joschka Fischers vom Straßenkämpfer („Unter dem Pflaster liegt der Strand") über den Turnschuh-Minister („Herr Präsident, mit Verlaub, Sie sind ein Arschloch!") zum Europa-muss-mehr-Verantwortung-übernehmen-Propagandisten („In der Machtpolitik zählt die Wahrnehmung oft genauso viel wie die Realität"[89]). Durch die „Liaison mit dem Liberalismus"[90], so konstatiert Benedikt Kaiser mit kaum verhohlener Genugtuung, sei es zum „sozial- und \`klassenpolitische[n]´ Sündenfall der deutschen und westeuropäischen Linken"[91] gekommen. Sie hätten eine ihrer

88 https://antaios.de/gesamtverzeichnis-antaios/reihe-kaplaken/1300/warum-konservative-immer-verlieren?number=978-3-944422-35-0

89 Joschka Fischer: Willkommen im 21. Jahrhundert – Europas Aufbruch und die deutsche Verantwortung, Köln 2020, S. 16

90 Benedikt Kaiser: Blick nach links, a. a. O., S. 10

91 Ebd., S. 8

antihierarchischen und antikapitalistischen Positionen nach der anderen aufgegeben und sich mit dem Staatsapparat verschwistert. Das Fazit:

> Die Linke ist also entkernt, sie ist um ihre weltanschaulichen Wesenskerne gebracht und als Kraft, die primär gesellschafts- wie identitätspolitische Minderheitenanliegen samt eines falschen Kosmopolitismus vertritt, keine fundamentale Opposition mehr. Die mit dem neoliberal-multikulturellen Zeitgeist liierte Linke ist also angeschlagen oder liegt gar im Sterben.[92]

Thor v. Waldstein geht noch weiter und konstatiert auf Seiten der Linken eine intellektuelle Selbstkastrierung:

> Denn noch nie in dem vergangenen Halbjahrhundert waren junge Linke so dumm, so unbelesen und so hedonistisch wie heute. Auf der Rechten hingegen ist inzwischen eine bemerkenswerte Anzahl junger Deutscher zu beobachten, die sich gezielt der Vermassung und den immer schaler werdenden Verlockungen der Konsumindustrie entzogen haben, die hart an sich arbeiten und deren Wert und geistige Kraft in dem Maße zunehmen wird, wie sich die äußeren Verhältnisse zuspitzen werden.[93]

Nun kennt der Jubel keine Grenzen. Durch die linke Selbstentkernung und Deintellektualisierung habe sich in der politischen Landschaft ein weiter Raum aufgetan, in den die Rechte hineinstoßen müsse:

> Eine moderne, soziale und volksnahe Rechte würde im politischen Sinne die Sterbehilfe für die lethargische Linke einleiten. Spätestens dann werden noch mehr Menschen in Europa zeigen, daß es möglich und heutzutage sogar erforderlich ist, daß „aus Linken Rechte werden“.[94]

92 Ebd., S. 38
93 Thor v. Waldstein: Metapolitik. Theorie – Lage – Aktion, a. a. O., S. 43
94 Benedikt Kaiser: Blick nach links, a. a. O., S. 38

Volker Weiß schreibt völlig zutreffend, dass es den neuen Rechten darum gehe, „Berührungsflächen zwischen links und rechts“[95] zu schaffen, um den Gegner „aus einer Defensivposition heraus mit dessen eigenen Mitteln schlagen“[96] zu können.

/4.3.5./ Zweite neu-rechte Grabwespen-Attacke oder: Wie man aus links rechts und aus rechts links macht

Man nehme sich, so lautet das Hieb- und Stich-Rezept für die aktive „Sterbehilfe“ der Neuen Rechten, Punkt für Punkt das Selbstverständnis der Linken vor, entwende es ihnen, hefte es sich an das eigene Revers, und behaupte, dass die Linken das genaue Gegenteil von dem darstellten, was zu sein sie vorgäben. Die „Berührungsflächen zwischen links und rechts“ sind dann genau die Stellen am Körper des politischen Gegners, an denen der eigene todbringende Stachel eindringt:

Erster Stich: Wir kämpfen für die Armen! Die Linken trommeln sich auf die Brust. Lüge! Es brüllen die Rechten. Was ist mit Hartz IV? Ihr habt euch mit dem Neoliberalismus zusammengetan! Ihr seid schuld an der Armut der Armen! Wir kämpfen für sie! (Natürlich nur, wenn sie richtige Deutsche sind!)
Zweiter Stich: Wir kämpfen für die Freiheit! Die Linken trommeln sich auf die Brust. Lüge! Es brüllen die Rechten. Deutschland ist nicht frei! Ihr seid Sklaven Amerikas und seines Kulturimperialismus, wir sind die Freiheitskämpfer!
Dritter Stich: Wir kämpfen für die Meinungsfreiheit! Die Linken trommeln sich auf die Brust. Lüge! Es brüllen die

95 Volker Weiß: Die autoritäre Revolte – Die NEUE RECHTE und der Untergang des Abendlandes, a. a. O., S. 55
96 Ebd., S. 54

Rechten. Ihr habt eine Diktatur der Political Correctness errichtet! Ihr seid die Feinde der Meinungsfreiheit, wir sind ihre Verteidiger!

Vierter Stich: Wir leisten Widerstand gegen staatliche Übergriffe! Die Linken trommeln sich auf die Brust. Lüge! Es brüllen die Rechten. Ihr sitzt selbst in den Amtsstuben der Macht und leistet höchstens gegen Angriffe auf eure Pfründe Widerstand! Ihr seid keine Widerständler, sondern der Gegenstand *unseres* Widerstands!

Fünfter Stich: Wir bekämpfen den Faschismus! Die Linken trommeln sich auf die Brust. Lüge! Es brüllen die Rechten. Ihr wendet selbst faschistische Methoden an, indem ihr versucht, uns und unseren deutsch-nationalen Kampf zu unterdrücken! Ihr seid die Nazis, wir sind die Verfolgten!

Sechster Stich: Wir machen Politik für das Volk! Die Linken trommeln sich auf die Brust. Lüge! Es brüllen die Rechten. Ihr wisst mit all eurer Menschenfreundlichkeit nicht mehr, was überhaupt ein Volk ausmacht, zuvörderst das deutsche! Ihr seid Verräter am deutschen Volk, wir sind seine Retter!

Siebter Stich: Wir sind gute Deutsche! Die Linken trommeln sich auf die Brust. Lüge! Es brüllen die Rechten. Zusammen mit Hitler seid ihr die schlechtesten Deutschen ever! Hitler hat den Krieg verloren und ihr habt Deutschland an die Ausländer und das Finanzkapital verraten! Ihr seid die Volksverderber, wir sind die Patrioten!

Achter Stich: Wir sind Antiimperialisten! Die Linken trommeln sich auf die Brust. Lüge! Es brüllen die Rechten. Warum unterstützt ihr nicht den Befreiungskampf des deutschen Volkes gegen die amerikanische Bevormundung und die das wahre Deutschtum zersetzende westliche Kultur? Ihr seid Imperialistenknechte, wir sind Partisanen gegen den Imperialismus!

Neunter Stich: Wir sind Marxisten! Die Linken, zumindest ein versprengtes Häuflein, trommeln sich auf die

Brust. Lüge! Es brüllen die Rechten. Ihr habt Marx nicht richtig verstanden! Ihr verliert euch „in Detailstudien und ideologischen Sackgassen"![97] Ihr macht aus Marx Murks, wir stellen Marx vom Kopf auf die Füße: „Marx von rechts – das heißt Abschied vom Marxismus, ohne dem Neoliberalismus auf den Leim zu gehen."[98]

Alle Neune! Durch eine neunmalkluge Politstichelei gelingt es der Neuen Rechten zusehends, sich als den wahren Rebell und den wahren Widerstandskämpfer hinzustellen und im von allen Seiten heiß umworbenen „Volk" Eindruck zu schinden. Die Linke hat das *Monopol* auf das eh schon fadenscheinig gewordene Dagegen- und Anderssein verloren.

Hysterisch bis panisch versucht die Linke, sich die rechten Giftpfeile aus dem Leib zu reißen und umgehend zurückzuschleudern. Geradezu symbolhaft kam es im Jahr 2017 bei der Frankfurter Buchmesse zu einem Aufeinandertreffen der beiden Lager. Der Antaios Verlag hatte unweit des linken „Trikont"-Standes einen Verkaufs- und Werberaum gemietet, und als dort bei einer Podiumsdiskussion der österreichische Rechtsaktivist Martin Sellner und Mario Müller von der „Identitären Bewegung" reden sollten, kam es, wie „hessenschau.de" am 15. Oktober berichtete, zu linken Protestaktionen und wechselseitigen Beschimpfungs-Chorälen: „`Ganz Frankfurt hasst die AfD´, ertönte es auf der einen Seite, `Jeder hasst die Antifa´, auf der anderen."

Man sieht auf den ersten Blick, dass beide Seiten sich der gleichen politischen Masche bedienen, indem sie behaupten, dass *die ganze Bevölkerung* hinter ihnen und ihren

97 Aus dem Ankündigungstext im Programm des Antaios Verlags für das Buch von Benedikt Kaiser / Alain de Benoist / Diego Fusaro: Marx von rechts, Schnellroda 2018. (https://antaios.de/autoren/benedikt-kaiser/66793/marx-von-rechts?number=978-3-9817828-6-8)

98 Ebd.

politischen Positionen und Anschauungen stehe. „Ganz Frankfurt" versus „Jeder"! Kein Zweifel, hier hatten es die Neuen Rechten geschafft, zumindest auf Augenhöhe mit ihrem politischen Gegner zu gelangen und ihn mit seinen eigenen Mitteln „zu schlagen".
Selbstverständlich schlagen die Neuen Rechten nicht nur mit Waffen um sich, die sie den Linken entwendet haben, sondern auch mit ureigenen. Was ist die wahre Natur der Neuen Rechten? Was passt ihnen nicht an der Bundesrepublik Deutschland, die ja immerhin die dritterfolgreichste Exportnation und die Nummer Eins in Europa ist und kräftig in der Weltpolitik mitmischt? Was sind ihre unveräußerlichen inneren Werte? Wo wollen sie hin?

/4.3.6./ Die Neuen Rechten im Vaterlandsfieber oder: Wie man aus Ruinen auferstehen möchte

Mantraartig beklagen die Rechten den desolaten Zustand des deutschen Volkes, des deutschen Staates und der deutschen Nation. Geknickt, gedemütigt, in ihrem innersten Bestand gefährdet sehen sie sie. Mit drei Nackenschlägen habe man nach 1945 die Deutschen auf die rote Liste der bedrohten Völker befördert. Man habe ihnen erstens das schlechte Gewissen einer Kollektivschuld an den „Verbrechen des Nationalsozialismus" eingeimpft, sie zweitens mit der Bürde eines immerwährenden „Schuldkults" belastet und ihnen drittens mit der amerikanisch-liberalen Siegerkultur die ethnische Identität ausgetrieben. Nach dieser Beschreibung deutscher Zustände ex negativo setzen die Neuen Rechten zur Reconquista deutschen Wesens und deutschen Selbstbewusstseins an.

/4.3.6.1./ Relativierung des Nationalsozialismus und des Holocaust oder: Wie ein MdB namens Gauland (s)einen Vogel auf Deutschland scheißen und ein thüringisches MdL namens Höcke ein „Denkmal der Schande" schillern lässt

In der ersten Nationalsozialismus- und Holocaust-Relativierungswelle wird darauf hingewiesen, dass es in der Zeit von 1918 bis 1945 auf der rechten Seite nicht nur die Nationalsozialisten gegeben habe, sondern auch andere nationalkonservative Kräfte, die im Fortgang der Geschichte keine „Schuld" auf sich geladen hätten. Es gebe somit eine kontinuierliche Tradition „sauberer" rechter Politik, die durch die nationalsozialistische Herrschaft nicht unterbrochen worden wäre.

In der zweiten Relativierungswelle wird der deutsche Nationalsozialismus, der für Abermillionen Kriegstote und sechs Millionen ermordete Juden verantwortlich war, von einer Monstrosität der deutschen Geschichte auf einen „Vogelschiss in über 1000 Jahren erfolgreicher deutscher Geschichte" heruntergebrochen. AFD-MdB Alexander Gauland, auch ein Autor des Antaios Verlags, hat diesen neurechten Terminus technicus für den 2. Weltkrieg und den Holocaust am 2. Juni 2018 anlässlich einer Rede auf dem Bundeskongress der AfD-Nachwuchsorganisation „Junge Alternative" im thüringischen Seebach in die Welt gesetzt.[99]

In der dritten Relativierungswelle wird das seit 1949 zum politischen Selbstverständnis der Bundesrepublik

99 Abgesehen davon, dass der besagte Vogelschiss vom mit Hakenkreuz und Eichenkranz ausgestatteten deutschen Reichsadler stammte, ist die deutsche Geschichte eine endlose Abfolge von Schisslichkeiten: Frühere Pogrome an Juden, Abschlachten von Bauernhaufen im Bauernkrieg von 1525/26 durch Heere des Adels, Hexenverbrennungen, Gräueltaten im Dreißigjährigen Krieg, Völkermord an den Herero während der deutschen Kolonialzeit … All das wurde in deutscher Gründlichkeit bis zur letzten Konsequenz siegreich durchgeführt.

Deutschland gehörende Gedenken an den Holocaust als übertrieben und deutschem Selbstbewusstsein und deutscher Souveränität abträglich dargestellt. Björn Höcke, der Vorsitzende der Thüringer AFD, hat am Berliner Holocaust-Mahnmal das rechte Beinchen gehoben und es mit einem Satz wie ein Strahl als „Denkmal der Schande" beseichnet. Ist nun das Denkmal eine Schande oder der Völkermord an den Juden? Vorhang zu und alle Fragen offen! Jedenfalls hat Höcke eine bleibende Duftmarke gesetzt, die von seinen Gesinnungsgenossen besinnungslos eingeschnüffelt wird.

Geleugnet wird der Holocaust von den Autoren im Umkreis von IfS und Antaios Verlag nicht. Zum gegenwärtigen Zeitpunkt wäre das – noch – politischer Selbstmord. Allerdings umfasst das Spektrum der äußersten Rechten weit mehr als die intellektuelle Stoßfront um Kubitschek & Co. In rechtsradikalen Foren im Internet wird der Holocaust als Erfindung der Siegermächte dargestellt, mit der dem deutschen Volk nach dem Zweiten Weltkrieg bis hin zum Sankt-Nimmerleins-Tag der Mühlstein einer untilgbaren Schuld um den Hals gelegt werden sollte. Es ist notorisch von einer jüdischen Weltverschwörung die Rede. Auch und gerade im und um den quer-deutschen Corona-Widerstand ist diese Hetze wieder hochgekocht. Der vegane Koch Attila Hildmann, nach eigenem Bekunden der nächste deutsche Reichskanzler, trötet, die Zionisten hätten Deutschland nach dem Ersten Weltkrieg durch Reparationsforderungen zerstören wollen, weswegen Hitler nichts anderes übrig geblieben sei undsoweiter undsofort. Zurzeit würden die Zionisten einen globalen Völkermord planen.[100] Einen prominenten Vorläufer hat Hildmann im ehemaligen SDS-Mitglied, RAF-Verteidiger, Linksterro-

100 Siehe den „Tagesspiegel" vom 19. Juni 2020: https://www.msn.com/de-de/nachrichten/other/antisemitismus-im-netz-attila-hildmann-gibt-juden-die-schuld-und-verteidigt-hitler/ar-BB15Go46?li=BBqg6Q9&ocid=ACERDHP17

risten und nachmaligen Neonazi und Holocaust-Leugner Horst Mahler. Laut ihm arbeiten die Juden „bewußt an der Zersetzung der Volksgeister und erstreben die Herrschaft über die Völker".[101] Allein sind diese unsäglichen Zeitgenossen leider nicht. Der braune Dreck wird von zig Menschen und Gruppen und Grüppchen geteilt und weiterverbreitet. Siehe auch mein grausiges Erlebnis über den Dächern von Passau.[102]

In der vierten Relativierungswelle werden die Taten des Nationalsozialismus mit Taten der Siegermächte verrechnet. Der 8. Mai wird nicht als Tag der Befreiung bezeichnet, sondern als Tag der Niederlage, nach der Deutschland vollständig besetzt und der Osten abgetrennt wurde. Die Neuen Rechten beklagen die Vertreibung der deutschen Bevölkerung von dort und die Vergewaltigung von hunderttausenden Frauen. Die Rechten sollten sich aber nicht beklagen. Mit der Besetzung des Westens und seiner anschließenden Aufpäppelung zum Bollwerk gegen den Sozialismus sowie der Ummodelung des Ostteils zur DDR ist Deutschland hervorragend weggekommen. Angebracht gewesen wäre nach zwei Weltkriegen innerhalb von dreißig und nach zwei Völkermorden innerhalb von vierzig Jahren die endgültige und unwiderrufliche *Zerstörung* des deutschen Staatsgebildes.

---

101 Zit. nach Monika Schwarz-Friesel: Judenhass im Internet – Antisemitismus als kulturelle Konstante und kollektives Gefühl, Hentrich & Hentrich, Leipzig 2019, S. 111.

102 Ich vermute, dass es im gesamtrechten Netzwerk klare Absprachen gibt bezüglich der Frage, wer wie weit mit der Judenhetze gehen darf bzw. soll. Von White-Collar- bis zu Holt-die-Axt-raus-Judenfeinden ist alles zu finden. Sehr beliebt ist bis in tiefere Bevölkerungsschichten hinein das Geraune um „Finanz-Juden" wie George Soros oder gleich die ganze in jüdischer Hand befindliche „Federal Reserve" (Zentralbank der USA), die angeblich seit über 100 Jahren in ihrem Sinne die Geschicke der Welt lenkt. (Idealtypisch zu besichtigen bei Ernst Wolff: Finanz-Tsunami – Wie das globale Finanzsystem uns alle bedroht, Edition E. Wolff 2017.)

Von den Siegermächten und ihren Soldaten begangene Gräueltaten sind leider ein Faktum. Auch und vor allem die US-amerikanischen Atombomben auf Hiroshima und Nagasaki sind hier zu nennen. All das kann nur zu dem einen Schluss führen, dass die Welt von allen Nationalstaaten mit dem deutschen vornedran zu befreien ist. Wenn geistig und moralisch vernagelte Patrioten aufatmen, weil die eigene hochverehrte Nation mit ihren Schandtaten nicht allein war, dann ist das, um die relativierungsgeile Metapher von Alexander Gauland aufzugreifen, nichts anderes als – *Deutschissmus!*[103]

/4.3.6.2./ Verherrlichung des deutschen Volkes oder: Wie man die Herrlichkeit des Deutschvolks durch die Reinigung von volksfremden Elementen erreichen will

Gleich alttestamentarischen Propheten, die das Volk Israel verfluchten und ihm die schlimmsten Strafen an den kollektiven Hals wünschten, weil es kein rechtes gottgläubiges und gottgenehmes Gebaren an den Tag legte, zetern die Neuen Rechten, dass das deutsche Volk nicht so sei, wie es sein solle. Paradigmatisch fasste, wie bei Volker Weiß zu lesen ist, der rechte Politologe Bernard Willms

---

103 Nebenbei: Wie wäre es mit einem linguistisch-sozio-polito-psychologischen interdisziplinären Forschungsprojekt an einer deutschen Elite-Universität über die Interdependenz von Eigennamen und politischen Prädispositionen am Beispiel von Autoren des neurechten Antaios Verlags und Parteimitgliedern der AFD? Mit anderen Worten: Die Verifizierung der naheliegenden Vermutung, dass man mit Namen wie Alexander Gauland (!), Benedikt Kaiser (!), Johann Braun (!) und Thor (!) v. (!) Waldstein (!) gar nicht anders kann denn zum Deutschissten zu werden, ist ein wissenschaftliches Desiderat. Den Genannten wäre es zu wünschen, dass sich die Konjektur bestätigt, denn dann wären sie wegen schicksalhafter Unzurechnungsfähigkeit zumindest teilweise von ihren haarsträubenden politischen Gutdünkensbeständen freizusprechen und nicht als Gesinnungs-, sondern als Triebtäter zu behandeln.

im Jahr 1986 das Sündenregister der sich selbst fremd gewordenen Deutschen zusammen:

> „Selbsthass" und mangelndes nationales Selbstbewusstsein, „Vermoralisierung" von Politik, Demokratie statt Nation, Pazifismus sowie Unterwürfigkeit gegenüber den Siegern von 1945[104]

Andere Klagen beinhalten die Durchseuchung des deutschen Volkes mit Political Correctness und kulturell-moralischen Verirrungen wie „Homo-Ehe" und „Gender-Wahn" sowie „Multikulti"-Denken. Durch den Zuzug von „Nicht-Deutschen" werde das deutsche Volk bis zur drohenden Unkenntlichkeit unterwandert. Stichwort: „Umvolkung". Ein Autor mit dem urdeutschen, vielleicht sogar altbayerischen Namen Akif Pirinçci wird vom Antaios Verlag als Fels in der Brandung im Kampf gegen alles Undeutsche mit den folgenden patriotisch mustergültigen Worten beworben:

> Akif Pirinçci rechnet ab mit Gutmenschen und vaterlandslosen Gesellen, die von Familie und Heimat nichts wissen wollen, mit einer verwirrten Öffentlichkeit, die jede sexuelle Abseitigkeit vergottet, mit Feminismus und Gender Mainstreaming, mit dem sich immer aggressiver ausbreitenden Islam und seinen deutschen Unterstützern, mit Funktionären und Politikern, die unsere Steuern wie Spielgeld verbrennen.[105]

---

104 Bernard Willms: Identität und Widerstand – Reden aus dem deutschen Elend, Tübingen 1986, S. 89 ff.; zitiert aus: Volker Weiß: Die autoritäre Revolte – Die NEUE RECHTE und der Untergang des Abendlandes, a. a. O., S. 100

105 Akif Pirinçci: Deutschland von Sinnen – Der irre Kult um Frauen, Homosexuelle und Zuwanderer, Lichtschlag in der Edition Sonderwege (Manuscriptum). (https://antaios.de/buecher-anderer-verlage/manuscriptum/1480/deutschland-von-sinnen)

Man könnte ja meinen, dass die Neuen Rechten ein solch abartig verdorbenes Volk wie eine heiße Kartoffel oder meinetwegen ein Stück Scheiße fallen lassen würden, um ganz unter sich das wahre und reine deutsche Wesen zu verwesen. Wenn sie sich, sagen wir: auf Madagaskar, ein Stück Land zuweisen lassen würden, stünde ihnen nicht mehr ständig das stinkende Zerrbild des Populus Germanicus vor Augen, sondern nur noch ihr eigenes zwar zahlenmäßig geringes, dafür jedoch lupenreines Deutschtum.[106] Das Problem bei dieser angesichts der Schwere ihrer gedanklichen Verfehlungen an und für sich hochanständigen Proposition ist für die neuen Rechten nur, dass sie, wie alle Politiker, einem Staat und einer Nation vorstehen wollen, doch was ist ein Staat, was ist eine Nation ohne Volk? Ein Ding der Unmöglichkeit! Die einzige Chance für die Realisierung hochfliegend rechter Pläne besteht in einem theoretischen Manöver und einem daraus folgenden praktischen Feldzug:

Wie alle Politiker, die mit „ihrer“ Nation und „ihrem“ Staat Großes vorhaben, stellen sich die Rechten ein *ideales* Volk vor. Sie vergleichen es mit dem völkischen Ist-Zustand und stellen Differenzen fest, die sie durch zwei Maßnahmen aufheben sprich ausmerzen wollen: Einerseits müssen die Menschen, die überhaupt für die Bildung des zukünftigen Traumvolks in Frage kommen, mit dem richtigen Denken und Fühlen *geimpft* werden, andererseits muss das Menschen-Sammelsurium, das sich in Deutschland mittlerweile eingefunden hat, auf seine *basale Deutschheit* hin gesichtet und sortiert werden. Die Guten ins deutschnationale Töpfchen, die Schlechten zurück

106 Wikipedia: „Der so genannte Madagaskarplan (auch Madagaskar-Plan) war eine vom nationalsozialistischen Regime Deutschlands zu Beginn des Zweiten Weltkriegs kurzzeitig verfolgte Erwägung, vier Millionen europäische Juden auf die vor der Ostküste Afrikas gelegene Insel Madagaskar, damals eine französische Kolonie, zu deportieren.“ (https://de.wikipedia.org/wiki/Madagaskarplan)

ins ausländische Kröpfchen. Wer gehört zur deutschen *Ethnie*, und wer nicht?
Das ist das rechte Zauberwort für den Ein- und Ausschluss von Menschen ins Volk seit Beginn des 21. Jahrhunderts: Ethnie! Wenn Hunderttausende Menschen „fremdländischer Herkunft“ vom deutschen Staat in einer feierlichen Zeremonie die deutsche Staatsbürgerschaft verliehen bekommen, dann geht das den Neuen Rechten gegen den völkischen Eichstrich. Grenze überschritten!
In Abgrenzung zu linken Politiker*innen und Theoretiker*innen wie Sarah Wagenknecht[107], Bernd Stegemann[108] und Chantal Mouffe[109], die sich für einen linken Populismus stark machen und in das „Volk“ ungeachtet ihrer Hautfarbe und Herkunft alle Menschen einbeziehen, die sich tatsächlich oder vermeintlich im Gegensatz zur „Politik“ und zur „Wirtschaft“ befinden, beharren die Neuen Rechten darauf, dass man da schon tiefer schürfen müsse. Benedikt Kaiser zitiert zustimmend Alain de Benoist, einen maßgebenden Theoretiker der Neuen Rechten in Frankreich:

> Benoist (…) weist axiomatisch darauf hin, dass es von Geburt an ein „Schon-Vorhandenes“ gebe, „einen Hintergrund, der den Rahmen bildet für die Konstruktion des Selbst.“[110]

---

107 Sarah Wagenknecht (MdB) ist Mitglied der Partei „Die Linke“ und hat 2018 die außerparlamentarische Bewegung „Aufstehen“ mitbegründet. Der Gründungsaufruf ist unter https://aufstehen.de/web/gruendungsaufruf/ einzusehen.

108 Bernd Stegemann ist Dramaturg beim „Berliner Ensemble“. Von ihm stammt unter anderem das Buch „Das Gespenst des Populismus – Ein Essay zur politischen Dramaturgie“, Berlin 2017.

109 Chantal Mouffe lehrt Politische Theorie an der University of Westminster. Sie hat unter anderem die Bücher „Das demokratische Paradox, Wien 2015“ und „Für einen linken Populismus, Berlin 2018“ geschrieben.

110 Benedikt Kaiser: Blick nach links, a. a. O., S. 65; Zitate aus: Alain de Benoist: Wir und die anderen, Berlin 2008, S. 70

Auf unverschämte Weise wird hier behauptet, dass kein Mensch in seinem Leben sich von dem (politischen, sozialen, kulturellen, moralischen) „Rahmen", in den er hineingeboren wurde, emanzipieren könne. Einmal Deutscher (oder Franzose oder was auch immer), immer Deutscher (oder Franzose oder was auch immer)! Guillaume Faye, ein anderer rechter und von den deutschen Gesinnungskollegen begeistert rezipierter Denker aus Frankreich, geht noch weiter und behauptet, dass „Kultur letzten Endes auf einer biologisch vererbten Grundlage beruht, die auf ganz besondere (biologische) Anlagen verweist."[111] Zwei schnittige Autoren aus dem Antaios Verlag bringen es schneidig und schmissig auf den Punkt:

> Wenn du die drei Modi des Volksbegriffes mitdenkst, müssen wir uns als Körper, Seele und Geist definieren – das schließt den Ausschluss der Ausländer mit ein: „Heimat, Freiheit, Tradition! Multikulti Endstation!"[112]

Äußerungen wie diese sind es, die Volker Weiß die „dünne Substanz der vieldiskutierten Rechtsintellektualität"[113] und „die uralten Motive des Nationalismus (…) die Schicksalsgemeinschaft der `Nation´ und das handelnde Kollektivsubjekt `Volk´"[114] konstatieren lassen.

Vor fast genau einhundert Jahren hieß es in Punkt 4 des NSDAP-Programms vom 24. Februar 1920: „Staatsbürger kann nur sein, wer Volksgenosse ist. Volksgenosse kann nur sein, wer deutschen Blutes ist, ohne Rücksichtnahme auf Konfession. Kein Jude kann daher Volksge-

---

111 Guillaume Faye: Wofür wir kämpfen, 2006, o. O., S. 183; zitiert aus: Volker Weiß: Die autoritäre Revolte – Die NEUE RECHTE und der Untergang des Abendlandes, a. a. O., S. 102

112 Martin Sellner / Walter Spatz: Gelassen in den Widerstand – Ein Gespräch über Heidegger, Schnellroda 2015, S. 21

113 Volker Weiß: Die autoritäre Revolte – Die NEUE RECHTE und der Untergang des Abendlandes, a. a. O., S. 113

114 Ebd., S. 150

nosse sein."[115] Wenn man die obigen Zitate bündelt, wird im rechten Neudeutsch daraus: „Staatsbürger kann nur sein, wer zum deutschen Volk gehört. Zum deutschen Volk gehört, wessen Seele, Körper und Geist deutsch sind und wer biologisch vererbte deutsche Grundlagen mitbringt. Kein anderer Mensch kann daher zum deutschen Volk gehören." Nicht Demo-, sondern *Ethnokratie* lautet das politische Ziel der Neuen Rechten. Das ist, in diesem Punkt muss ich Volker Weiß widersprechen, keine dünne, nein, das ist eine sehr dicke, braune Substanz!

Im Unterschied zur Ideologie der NSDAP ist bei den Neuen Rechten – zumindest nach außen hin – nicht von einer Überlegenheit des deutschen Volkes beziehungsweise der deutschen Rasse über andere Völker und Rassen die Rede. „Ethnopluralismus" ist die Parole.[116] Das deutsche Volk klage, so heißt es, ebenso wie andere unterdrückte Völker – Kurden, Palästinenser usw. – lediglich das Recht auf völlige Selbstbestimmung ein.[117] Das aber zu seinen eigenen, oben beschriebenen Bedingungen.

Wie diese Bedingungen aussehen würden, wenn die Neuen Rechten an die Macht kämen, ist nach dem bis-

---

115 http://www.documentarchiv.de/wr/1920/nsdap-programm.htm

116 Auf den Vorwurf von Sarah Wagenknecht, dass die Rechte für einen ungezügelten Nationalismus stehe, antwortet Benedikt Kaiser: „Dieser 'Nationalismus', der letztlich nichts anderes als Nationalchauvinismus meint, wird aber auch rechts, jedenfalls im richtungsweisenden Mosaik um das Institut für Staatspolitik samt Sezession sowie um die Verlage Antaios und Jungeuropa, abgelehnt." (Benedikt Kaiser: Blick nach links, a. a. O., S. 69 f.)

117 Hier okkupieren die Neuen Rechten den jahrzehntelangen Kampf der Linken für das Selbstbestimmungsrecht der Völker und reklamieren es auch für das deutsche Volk. Ein Grund mehr, von dieser ollen Kamelle linker Politik die Finger zu lassen! Ein kurdisches „Volk" in einem kurdischen Staat kann für einen einzelnen dort lebenden Menschen ebenso ein Gefängnis für Seele, Körper und Geist sein, wie es auf der ganzen Welt alle Völker und Staaten für viel zu viele Menschen (gewesen) sind. Man muss das Wort „Volkskrankheit" endlich richtig verstehen.

her Gesagten klar. Ein Teil der in Deutschland lebenden Menschen würde umgehend aussortiert und ausgegrenzt werden. Viele Menschen würden wegen ihrer sexuellen Orientierung – gelinde gesagt – bedrängt werden. Die öffentliche Meinung würde gleichgeschaltet werden. Volksfremde Elemente – Juden und andere Volksschädlinge – würden abgesondert und entfernt werden. Jeder, der dagegen aufzubegehren wagte, würde mund- oder sonstwastot gemacht werden.
Einen giftigen Vorgeschmack darauf, wie nach einer rechten Machtergreifung mit Menschen, die nicht dem Idealbild eines Deutschen von echtem Schrot und Korn entsprechen, umgesprungen würde, gibt der dem neu-rechten Milieu zuzuordnende Blogger Jürgen Fritz in einem Kommentar über politisch links stehende Menschen:

> Normalerweise liegt es mir vollkommen fern, Menschen zu pathologisieren. Damit sollte man äußerst vorsichtig sein und wenn immer möglich davon absehen. In diesem speziellen Fall erscheint es mir aber notwendig (…) Grün-linke Gutmenschen sind – und ich sage das nicht einfach so dahin – krank (oder formulieren wir es vorsichtiger: auffällig). Nicht körperlich, sondern geistig-psychisch.[118]

Im Fortgang seiner volkshygienischen Rechtspertise attestiert Fritz der von ihm ins Visier genommenen Zielgruppe auch noch ein „tief gestörtes Verhältnis zum eigenen Ich", „schwere Traumatisierungen, die nie verarbeitet wurden", „Realitätsverlust", „Minderwertigkeitsgefühle" sowie ein „chronisches Infantilitätssyndrom" und kommt windhundflink und lederzäh zu dem kruppstahlharten Schluss, dass alle diese Leute „geistig-seelisch im Grunde schon tot" seien. Für die Zeit vor der rechten Revolution

118 Jürgen Fritz: „Warum Sie mit psychophathologisch [sic!] gestörten grün-linken Gutmenschen nicht diskutieren sollten" (https://juergenfritz.com/2017/02/23/warum-sie-mit-psychopathologisch-gestoerten-gutmenschen-nicht-diskutieren-sollten/)

empfiehlt er, Abstand zu halten: „Und mit so jemand diskutieren zu wollen, ist vergebliche Liebesmüh." Für die Zeit danach kann man sich unschwer ausmalen, was auf „so jemand" zukäme, vor allem, wenn der oder die nicht aufhören sollte, sich „pathologisch gestört" zu äußern und zu betätigen. Dann käme womöglich zum geistigen und seelischen Totsein auch noch ein körperliches hinzu![119]

Das Ergebnis der angekündigten Säuberungsmaßnahmen: **Ein Volk** (biologisch rein, moralisch sauber, deutsch bis auf die Knochen, wehrhaft) … Wie und wo aber soll dieses Volk hausen? Volk, sag an: Wohnst du noch oder lebst du schon?

/4.3.6.3./ Es wird ein Reich sein oder: Wie man einem geläuterten Deutschvolk ein angestammtes Heim verspricht

Die Antwort der Neuen Rechten lautet kategorisch: Nein, das deutsche Volk lebt noch nicht! Abgesehen davon, dass es sich körperlich, seelisch und geistig erst noch finden muss, indem es sich von volksfremden Elementen reinigt, wohnt es in erbärmlichen Umständen! Die Bundesrepublik Deutschland und ihre demokratische Staatsform dürfen nicht das letzte Wort sein! Krieg dieser Hütte, Friede dem Palast, der einst das deutsche Volk beherbergen wird! Die Bundesrepublik Deutschland wird von den neuen Rechten lediglich als „Interregnum"[120] zwischen der alten

---

119 Das Unfassbare: Zwei Tage nach der Veröffentlichung dieser – im Klartext – Vernichtungsansage auf dem Internet-Portal „Tichys Einblick" war er bereits über 100 000-mal gelesen worden und hatte über 11 000 Likes bekommen. Später gesellten sich auf anderen Portalen mindestens 200 000 weitere Leser dazu.

120 Der Antaios Verlag führt ein Buch von Armin Mohler im Programm, das „Nachrichten aus dem Interregnum" betitelt ist. (Kaplaken 39, Schnellroda, o. J.)

und der angestrebten neuen Größe bezeichnet. Deutschland sei immer noch nicht souverän und frei. Es leide nach wie vor unter der „amerikanischen Besatzung“[121] und brauche deshalb eine neue Verfassung. Hier gibt es Berührungsflächen zu der „Reichsbürgerbewegung“, die behauptet, dass das Deutsche Reich bis heute fortbestehe, weil die Weimarer Reichsverfassung von 1919 niemals abgeschafft worden sei. Es gälten die Grenzen des Deutschen Kaiserreichs oder des Deutschlands von 1937.[122] Alles deutet, wie Volker Weiß betont, darauf hin, dass auch den Neuen Rechten ein Deutsches Reich als die dem deutschen Volk einzig adäquate Wohnstätte vorschwebt:

> Für die auf autoritäre Gefüge fixierten Autoren des völkischen Nationalismus war (und ist) das Reich jedoch die einzige Möglichkeit einer staatlichen Existenz auf deutschem Boden. Dabei schwingt auch immer die machtpolitische Bedeutung mit, die Carl Schmitt dem Reichsbegriff verliehen hat: „[J]edes Reich [hat] einen Großraum, in den seine politische Idee ausstrahlt und der fremden Interventionen nicht ausgesetzt sein darf. Der Zusammenhang von Reich, Großraum und Nichtinterventionsprinzip ist grundlegend.“[123]

Warum auch sollen die Neuen Rechten hinter die von ihnen bekämpfte Bundesrepublik Deutschland zurückfallen, deren Parlament 1991 beschloss, zu alter Größe zu-

---

121 Thor v. Waldstein: Metapolitik. Theorie – Lage – Aktion, a. a. O., S. 38

122 Innerhalb der Reichsbürgerbewegung gibt es verschiedene Gruppen und Grüppchen. Auf verbohrte, verzopfte und verpickelhaubte Weise streiten sie sich über die Ausmalung des ach so sehnlichst herbeigewünschten Deutschen Reichs. Ein echtes Schauspiel, aber Vorsicht, viele von diesen Reichsbürger*innen haben Waffen!

123 Volker Weiß: Die autoritäre Revolte – Die NEUE RECHTE und der Untergang des Abendlandes, a. a. O., S. 165. (Das Carl-Schmitt-Zitat stammt aus: Carl Schmitt: „Der Reichsbegriff im Völkerrecht“, in: Ders.: Positionen und Begriffe im Kampf mit Weimar-Genf-Versailles 1923-1939, Hamburg 1940, S. 303.)

rückzukehren und künftighin im schon vom Deutschen Kaiserreich installierten *Reichs*tagsgebäude statt weiterhin im Bonner Bundeshaus am Platz der Vereinten Nationen zu tagen? Es wird ein Reich sein, das steht fest.[124]
Zwei schöne Tragpfeiler nach Art der Altvorderen haben sich die Neuen Rechten nun schon für ihr angestrebtes Polit-Gebilde zusammengemetzt: **Ein Volk** (biologisch rein, moralisch sauber, deutsch bis auf die Knochen, wehrhaft) – **Ein Reich** (mächtig, geschichtsträchtig, deutsch bis ins Grundwasser, unangreifbar) – Fehlt da nicht noch was?

/4.3.6.4./ Demokraturepublik in etwa oder: Wie und warum man in einem Deutschen Reich ein an und für sich tüchtiges Volk trotzdem und für alle Fälle mit starker Hand führen muss

Bis jetzt verfügt die Neue Rechte noch nicht über einen Führer. Ist vielleicht der Koch Attila Hildmann der kommende Reichs-Babo? Laut dem rechten Monatsblatt „Compact" soll er sich ja schon mit folgendem tierisch guten Bonmot in Stellung gebracht haben: „Ich bin hier bald der neue Staatschef. Wurde für diese Zeit geboren! Und um das Schlimmste zu verhindern."[125] Oder etwa der Dieser-Weg-wird-kein-leichter-sein-Sänger Xavier Naidoo,

124 Die Reichs-Idee gehörte schon immer zur Grundausstattung strammer Rechter, zum Beispiel bei Moeller van den Bruck, einem der von den Neuen Rechten als einer ihrer gedanklichen Vorreiter hochgehaltenen Staatstheoretiker und völkisch-nationalistischen Publizisten der Weimarer Zeit. 1923 schrieb er in seinem Hauptwerk „Das Dritte Reich": „Es gibt nur Ein Reich, wie es nur Eine Kirche gibt. Was sonst diesen Namen beansprucht, das ist Staat, oder das ist Gemeinde oder Sekte. Es gibt nur Das Reich. Der deutsche Nationalismus kämpft für das mögliche Reich." (Hamburg 1931, S. 245) Siehe auch: Stefan Breuer: Die radikale Rechte in Deutschland 1871 – 1945, Stuttgart 2010.

125 Compact 6 / 2020, S. 23

der mit den Kundgaben „Ich kann erst ruhen, wenn den Deutschen Gerechtigkeit widerfährt." und „Ich wusste einfach schon mit dem ersten Text, den ich verfasst habe, dass ich clashen werde."[126] seinen Aluhut in den Ring geworfen hat? Oder gar Eva Herman, die ihr abartig originelles Buch „Blutgericht Europa. Karl der Große als Ursache des Untergangs von Deutschland und Europa" unter anderem mit der These bewirbt: „Bewährter Naturglaube wurde seither streng verboten, die Wurzeln der Identität sämtlicher Volksseelen roh herausgerissen."[127]

Ich will die Kirche im Dorf lassen, das alles dürfte ziemlich sicher vermutlich eher unwahrscheinlich sein, also aller Voraussicht nach. Speziell Eva Herman kommt nicht als Reichsführerin und/oder -kanzlerin in Frage, da Frauen im alten und neuen rechten Gender-Denken andere Aufgaben auf den fruchtbringenden Leib geschrieben werden. In einem Porträt des rechten Philosophen Julius Evola (1898 – 1974) in der schon erwähnten „Compact"-Ausgabe[128] wird eine seiner Grundanschauungen so wiedergegeben: „Ein wahrer Mann verwirklicht sich als Krieger oder Asket, die Frau als Mutter oder Geliebte."[129]

Sorry!

Ein rechter *Führer* des Volkes mit Charisma und dem ganzen Zeug ist also bisher nicht in Sicht. Die Notwendigkeit einer rechten *Führung* des Volkes aber wird von den Cheftheoretikern der Neuen Rechten aufs deutlichste betont.

---

126 Compact 6 / 2020, S. 40

127 Edition Eva Herman 2019. (Am 9. Juni 2020 stand dieses Buch bei Amazon auf Platz 489 bei den verkauften Büchern und auf Platz 3 (!) im Bereich „Globalisierung" und Platz 62 im Bereich „Politik und Geschichte". So viel zum Thema „Deutscher Geist"!)

128 Manuel Peters: „Der Ritt auf dem Tiger", Compact 6 / 2020, S. 35-37. Die Einleitung lautet: „Der italienische Kulturphilosoph Julius Evola zählt zu den außergewöhnlichsten Denkern des 20. Jahrhunderts. Der Baron vertritt eine Weltsicht, die dem heutigen Zeitgeist radikal entgegensteht – und noch immer führende Strategen der politischen Rechten inspiriert."

129 Ebd., S. 35

Das ist so binsenweise wie logisch. Kein Volk regiert sich selbst. Im Begriff des Volkes ist immer schon die Existenz eines es selbst konstituierenden Staates impliziert. Wie sich die Neuen Rechten die Regierung des Staates über das Volk vorstellen, erhellt exemplarisch aus der Schrift „Republik und Demokratie“ des Antaios-Autors Eberhard Straub[130]:

Straub durcheilt in einem wilden Parforceritt historische Staatsformen von der Athener Demokratie und der Römischen Republik bis hin zum preußischen Königtum unter Wilhelm III. und zur bundesstaatlichen Demokratie Deutschlands. Die Quintessenz: Demokratie – nein danke, lieber nicht! In der athenischen Demokratie des 5. Jahrhunderts v. u. Z. erblickt er unterdrückerische Elemente: „Imperialismus und Demokratie ergänzten einander reibungslos, sie waren keineswegs Gegensätze.“[131] In Übereinstimmung mit dem römischen Geschichtsschreiber Polybios mahnt er: „Auch die Demokratie ist nur eine unter den wechselnden Verfassungen und erliegt wie die übrigen früher oder später der Versuchung, ihre Macht auszudehnen und die Freiheit zu bedrängen, sie endlich zu beseitigen.“[132] In den ersten Jahren der französischen Geschichte nach der Revolution von 1789 entdeckt er einen

130 Eberhard Straub: Republik und Demokratie, kaplaken 65, Schnellroda 2019

131 Ebd., S. 28 (Man sollte sich davor hüten, in einem Demokratie-Verteidigungsreflex gegen Straubs Diagnose Einspruch zu erheben. Die Athener Demokratie beruhte auf der Entscheidungsbefugnis von 30 000 Männern, denen 300 000 Sklaven und Metöken gegenüberstanden. Auch die Frauen hatten nichts zu sagen. Der athenische Imperialismus zeigte sich exemplarisch in der Auslöschung der Bevölkerung der Kykladen-Insel Milos, weil sie sich im Peloponnesischen Krieg nicht dem von Athen dominierten Attischen Seebund anschließen wollte. Ich empfehle hierzu die Lektüre des „Melier-Dialogs“ aus dem Geschichtswerk „Der Peloponnesische Krieg“ des griechischen Geschichtsschreibers Thukydides. Für alle, die von der deutschen Geschichte das werte Schnäuzchen voll haben, zur Abwechslung ein altgriechischer Vogelschiss!)

132 Ebd., S. 23

„Gesinnungsterror wahrhafter und wehrhafter Demokraten“[133]. Die bundesrepublikanische Demokratie bekommt am Ende seiner Schrift sogar pfundweise Fett ab: „Demokraten werden zu Inquisitoren, die mit heiligem Eifer Irrtümer und Irrende beobachten, öffentlich anprangern (...)“[134]. Straubs allhistorisches Fazit lautet: „Die Dämonen tummeln sich auch in den Demokratien, beschworen von Demokraten, denen die imaginierte Welt lieber ist als die wirkliche.“[135] Eher hat er es mit der Staatsform der Republik: „Der republikanische Rechtsstaat und seine Institutionen sind auf Staatsbürger und nicht auf sogenannte Menschen [!] und Demokraten als deren Lautsprecher angewiesen.“[136]

Eine zentrale Lehre aus seinem Studium der Geschichte ist für Eberhard Straub, dass letzten Endes nicht die Staatsform über das Wohl und Wehe der Staat und Volk umfassenden Volksgemeinschaft entscheidet, sondern die Führungsqualitäten von an ihrer Spitze stehenden Menschen, die über *virtù* verfügen. Diesen Begriff borgt sich Straub von Niccolò Machiavelli, der sich seinerseits auf

133 Ebd., S. 7 [Irgendwie scheint Straub dieser „Gesinnungsterror“ aber auch wieder gewaltig zu gefallen, worauf ja auch schon die Rede von „wahrhaften“ und „wehrhaften“ statt „eifernden“ und „geifernden“ Demokraten verweist. Voller Empathie schreibt er: „Das zu großen Teilen von sich entfremdete Volk muß unnachsichtig über sich selbst aufgeklärt werden von denen, die von sich sagen dürfen: `wir sind das Volk´ (...) Das Volk muß von den wahren Patrioten neu geschaffen werden. Das setzt voraus, den Irrtum auszurotten und die Zögernden zur Freiheit zu zwingen. (...) Unter Umständen darf auf die Erziehungsdiktatur als probatem Mittel zu kollektiver Befreiung nicht verzichtet werden (...)“ (Ebd., S. 16 f.) Man darf getrost davon ausgehen, dass diese schwitzigen Zeilen voll und ganz seinen Vorstellungen von einem zu schaffenden deutschen Volkskörper entsprechen, nur dass er das nie und nimmer als „Gesinnungsterror“ bezeichnen würde, sondern als Maßnahmen von „Vernunftrepublikanern“ (Ebd., S. 74).]

134 Ebd., S. 73

135 Ebd., S. 56

136 Ebd., S. 75

die besonders von Cicero in der Römischen Republik propagierte *virtus* des römischen Staatsmannes beruft. Personen, denen im Staat besondere Aufgaben obliegen, sollen demzufolge über „Besonnenheit, Mäßigung, Tapferkeit, Beharrlichkeit, Klugheit, Gerechtigkeit und Großzügigkeit“[137] verfügen. Nur wenn die Führer eines Staatswesens diese Eigenschaften besitzen, kann das Volk in die richtigen Bahnen gelenkt werden. Denn das Volk, es ist bei weitem nicht immer so, wie es sein sollte: „Der Mensch neigt zum Bösen und kann jede Ordnung in Unordnung bringen.“[138] Für alle Unwägbarkeiten sollte gelten, was Eberhard Straub bei seinem Geschichtsstudium so gut an den Gründervätern der Vereinigten Staaten von Amerika gefallen hat: „Sie strebten nach der Republik, um nicht zum Opfer einer Demokratie zu werden, in der das launische, unberechenbare, unwissende Volk herrschen und jede erst einmal provisorische Ordnung sofort ins Chaos stürzen würde.“[139] Schlägt das Volk über die Stränge, darf der über die Eigenschaften der *virtù* gebietende Staatsmann nicht zimperlich sein. Dann wird er noch ganz andere Tugenden als die schon genannten entwickeln müssen. Straubs zweites Fazit lautet: Ein Volk ohne tüchtige Führung ist verloren und wird degenerieren!
In seinem aufschlussreichen Buch „Was ist Populismus?“ kennzeichnet Jan-Werner Müller das Verhältnis zwischen Volk und links- oder rechtsnationalen „Populisten“ als das zwischen einem Schützling mit Artikulationsproblemen und seinem die rechten Worte vorsagenden Mentor:

> (...) letztlich ambivalente Rolle, welche das Volk bei den Populisten spielt: an der Oberfläche äußerst aktiv, letztlich jedoch völlig passiv. Es geht darum, den Volkswillen im Sinne eines imperativen Mandats eins zu eins umzusetzen – aber da das

137 Ebd., S. 36
138 Ebd., S. 39
139 Ebd., S. 43 f.

> Volk nicht wirklich kohärent mit einer Stimme sprechen kann, bedarf es eben eines Akteurs, der dem Volk souffliert, was es eigentlich sagen will. Gewöhnlich präsentiert sich der populistische Politiker denn auch als schlichtes „Sprachrohr“ (...)[140]

Die Sichtweise, dass man dem Volk oder zumindest Teilen des Volkes auch *gegen* seinen Willen zu seinem Glück verhelfen muss, ergibt sich zwangsläufig aus dem oben geschilderten Lamento der Neuen Rechten über den bedauernswerten Zustand des deutschen Volkskörpers in der bundesrepublikanischen Gegenwart. Auch der Antaios-Verleger Götz Kubitschek und seine Ehefrau und Mit-Verlegerin Ellen Kositza nehmen kein Blatt vor den Mund: „Wir gehen davon aus, dass der Mensch sowieso gesagt bekommen muss, was er tun soll.“[141] Je einflussreicher die Neuen Rechten werden, umso massiver werden sie „dem Menschen“ beziehungsweise ausgesuchten Exemplaren in Form von Einschüchterung, Drohbriefen, Shit-Storms, gewalttätigen Übergriffen und Morden zeigen, was er tun soll beziehungsweise nicht mehr tun darf. Nach der Machtergreifung wird es bei der Volkserziehung keine Grenzen mehr geben.

Nach der Machtergreifung wird es auch keine mit den Neuen Rechten konkurrierenden Parteien mehr geben. Die Neue Rechte selbst wird keine Partei im traditionellen Sinne sein, weil sie, wenn sie es wäre, konzedieren müsste, dass es neben ihr auch linke oder liberale Parteien zu geben hätte. Alle im Bundestag vertretenen Parteien aber von den Grünen bis zur CSU werden zu einem zu bekämpfenden und zu beseitigenden Machtkonglomerat gezählt, wie der Antaios-Autor Manfred-Kleine-Hartlage dem „Compact“-Herausgeber Jürgen Elsässer in einem Interview verrät:

140 Jan-Werner Müller: Was ist Populismus? – Ein Essay, Berlin 2016, 5. Aufl. 2017, S. 46

141 Ellen Kositza / Götz Kubitschek (Hg.): Tristesse Droite – Die Abende von Schnellroda, Schnellroda 2015, S. 21

> Ich denke auch, dass die Begriffe links und rechts, auch wenn sie teilweise noch analytisch verwendet werden können, nicht mehr zur Beschreibung der gegebenen Herrschaftsstruktur reichen. Ich benutze dafür den Begriff des Kartells, da verschiedene Fraktionen in kollusiver Weise zusammenarbeiten, oder die Gegenüberstellung von Zentrum und Peripherie, also die Zentren der gesellschaftlichen Machtausübung gegen den Rest der Gesellschaft.[142]

Auch die von den Neuen Rechten als „konservativ" betitelte AFD wird, obwohl, wie Kleine-Hartlage sagt, „die politischen Unterschiede gar nicht groß sind", als untauglich für einen fundamentalen Systemwechsel bezeichnet:

> Ein Grund, warum der sogenannte bürgerliche Flügel der AFD sich damit schwertut, die Maßnahmen der Regierung zu kritisieren, ist ein eingefleischter Konformismus – also der Wille, sich nicht in einen Gegensatz zur herrschenden Macht zu begeben.[143]

Genau in diesem unversöhnlichen Gegensatz sehen sich die Neuen Rechten. Hie das Kartell, dort die aufrechten Volksfreunde. Hie eine kleine Minderheit, dort eine überwältigende Mehrheit. Es spricht Jürgen Elsässer:

> Sind die Begriffe links und rechts nicht sowieso überholt? Die politische Gesäßgeografie des 19. und 20. Jahrhunderts wurde von einer Gesellschaftsordnung nach dem Modell des Mittelalters abgelöst – das heißt 99 Prozent der Bevölkerung gegen ein Prozent der Eliten, damals Feudaleliten, heute Geldeliten, beide antinational.[144]

---

142 Compact 6 / 2020, S. 46
143 Ebd., S. 44
144 Ebd., S. 46 (Bei Eberhard Straub liest sich dieser Gedankengang so: „Die christliche Demokratie und die Sozialdemokratie hatten ihre historische Stunde gleich nach dem Zweiten Weltkrieg. Das ist Geschichte. Beide haben sich überholt, wie der Liberalis-

Was für ein Lehrstück der Machtpolitik im Allgemeinen und rechten Machtstrebens im Besonderen! Man *lügt* sich ein Kräfteverhältnis zusammen, *phantasiert* einen absoluten Gegensatz der ganz Wenigen gegen die ganz Vielen herbei und stellt sich als den *einzigen* Sachwalter der Interessen der Majorität hin. So erteilt man sich die moralische und politische Berechtigung zum *Sturz* eines Systems, das man sich als durch und durch antideutsch und antivolkisch zurechtkarikiert hat!
Das Ergebnis einer auf diesen ideologischen Grundlagen durchgeführten nationalen Revolution wäre dies: Neben dem neuen Regime könnte und dürfte es außer Quislingen keine anderen politischen Kräfte mehr geben. Denn jetzt wäre eine *Force majeure* an der Macht, die für 99 Prozent der Bevölkerung spräche! Das Berliner Unrechtsregime wäre hinweggefegt und nun gäbe es endlich die aus der Geschichte Deutschlands sattsam bekannte Dreiheit: **Ein Volk** (biologisch rein, moralisch sauber, deutsch bis auf die Knochen, wehrhaft) – **Ein Reich** (mächtig, geschichtsträchtig, deutsch bis ins Grundwasser, unangreifbar) – **Eine Führung** (tüchtig, national, deutsch bis in die hintersten Gehirnwindungen, gnadenlos patriotisch)!

Noch einmal im Klartext: Die Neuen Rechten wollen die parlamentarische Demokratie der Bundesrepublik stürzen, um das IV. Reich zu errichten. Es würde nach innen und außen ein autoritärer Staat sein mit einer diktatorischen Regierung, die von Figuren aus der heute noch in der Opposition befindlichen Neuen Rechten gebildet würde. Alles Undeutsche und Unvölkische würde ins Fa-

---

mus und der Sozialismus oder Rechts und Links, konservativ und progressiv als Gegensatzpaare. Unsere politischen Begriffe und Unterscheidungen stammen aus der Auseinandersetzung mit der Französischen Revolution, sie haben jede konkrete Substanz eingebüßt und sind zu bloßen Redensarten verkümmert." – Eberhard Straub: Republik und Demokratie, a. a. O., S. 59 f.)

denkreuz genommen werden und es würden in der dann anbrechenden Nacht nicht nur die Fackeln der jubelnden neurechten Parteisoldaten und ihrer mitlaufenden Horden brennen.

Die Staatsorgane der Bundesrepublik Deutschland hätten berechtigterweise allen Grund, wahrzumachen, was ihnen die Neuen Rechten fälschlicherweise unterstellen. In deren Gestalt ist der parlamentarischen Demokratie, die laut Grundgesetz auf der Mitwirkung von Parteien (Plural!) bei der politischen Willensbildung basiert, eine ernstzunehmende Bedrohung erwachsen. Es wird interessant sein zu beobachten, ob sich der liberal-demokratische Staat der völkisch-nationalen Gefahr erwehren kann – *und will!* Aber was soll man schon groß von einem Gebilde erwarten, das *in den basics* Fleisch vom Fleische der Rechten ist? Staat! Volk! Gewalt! „Alle Staatsgewalt geht vom Volke aus." Das ist seit eh und je der basso continuo *aller* auf „deutsch" gebürsteten Hirne und politischen Kräfte! *Das* ist der Schoß, aus dem „das" kriecht!

/4.3.6.5./ Deutsche Heimatregionen in einem Deutschen Reich in einem Europa der Vaterländer oder: Wie man aus rechter Sorge um Volk und Reich zum Kapitalismuskritiker und Antiimperialisten wird

So mancher altgediente Linke und so mancher kampfgestählte Antifaschist mag sich nach dem bisher Gesagten in liebgewordenen Denkmustern bestätigt sehen und empört ausrufen: „Da seht ihr es! Ein Volk, ein Reich, eine Führung, Deutschland, Deutschland über alles, Faschismus, Faschismus!" Wahrscheinlich wird dann noch hinterhergeschickt, dass es sich bei diesen Faschisten um Lakaien des Kapitalismus handle.
Was meint ihr wackeren Linken und Antifaschisten, wer

die folgende Liste von Gegnerschaften gut findet? Bitte sehr:

> (...) der Kampf gegen die enorme Machtkonzentration (wirtschaftlicher und politischer Natur) oligarchischer Strukturen auch in Westeuropa; die Beanstandung neoliberaler Totaldurchdringung aller gesellschaftlichen Teilbereiche; die prinzipielle Gegnerschaft zu einem individualistischen Regime, in dem jede Person nur noch als „Unternehmer seiner selbst" (Michel Foucault) verstanden wird; schließlich die Ablehnung der neoliberalen pensée unique, der alternativlosen Logik des Marktes und seiner politisch folgsamen Akteure (...)

Hat das einer von euch geschrieben? Noam Chomsky? Sahra Wagenknecht? Kevin Kühnert? Oder ein angelinkster Schüler der 12. Klasse Gymnasium im Besinnungsaufsatz? Vielleicht sogar Olaf Scholz in einer blauen Stunde, da er sich an seine Stamokap-Juso-Jugend erinnert hat? Nun, wenn ich schon so frage, werdet ihr euch denken, dann ist doch klar, worauf das hinausläuft! Das wird wohl ein Rechter gewesen sein, nicht wahr? Jein, sage ich. Ursprünglich stammt die Liste von zwei linken oder zumindest halblinken Theoretikern, die sich für einen dito Populismus stark machen, aber sie wird von einem rechten Geistesmenschen zitiert – und für gut befunden! Der Antaios-Autor Benedikt Kaiser ist es, dem „einige thematische Anliegen von Laclau und Mouffe bedenkenswert erscheinen".[145]

Der gleiche Autor ist es auch, der seine eigenen Gesinnungsgenossen davor warnt, in genau den Theorie-Gleisen zu fahren, die ihnen von der Linken – mal zutreffend, mal fälschlicherweise – unterstellt werden:

145 Benedikt Kaiser: Blick nach links, a. a. O., S.54 (Zu Chantal Mouffe siehe „Anmerkung 109". Ernesto Laclau (1935-2014) war ein argentinischer politischer Theoretiker, der sich dem Postmarxismus zurechnete und Positionen des Poststrukturalismus vertrat.)

> Europa muss hingegen seinen eigenen (…) Weg ob der globalen politischen und ökonomischen Verwerfungen finden. Der klassische Nationalstaat als Schutzmacht ist dabei eine Option – er ist nicht die einzige, angesichts weltweit sich auswirkender Probleme und gesamteuropäischer Herausforderungen sogar die schlechtere. (…) Autarkie oder Rückzug auf die eigene Scholle (…) sind demgegenüber „hoffnungslos überholte Glaubensartikel“.[146]

Das mag für manchen nostalgisch in die deutsche Geschichte zurückblickenden Reichsbürger oder Neofaschisten starker Tobak sein. Kaiser ist dagegen wie den meisten der rechten Vordenker im Umfeld des Instituts für Staatswirtschaft und des Antaios-Verlags klar, dass deutsche Alleingänge – auch unter stramm rechten Vorzeichen – angesichts der weltweiten politischen Kräfteverhältnisse völlig unrealistisch sind. Ein starkes Deutschland kann seiner Meinung nach nur in und mit einem starken Europa reüssieren:

> Eine „Neue Rechte“, die sich von neokonservativ-liberalen Vorstellungswelten absetzt, die sich also gegen die Vorherrschaft des Westens, universale Islamfeindschaft, libertäre Marktgläubigkeit und konservative Kapitalismusaffirmation stellt; eine Neue Rechte, die ein fundiertes eigenes Bild vom zeitgenössischen Imperialismus entwirft und sich geopolitisch für eine „Pluralisierung der Hegemonien“ [Zitat aus: Chantal Mouffe: Agonistik – Die Welt politisch denken, Berlin 2014, S. 49; Anm. R. A.] ausspricht; eine Neue Rechte, die die soziale Frage wieder als ureigenes Sujet entdeckt; eine Neue Rechte, die europäisch denkt und mehr als nur einen nationalsouveränistisch-populistischen Anti-Brüssel-Block formieren möchte, die die Idee des einigen Europas neu und innovativ, aber rückgebunden auch an Tradition und Herkunft betrachtet (…)[147]

146 Benedikt Kaiser: Querfront, kaplaken 49, Schnellroda 2017, 3. Auflage 2019, S. 53 f.
147 Ebd., S. 84 f.

Man reibt sich die Augen. Wenn man in diesem Text konsequent den Begriff „Rechte“ durch das Wort „Linke“ ersetzen würde, könnte man ihn problemlos als von Didier Eribon, Sahra Wagenknecht oder Heribert Prantl geschrieben verorten. Aber es kommt noch besser. Kaiser behauptet, dass es weltweit „zwischen einer globalen Schicht der Superreichen und den vom Wohlstand ausgeschlossenen Massen“ einen „neue[n] Klassenkampf“[148] gebe, er pocht darauf, dass „Antiimperialismus (...) immer auch Antikapitalismus, ein Kausalzusammenhang ohne Chance auf Trennung“[149] sei, und beruft sich als Krönung seines Fischzugs in fremden Theorie-Teichen auch noch auf den Säulenheiligen der Linken aller Länder und Zeiten:

> Auch für die Neue Rechte gilt also, was für linke Theoretiker von Proudhon bis Marx noch zum Grundkonsens zählte, nämlich „dass der Hebel zur Schaffung von solidarischen Sozialverhältnissen die Reform oder revolutionäre Überwindung der kapitalistischen Marktwirtschaft selbst sein muss.“[150]

Fehlt noch jemand? Auf Seite 55 von Benedikt Kaisers „Querfront“-Traktat werden wir fündig:

> (...) Lenins vor exakt einhundert Jahren geschriebenes Werk *Der Imperialismus als höchstes Stadium des Kapitalismus*, jene Schlüsselschrift des Antiimperialismus, die heute wieder aktuell zu lesen ist.[151]

Wer von den Linken hat in den letzten zwanzig Jahren diese Schrift gelesen? Viele werden sie nicht einmal kennen, aber der neu-rechte Kaiser kennt sie und behauptet

148 Ebd., S. 75
149 Ebd., S. 57
150 Ebd., S. 81 (Kaiser zitiert hier Axel Honneth: Die Idee des Sozialismus – Versuch einer Aktualisierung (Erweiterte Ausgabe), Berlin 2017, S. 55.)
151 Ebd., S. 55

zumindest, dass er sie gelesen hat oder vorhat sie zu lesen. Was sind die Gründe für diesen geradezu wütenden Antikapitalismus und Antiimperialismus, der manchen in den staatlichen, sozialen und kulturellen Strukturen Deutschlands eingewurzelten Altlinken geradezu alt aussehen lässt?[152]

Erstens machen die Neuen Rechten vor allem den US-Imperialismus dafür verantwortlich, dass er durch Kriege im Nahen und Mittleren Osten Millionen von Menschen zu Flüchtlingen gemacht habe, die nun nach Europa strömten und alteingesessene Völkerschaften in einem Ausmaße durchmischten, dass man von einem „Bevölkerungsaustausch" beziehungsweise einer „Umvolkung" sprechen müsse.

Zweitens sei der massenhafte Zustrom von Menschen nach Europa „ein Instrument zur Konkurrenzentfachung und Lohndrückung in den Händen kapitalistischer Akteure."[153] Hier bedienen sich die Neuen Rechten an der marxistischen Theorie von der „industriellen Reservearmee". Genüsslich zitiert Kaiser den Philosophen und Kulturkritiker Slavoj Žižek, der angeblich aus einer linken Warte in die gleiche Kerbe haue, wenn er behaupte, dass „das bloße Insistieren auf multikulturalistischer Offenheit die perfideste Form eines gegen die Arbeiter gerichteten Klassenkampfes" sei.[154]

Drittens betrachten die Neuen Rechten ganz generell den mit imperialistischer Politik einhergehenden und „die europäischen Völker zersetzenden Liberalismus"[155] als ihren

152 Auch Volker Weiß konstatiert eine Beanspruchung des Erbes der linken Antiimperialisten durch die Neue Rechte. (Volker Weiß: Die autoritäre Revolte – Die NEUE RECHTE und der Untergang des Abendlandes, a. a. O., S. 211)

153 Benedikt Kaiser: Querfront, a. a. O., S. 67

154 Ebd., S. 68 (Das Zitat stammt aus: Slavoj Žižek: „Eine leninistische Geste heute. Gegen die populistische Versuchung", in: Žižek/Budgen/Kouvelakis (Hg.): Lenin reloaded, Hamburg 2014, S. 90.)

155 Thor v. Waldstein: Metapolitik. Theorie – Lage – Aktion,

Hauptfeind. Liberalistisch verfasst sei im gegenwärtigen Zustand auch die Europäische Union. Wiederum zitiert Kaiser zustimmend einen linken Theoretiker:

> Andreas Wehr, ein linker Jurist (...) hat die notwendigen Analysen vorgenommen: Sie sind marxistisch orientiert, aber in der Beweisführung kaum zu widerlegen, denn es kann kein Zweifel bestehen, dass die EU ein Konstrukt darstellt, „das zur Bewahrung und Entwicklung der die kapitalistischen Wirtschaftsordnungen sichernden Prinzipien des freien Verkehrs von Waren, Personen, Dienstleistungen und Kapital eingerichtet wurde."[156]

Und nicht zur Bewahrung und Entwicklung der Souveränität europäischer Staaten und zur Hege und Pflege autochthoner europäischer Völker! Die neu-rechte Schlussfolgerung aus diesem betrüblichen Befund lautet konsequenterweise, dass nicht nur Deutschland, sondern auch die meisten anderen europäischen Länder und die gesamte Europäische Union entliberalisiert und rechtsrevolutionär umgemodelt werden müssen:

> Europa ist zu vielfältig, zu reich an Regionen, Kulturen und Völkern, um es der großen Gleichschaltung durch den Neoliberalismus – also durch die gegenwärtige, marktradikale Form des Liberalkapitalismus – zu überlassen (...)[157]

Oft wenden sich Autoren der Neuen Rechten gegen die auch in den eigenen Reihen anzutreffende Sichtweise, dass zuvörderst der Islam beziehungsweise die diesem Glauben anhängenden „Menschenhorden", die nach West-Europa „hereinfluten", zu bekämpfen seien. Zwar betrachten sie den Islam im Gegensatz zu der von der Bundesregierung

a. a. O., S. 52

156 Benedikt Kaiser: Querfront, a. a. O., S. 47 (Das Zitat stammt aus: Andreas Wehr: Die Europäische Union, Köln 2015, 2. Aufl.)

157 Ebd., S. 51 f.

vertretenen Politik als „nicht zu Deutschland gehörig", aber sofern der Islam dort bleibt, wo er ihrer Meinung nach hingehört, können sie ihm durchaus etwas abgewinnen, weil er gleich ihnen fundamentalistisch auf der Unaufweichbarkeit althergebrachter soziokultureller Verhältnisse besteht. Unmissverständlich bringt Benedikt Kaiser die Feindschaften für die Rechte, für das deutsche Volk und für das angestrebte Deutsche Reich auf die richtige Reihe:

> Womit wir es also zu tun haben, ist keine vordergründige Bedrohung des friedlichen, liberalen, offenen und selbstlosen „Westens" durch die finstere Allianz der Muslime, sondern die explosive Komplizenschaft zwischen Liberalismus (vereinfacht: dem Westen) und religiösem Fundamentalismus (Saudi-Arabien, Katar, Erdoğan-Türkei et al.) unter der Dominanz des Kapitals.[158]

Es ist kein Wunder, dass die deutsche Neue Rechte auf der Suche nach Brüdern im Geiste und möglichen Bündnispartnern nicht im Westen, sondern im Osten fündig wird. Laut Volker Weiß fordert das neu-rechte Milieu die „Wiederherstellung der alten kulturellen und räumlichen Ordnung Europas und die darin zugedachte Wächterrolle eines autoritär-konservativen Russland."[159] Claus Leggewie fasst in einem empfehlenswerten Buch die „eurasischen" Kernthesen von Alexander Dugin[160], einem der Wortführer für ein ultrakonservatives Russisches Reich in einem erzkonservativ durchrevolutionierten Europa mit einem hyperkonservativen Deutschen Reich als zweiter Lokomotive zusammen:

> (…) Eurasien sei das zivilisatorische Gegenstück zum universalistisch und säkular ausgerichteten Liberalismus, der global

158 Ebd., S. 78

159 Volker Weiß: Die autoritäre Revolte – Die NEUE RECHTE und der Untergang des Abendlandes, a. a. O., S. 188

160 Dugin gründete 1994 zusammen mit Eduard Limonow die Nationalbolschewistische Partei Russlands (NBP).

> vorherrschenden westlichen Ideologie. Im Visier hat Dugin die US-amerikanische Hegemonie, deren unheilvollem Wirken er den Niedergang Russlands und Europas als Ganzem anlastet. Dagegen skizziert er eine eurasische Zukunftsperspektive, die dem russischen Volk und Europa in einer multipolaren Welt ein alternatives Zivilisationsmodell bieten soll.[161]

Solche Ansichten sind den deutschen Neuen Rechten ein innerer Reichsparteitag!
In jüngster Zeit hat Dugin, wie „Wikipedia" schreibt, seinen Anti-Liberalismus modifiziert:

> Seit der Wahl Donald Trumps zum US-Präsidenten lehnt er Antiamerikanismus jedoch ab und spricht stattdessen von einem „Sumpf" globalistischer Eliten, den er als Gegner betrachtet und der seiner Ansicht nach in Amerika und Europa trockengelegt werden solle.[162]

Damit hat Dugin genau den Ton getroffen, mit dem die gesamteuropäische und auch US-amerikanische Rechte seit einigen Jahren hausieren geht.

/4.3.7./ Der politische Zentralhebel der Neuen Rechten oder: Wie man den Menschen einbläst, dass sie ein braves deutsches Volk seien, das von den Eliten verraten und verkauft werde

Die Neuen Rechten wissen sehr gut, dass man mit der platten Propagierung des Kampfes gegen Kapitalismus, Imperialismus und Liberalismus, auf dass ein von un-

161 Claus Leggewie: Anti-Europäer – Breivik, Dugin, al-Suri & Co., Berlin 2016, S. 71

162 https://de.wikipedia.org/wiki/Alexander_Geljewitsch_Dugin (Wikipedias Quelle ist: „Russian anti-liberals love Donald Trump but it may not be entirely mutual", in: The Economist, 20. November 2016.)

deutschen Elementen gereinigtes Volk in einem starken Deutschland fröhliche Urständ feiere, nicht die nötige Zahl von Menschen für eine nationalkonservative Revolution wird gewinnen können. Der Umsturz wird nicht dadurch zustande kommen, dass Millionen von Deutschen die Seminare und Winter- und Sommer-Akademien am „Institut für Staatswirtschaft“ besuchen, Dutzende von Publikationen des Antaios-Verlags durchackern und vielleicht sogar der Empfehlung Benedikt Kaisers folgen, Lenins Schrift über den Imperialismus als höchstes Stadium des Kapitalismus zu studieren. All das ist extrem wichtig für den intellektuellen Kern des neu-rechten Spektrums. Von dort sollen die oben skizzierten Theorie-Komplexe in die Gesellschaft einsickern. Wenn aber die rechten Gedanken im beknieten Volk wirkmächtig werden sollen, muss man sie zuspitzen auf wenige eingängige Formeln. Auch hier werden sich die Neuen Rechten an der Geschichte der revolutionären Linken einiges abgeschaut haben. Wie viele Arbeiter und Arbeiterinnen aus dem von den Kommunisten zur revolutionären Klasse geadelten Proletariat werden wohl die drei „Kapital“-Bände von Karl Marx komplett gelesen, diskutiert und *verstanden* haben? Sicher nur ein kleiner Teil, auch wenn es im Gegensatz zu heutigen Zeiten erstaunlich viele gewesen sein mögen! Hängengeblieben ist aber der Merksatz, dass die Kapitalisten den Arbeitern einen Teil des von ihnen geschaffenen Wertes vorenthalten, den berühmt-berüchtigten Mehrwert. Hier kommt schon auf der Linken ein Aspekt ins Spiel, der, wie die Geschichte bis zum Überdruss gezeigt hat, in der Lage war und es bis heute ist, Massen von Menschen zu mobilisieren. Es ist die Behauptung, dass einer sozialen Gruppe oder gleich einem ganzen Volk *Unrecht* zugefügt würde, dass sie *übers Ohr gehauen* würden, dass sie *verraten, verkauft* und *betrogen* würden. Für die Störung des idealen Zustands werden bestimmte Personengruppen, Kräfte und Mächte verantwortlich gemacht. Es sind Para-

siten, von denen sich die Arbeiterklasse, das Volk und der Staat befreien müssen, zur Not mit Gewalt. Im deutschen Nationalsozialismus war die letzte Konsequenz die totale Vernichtung der zu Feinden des deutschen Volkes erklärten Menschen jüdischen Glaubens, die Endlösung.
Ein erster Schritt der Neuen Rechten zur Schmackhaftmachung von Antiimperialismus und Antikapitalismus für möglichst große Teile des Volkes ist die Unterscheidung zwischen gutem und schlechtem Kapital:

> Ohne weiteres kann die zeitgenössische Wirtschaftsordnung als Finanzmarktkapitalismus bezeichnet werden, (...) zumal in einer Zeit, in der – in Kooperation mit dem Banken- und Finanzwesen – die „500 mächtigsten transkontinentalen Privatgesellschaften weit über die Hälfte des Weltsozialprodukts" kontrollieren.[163]

Kaiser spricht in der Folge von einer „erforderliche[n] Kritik des `parasitären', weil nicht selbst produktiven Bank- und Finanzkapitals"[164] und der „globalen Rolle der Finanzoligarchie"[165]. Damit ist klar, dass mit neu-rechtem Antikapitalismus nicht die Aufhebung des kapitalistischen Gesamtsystems gemeint ist, sondern seine Reinigung von angeblich artfremden, blutsaugerischen Elementen. Mit dieser Sichtweise sind die Rechten leider nicht alleine, weil auch auf Seiten der meisten Linken „Kapitalismus" in aller Regel als Exzess und Entartung innerhalb an und für sich tauglicher Wirtschaftsstrukturen verstanden wird.
Um dem „Volk" den Feind noch greif- und sichtbarer zu machen, werden die an der „guten" Wirtschaft schmarotzenden Elemente in einem zweiten Schritt personalisiert. Nicht mehr Strukturen werden bekämpft, sondern Perso-

163 Benedikt Kaiser: Querfront, a. a. O., S. 56 f. (Wiederum zitiert Kaiser hier einen Autor aus dem linken Milieu: Gerd Schumann: Kolonialismus, Köln 2016, S. 11!)
164 Ebd., S. 58
165 Ebd., S. 57

nen. Ganz allgemein ist von den „Reichen" die Rede, konkret werden auch Namen genannt: Neben vielen anderen vorzugsweise George Soros, dann auch Mark Zuckerberg und seit Beginn der Corona-Pandemie exzessiv Bill Gates. Auf gleiche Weise gehen die Neuen Rechten in punkto Politik und Gesellschaft vor. Bestimmte politische Kreise verraten und verkaufen ihnen zufolge Deutschland an Feinde von Staat und Volk:

> Richtig ist auch, dass der degradierte Staat aufgrund dieser Umstände zum „direkten Erfüllungsgehilfen" des transnationalen Finanzkapitals und der „Konzernstrategien des Großkapitals im Kampf um die Neuaufteilung der Welt" herabgesetzt wird.[166]

Horribile dictu: Auch Linke kommen selten über diese treudoof-deutsche „Kritik" am Verhältnis des bürgerlichen Staates zur kapitalistischen Weltwirtschaft hinaus, weswegen sie – Strafe muss sein! – ohne langes Federlesen von rechten Aasfressern gefleddert werden! Sie wollen einfach nicht sehen, dass Staat und Kapital zweieiige Zwillinge sind, die wie Pech und Schwefel zusammenhalten, aber sich schon auch mal streiten, dass die Fetzen fliegen.

Bei den Rechten fällt nach der Verratselung der Politik unweigerlich der Name Angela Merkel, die nach den Breitseiten bei den Pegida-Aufwallungen von 2015/16 zum zweiten Mal in den Genuss des Titels „Größte Anzunehmende Volksfeindin" inklusive handfester Mord- und Vergewaltigungsandrohungen kommt.

Auf analoge Weise springen die Neuen Rechten mit dem bundesrepublikanischen Medienkartell um. Die etablierten Medien werden samt und sonders als „Lügenpresse" oder „Fake News" verbreitende Institutionen hingestellt, bevor es an die Nennung von Namen geht.

166 Ebd. (Ein drittes Mal zitiert der IfS-Vordenker und Antaios-Autor Benedikt Kaiser linke Autoren: Gretchen Binnus / Beate Landefeld / Andreas Wehr: Staatsmonopolistischer Kapitalismus, Köln 2015, 2. Aufl., S. 70.)

Damit ist die Trias der Staats- und Volksfeinde perfekt. Benedikt Kaiser spricht vom „'Dreieck der Korruption' (...), das aus korrupten politischen Eliten, korrupten Medien und einem korrupten Wirtschaftssystem besteht (...)“[167] Das wären also die 1 % der schlechten Deutschen oder auch Nicht-Deutschen, denen die von den Neuen Rechten herbeibeschworenen 99 % guter Deutscher gegenüberstehen. Gleich den Volksgenossen und -genossinnen vom rinken „Demokratischen Widerstand“ behaupten die rechten Volksfreunde, dass die Regierung die Grundrechte aufheben und eine Diktatur errichten wolle, und rufen unter Berufung auf den Artikel 20 (4) GG zu Widerstand und Umsturz auf.

Das Volk soll „Verrat“ rufen. Das Volk soll eine Wut, noch besser einen Hass auf „die da oben“ entwickeln, auf die „Eliten“. So lautet der neu-rechte agitatorische Masterplan. So wird das Volk noch im Nachhinein gelobt und gebauchpinselt für sein jahrzehntelanges notorisches Mitmachen in einem Staat, der auch nichts anderes gemacht hat als das, was die Neuen Rechten wollen: „Schaden vom deutschen Volk abwenden“ – und wenn man dabei über Leichen gehen muss! Durch die Durchsetzung und Absicherung einer Wirtschaftsform, die Mensch und Natur einzig und allein unter dem Aspekt der geldträchtigen

167 Ebd., S. 45 (Kaiser hat diesen Ausdruck zur Abwechslung aus Griechenland geborgt, wo Finanzwelt, Politik und Medien mafiös ineinander verschlungen sind. Er vergaß aber zu erwähnen, dass der korrupteste Teil im griechischen Korruptions*quartett* die Millionen Wähler sind, die in schöner Regelmäßigkeit die Politiker wählen, über die sie bis zur nächsten Wahl mosern können. Andererseits: Wo *alle* korrupt sind, hebt sich der Begriff auf. Dann ist es wie in der Mathematik, wo minus mal minus plus ergibt. Nein, Griechenland ist ein *sauberes* Land. Fair is foul, and foul is fair! Wirklich unverzeihlich aber ist der Umstand, dass offensichtlich so gut wie alle der dort lebenden Menschen mit einem blau-weiß angestrichenen Nationalismus-Brett vor dem Griechenschädel herumlaufen. Wenn schon, dann ist *das* die wahre Korruption des Denkens und Fühlens!)

Nützlichkeit betrachtet und behandelt; durch Waffenproduktion als ehrenwertem Industriezweig samt der damit verbundenen Exporte auch in Länder, wo es der Sau graust; durch Handelsverträge, die die Lebensbedingungen von Hunderten Millionen Menschen binnen kürzester Zeit aushebeln. „Ihr habt alles richtig gemacht", schallt es aus nationalkonservativ bis neofaschistisch angehauchten Mündern, „aber ihr seid verraten worden! Verraten! Verraten! Verraaaaaten!"

Und was passiert? Immer mehr Menschen mit deutschem Pass reihen sich in diesen Chor ein und rufen: „Wir sind verraten worden! Verraten! Verraten! Verraaaaaten!" Und die Chorleiter rufen zurück: „Wer hat euch verraten?" Der anschwellende Chor antwortet im Bocksgesang: „Bill Gates! Merkel! Die Reichen! Das Finanzkapital! Die Lü-ü-ü-ü-ügenpresse!" Die Chorleiter überschlagen sich schier vor Glü-ü-ü-ü-ück über so viel deutschvölkische Gefolgschaft und ziehen weiter die Gaumenschrauben an: „Wollt ihr nicht das Lied singen, das Tatjana Festerling im Januar 2016 in Leipzig bei einer Pegida-Kundgebung gesungen hat?" – „Aber ja doch! Wie lautet es?", kreischt es zurück. – „Hört gut zu, es lautet: `Wenn die Mehrheit der Bürger noch klar bei Verstand wäre, dann würden sie zu Mistgabeln greifen und diese volksverratenden, volksverhetzenden Eliten aus den Parlamenten, aus den Gerichten, aus den Kirchen und aus den Pressehäusern prügeln.´"[168]

Das versammelte Volk beginnt zu stöhnen und schließt die Reihen fest. Alle wissen, dass die zwei aneinandergekoppelten Jahrhundertgedanken „Verrat" und „Elite" noch weit über ihre Reihen hinaus in die Köpfe und Herzen von jetzt noch Hunderttausenden, gehofft morgen schon Millionen aufrechter Deutscher des 21. Jahrhunderts migrieren und dass all diese Menschen mit rechtem Gedankenmigrationshintergrund eines Tages mit all dem

168 Stefan Locke und Justus Bender: "Radikaler geht´s nicht", in: FAZ online vom 19. Januar 2016.

volksfremden Gesocks, das nach Deutschland hereingeschwappt ist, und mit allen unpatriotischen Krebszellen am guten deutschen Volkskörper aufräumen werden. Jawoll: Aufräumen! Hinausjagen! Ausmisten! Wir sind das Volk! Wir sind das Volk! Wir sind das Volk! Doiiitschland! Doiiitschland! Doiiitschland!
Viele wollen schon losschlagen. Manche tun es auch. Doch die neu-rechten Chorleiter erheben die Hand.

/4.3.8./ Komm, süße Krise! oder: Warum den Neuen Rechten Pandemien, Pleiten, Preisauftrieb & Co. so was von recht sind

Wer einen Umsturz herbeiführen will, muss sowohl Zeichen gesetzt als auch die Zeichen der Zeit erkannt haben. Ist das Volk reif? Sind die Umstände reif? Sind die eigenen Reihen breit und tief und in punkto völkisch-nationaler Gesinnung standfest genug? Wenn diese drei Fragen mit einem eindeutigen Ja beantwortet werden können, ist die Zeit zum Losschlagen gekommen.
Was die erste Frage betrifft, können die Neuen Rechten zufrieden sein. In einem Ausmaß wie nie zuvor sind ihre Gedanken bis weit in die sogenannte Mitte der Gesellschaft vorgedrungen. Nicht ohne Grund behauptet die AFD von sich: „Wir sind die neue Mitte!" Eine rechtskonservative Mitte. Doch endgültig gekippt ist der Zeitgeist noch nicht. Es geht darum, das Erreichte zu konsolidieren und sukzessive auszubauen.
Was die zweite Frage betrifft, dürfen die Neuen Rechten jubeln. Die Corona-Pandemie war und ist für sie ein Geschenk. Das Leben vieler Menschen wurde durch das Covid-19-Virus und die staatlichen Maßnahmen zu seiner Eindämmung gehörig aus dem Tritt gebracht. Unter dem propagandistischen Trommelfeuer der vereinigten Quer-Deutschen von Rinken und Lechten hat sich ein trotziges

Aufbegehren von sich rechtschaffen dünkenden und an und für sich staatstreuen Bürgern und Bürgerinnen breitgemacht, das der Rapper Moses Pelham trefflich charakterisiert hat:

> Aber Menschen, die sich in völlig irre Behauptungen flüchten, können offenbar nicht unterscheiden zwischen der Situation, mit der sie unzufrieden sind, und der Vernunft in Hinblick auf die entsprechenden Maßnahmen. Das ist, als wäre ich auf meine Eltern sauer, wenn die sagen: Wir können da heute nicht hingehen, weil es regnet. Als hätten die Eltern das Wetter gemacht. Jetzt ist das Wetter eben Corona, aber es ist das gleiche Prinzip. Eine Mischung aus Frustration und Dummheit, nehme ich an.[169]

Das Wetter ist in den neu-rechten Augen durch Corona schon erfreulich schlecht geworden, aber es sollte schon noch schlimmer kommen, noch viel schlimmer! Erst wenn das deutsche Volk *bis zum Hals* in der Scheiße steckt, so die Kalkulation, wird es auf breiter Front willig in die Arme seiner rechten (Ver-)Führer sinken. Die deutsche Geschichte hat für diesen Vorgang hervorragende Blaupausen geliefert. Die Chancen stehen nicht schlecht. Viele Firmen werden den Corona-Lockdown nicht überstehen, die Arbeitslosigkeit wird steigen, möglicherweise kommt es zu einer Inflation. Der Zustand der gesamten Weltwirtschaft ist fragil. Wenn es zu einem Crash des kapitalistischen Systems kommen sollte, werden die Leute Sündenböcke suchen, und dann werden die Neuen Rechten mit ausgestreckten Armen den aufgebrachten und frustrierten Deutschpatrioten den Weg weisen und Ziele ausschreien. Götz Kubitschek vom Antaios Verlag weiß schon seit vielen Jahren, wie der deutsche Hase zu laufen hat:

---

169 Angela Slavik / Nils Wischmeyer: „Reden wir über Geld – mit Moses Pelham: 'Im Schnauzehalten bin ich ganz schlecht'", in: Süddeutsche Zeitung vom 26. Juni 2020, S. 23

> Wünschen wir uns die Krise! Sie bedrängt, sie bedroht unser krankes Vaterland zwar, aber gerade dies weckt vielleicht seinen Mut, ins Unvorhersehbare abzuspringen und das zu wagen, was den Namen „Politik" verdiente: Nur kein Rückfall ins Siechtum, ins Latente, ins Erdulden! [170]

Auch Thor v. Waldstein erkennt glasklar die fundamentalen Potenziale fundamentaler Krisen für die fundamentalen Machtaspirationen neu-rechter Fundis:

> Gelingt es auf diese Weise, den metapolitischen Boden zu bereiten, bedarf es manchmal nur noch bestimmter auslösender Momente. Am Horizont sich abzeichnende wirtschaftliche und/oder außenpolitische Krisenszenarien können das Establishment schnell vor Herausforderungen stellen, denen es nicht gewachsen ist. Solche Momente, solche Sprünge in der Geschichte lassen sich nicht erzwingen; wir müssen aber für diesen Zeitpunkt gerüstet sein. Die Tugend fremdbestimmter Völker ist die Geduld bis zu dem Tage, an dem es nur noch eine Tugend gib, nämlich diese Geduld zu verlieren.[171]

Man erkennt hier wie im Brennglas die *Hundsfötterei* von Politik im Allgemeinen und rechtsradikaler Politik im Besonderen. Für das Ziel, mittels des Volkes ein ruhmreiches Deutsches Reich zu schaffen, wünscht man sich, dass ein Teil der für diesen Zweck zu instrumentalisierenden Menschen bildlich oder buchstäblich über die Klinge springt, und trägt auch nach Kräften seinen Teil dazu bei, indem man das Covid-19-Virus verharmlost und zum Ignorieren der Sicherheitsmaßnahmen aufruft – nur um hinterher zu einem Rachefeldzug aufzustacheln, der zur Erfüllung der viele Jahre lang gehegten Großmannssüchte und Großmachtträume führen soll. Es ist keine Kunst zu prophezeien, was dann jenen Menschen droht, die sich weigern,

170 Götz Kubitschek: Provokation, Schnellroda 2007, S. 12 f.

171 Thor v. Waldstein: Metapolitik. Theorie – Lage – Aktion, a. a. O., S. 54 f.

in den Chor der entrüsteten Meuten einzustimmen und die Fahne mit dem Reichsadler zu schwenken: Siechtum, Rückfall ins Latente, Erdulden! Und Schlimmeres. Doch auch die johlenden Prunk- und Protzdeutschen der von den Rechten ersehnten glorreichen Zukunft sollten sich darüber im Klaren sein, dass die meisten von ihnen nichts anderes sein würden als das, was sie auch schon unter bundesrepublikanisch-demokratischen Verhältnissen waren, nämlich die nützlichen Idioten für den Erfolg von Staat, Nation und Kapital, dann aber unter verschärften Reichsbedingungen.

/4.3.9./ Wann ist denn Mann ein Mann? oder: Wie Spengler & Donovan unter Berufung auf die „Geschichte" Mord und Totschlag rechtfertigen

Die „tiefe Sehnsucht nach staatlicher Autorität und völkischer Bindung"[172], die Volker Weiß bei Arthur Moeller van den Bruck, einem der maßgebenden intellektuellen Wegbereiter des deutschen Radikalnationalismus der Weimarer Republik, konstatiert[173], kann man ohne Weiteres auch den Rechten der Neuzeit in all ihren Schattierungen vom Antaios-Autoren-Aggregat (AAA) über die Reichsbürgerbewegung bis hin zu der sich offensiv zu Adolf Hitler bekennenden und am 23. Juni 2020 vom Bundesinnenministerium verbotenen Gruppe „Nordadler" attestieren. Auch einen Sonderfall dieser psycho-mentalen Disposition führt der Antaios Verlag in seinem Programm. In den Traktaten „Der Weg der Männer", „Nur Barbaren können sich verteidigen" und „Ein ganzerer Mann" bricht der in den USA im Umfeld der rechtsradi-

172 Volker Weiß: Die autoritäre Revolte – Die NEUE RECHTE und der Untergang des Abendlandes, a. a. O., S. 21

173 Volker Weiß: Moderne Antimoderne - Arthur Moeller van den Bruck und der Wandel des Konservatismus, Paderborn 2012

kalen „Alternative Right"-Bewegung publizierende Autor Jack Donovan mindestens drei vollfette Lanzen für eine *Stammes-Bindung* von Männern statt für eine nicht ganz so koscher gehaltene Staatshingegebenheit dieser Herrenrasse. Der Inhalt im Schnelldurchlauf:
Der von relativ wenigen Personen gebildete Stamm ist das Innen, alles andere ist die potenziell feindliche Außenwelt. Die Welt besteht bipolar aus Stammesmitgliedern und Fremden. Identität mit sich selbst und dem Stamm ist alles. Vermischungen gibt es nicht, sie sind mit allen Mitteln zu bekämpfen. Frauen sind von der Natur für den Nachwuchs und eine heimelige Ausgestaltung der Stammesinnenwelt vorgesehen. Die Natur des Mannes dagegen ist der Kampf. Ein Mann, der nicht kämpft, ist ein Weichei. Der wahre Mann kämpft für seinen Stamm und ordnet sich ihm freiwillig unter. Der „westliche" Mann wird von Donovan als verweichlicht, effeminiert und impotent bezeichnet. Er ist dem „Imperium des Nichts" (Liberalismus, Gender-Wahn, Gott Mammon) zum Opfer gefallen, das von ihm verlangt, dass er alle Menschen als seine Brüder betrachtet, dass er sich noch im hinterletzten Winkel der Erde um das Schicksal ihm völlig fremder Menschen kümmert, dass er an das universal Gute glaubt, dass er sich von Frauen entmännlichen lässt, dass er sich wie Schmierseife den Anforderungen des neoliberalen Wirtschaftssystems anbequemt. Echte Männer dagegen sind schon seit Urzeiten „Barbaren", nach innen mild, nach außen wild:

> Die Menschen haben diesen Moralschaltknüppel ihre ganze Geschichte hindurch geschickt bedient. Das Ganze ist nicht unmenschlich – es ist das *einzig Menschliche.* Es gestattet Männern, bedarfsgerecht vom hingebungsvollen und beständigen Sorgen für ihre Nächsten zum gnadenlosen Auslöschen Fremder umzuschalten, wenn es notwendig ist.[174]

---

174 Jack Donovan: Nur Barbaren können sich verteidigen,

Zugegeben: Das ist nicht erstunken und erlogen. In unzähligen Kriegen, Pogromen und Massakern haben über Jahrtausende hinweg gedanklich und emotional an Stämme, Reiche, Staaten und Religionen gebundene Menschen nicht nur den von Donovan beschworenen Knüppel, sondern auch Menschen sonder Zahl umgelegt, aber muss man denn unbedingt nach der Maxime verfahren, dass, wenn Millionen Fliegen Scheiße fressen, selbige gut sein müsse? Nun, Donovan hat die ihm von der „ganzen Geschichte" vor die Füße geschissene Kacke gefressen und dokumentiert das nachdrücklich und ohne Rücksicht auf Verluste durch gedankliche Ausscheidungen wie diese hier:

> In einem echten Konflikt auf Leben und Tod ist *Fair play* idiotisch. Im wirklichen Krieg gibt es keine Regeln, nur Sieger und Besiegte. (…) Wenn es dir mit Krieg ernst ist, dann brennst du Dörfer voller Frauen und Kinder nieder und spießt Köpfe auf Pfähle. Oder du bläst innerhalb weniger Tage ein paar Hunderttausend Menschen mit Atomschlägen in die Atmosphäre. (…)[175]

Korrekt, so geht Krieg. Doch auch hier gilt: Siehe oben! Ganz im Ernst: Solchen Typen wie Donovan – und es gibt in den USA und auch in Deutschland und anderswo viele davon – ist es ernst. Im Fall des Falles werden sie nicht zögern, das, was sie schwarz auf weiß geschrieben haben, kack auf scheiß umzusetzen. Dafür trainieren sie, dafür leben sie, darauf bereiten sie sich vor. Auf eigene Faust wollen sie das praktizieren, was gewöhnlich staatlichen Bediensteten vorbehalten ist, zum Beispiel amerikanischen Soldaten, die 2007 aus einem Hubschrauber heraus Zivilisten in Bagdad, darunter Kinder, abknallten

---

Schnellroda 2017, S. 106
175 Ebd., S. 96

wie Federvieh und jeden Treffer zynisch bejubelten.[176] Angewidert bezeichnet Volker Weiß Jack Donovans Traktate als „Schwundstufe konservativen Denkens in den reinen Primitivismus“[177] und „exemplarisch für die Verfallsstufen des ins Völkische radikalisierten Konservatismus“.[178] Oswald Spengler, Carl Schmitt und Ernst Jünger könnten noch „intellektuell anregende Lektüren“[179] bieten, Donovan dagegen sei eine einzige Zumutung. Ein schneller Blick in Spenglers Hauptwerk „Der Untergang des Abendlandes“ widerlegt diese schroffe Entgegensetzung:

> *Eine Macht läßt sich nur durch eine andere stürzen,* nicht durch ein Prinzip, und es gibt dem Geld gegenüber keine andere. Das Geld wird nur vom Blut überwältigt und aufgehoben. (...) Es handelt sich in der Geschichte um das Leben und immer nur um das Leben, die Rasse, den Triumph des Willens zur Macht, und nicht um den Sieg von Wahrheiten, Erfindungen oder Geld. *Die Weltgeschichte ist das Weltgericht:* sie hat immer dem stärkeren, volleren, seiner selbst gewisseren Leben Recht gegeben, Recht nämlich auf das Dasein, (...) und sie hat immer die Wahrheit und Gerechtigkeit der Macht, der Rasse geopfert und die Menschen und Völker zum Tode verurteilt, denen die Wahrheit wichtiger war als Taten, und Gerechtigkeit wesentlicher als Macht.[180]

Sicherlich hat Spengler mehr Geschichte, Philosophie und Politologie studiert als Donovan, aber spätestens seit der

176 Dokumentiert unter: https://www.focus.de/politik/videos/irak-2007-video-aus-us-hubschrauber-zeigt-angriffe-auf-zivilisten_vid_16562.html

177 Volker Weiß: Die autoritäre Revolte – Die NEUE RECHTE und der Untergang des Abendlandes, a. a. O., S. 232

178 Ebd., S. 240

179 Ebd.

180 Oswald Spengler: Der Untergang des Abendlandes – Umrisse einer Morphologie der Weltgeschichte, München 1999, S. 1194

ruhmreichen Geschichte deutscher Intelligenz im Dritten Reich sollte man wissen, dass das *gar nichts* zu bedeuten hat. Der eine schwadroniert vom „Stamm“, der andere bramarbasiert von „Blut“ und „Rasse“, jener beruft sich auf einen „Moralschaltknüppel“, dieser auf den „Willen zur Macht“. Die Berufung auf das ominöse Subjekt „Geschichte“ ist der übliche üble Trick von Leuten, denen die Ausübung von Herrschaft über andere Menschen, Völker und Staaten alles bedeutet. Sowohl den gelahrten Schwarten von Spengler & Co. als auch den dahergoschenden Groschenheften von Donovan & Konsorten ist das Blutvergießen eingeschrieben. *Restricted* oder *elaborated code:* Aus allen diesen Seiten tropft es rot! Jeder intellektuelle Scharfmacher hat immer gewusst und weiß es auch heute noch, dass es zur Umsetzung hochfliegender Reichsgründungs- und Reichskonsolidierungsambitionen einer großen Schar gewaltbereiter Männer bedarf.[181] Auch die Neuen Rechten um das IfS und den Antaios Verlag, um die Zeitschrift „Sezession“ und das Magazin „Compact“ wissen das, und deshalb haben sie Jack Donovan in ihre „Familie“ aufgenommen, abgesehen davon, dass sich jeder von den Beteiligten nur zu gerne mit den von diesem ausgemalten Eigenschaften eines kernig-knorrig-kriegskiebigen Mannsbildes mit aber so was von stahlharten Eiern und so was von triumphieren-wollendem Willen identifizieren wollen dürfte. Rechte Identität halt.

Am Ende seiner ausführlichen Analyse der Neuen Rechten stellt Volker Weiß reichlich konsterniert fest:

181 Das gilt erst recht für Staaten und Staatsmänner bzw. Staatsfrauen. Ich erinnere an die Live-Session des amerikanischen Vorzeige-Präsidenten Barack Obama, der 2011 mustergültig demokratisch mitansehen durfte, wie Osama Bin Laden von Soldaten der Elitetruppe Navy Seals der Kopf weggepustet wurde. Für diese patriotische Tat zeichnete er die beteiligten Truppen im Militärstützpunkt Fort Campbell in Kentucky mit einer *Presidential Unit Citation* aus.

> Angesichts einer Währungs- und Wirtschaftskrise, die zur Legitimationskrise etablierter europäischer Strukturen wurde, einer steigenden sozialen Unsicherheit, der Wiederkehr nationalistischer Ressentiments, des Vordringens fundamentalistischer Religiosität, angesichts des weltweiten Terrorismus, der Angriffe auf sexuelle Selbstbestimmung und Minderheiten müsste es eigentlich die Stunde einer Bewegung sein, die sich gegen diese autoritären Zumutungen positioniert: sozial, international und säkular, für Selbstbestimmungen unabhängig von Geschlecht, Herkunft, sexueller Orientierung etc. Doch Linke machen derzeit kaum eine gute Figur dabei, gegen den scharfen Wind zu segeln, der neuerdings von rechts weht, dasselbe gilt für Linksliberale und Liberale.[182]

Als Weiß diese Zeilen schrieb, konnte er noch nichts von dem galoppierenden Vordringen rechten Gedankenguts in den Zeiten der Corona-Pandemie und der weiteren Verunsicherung und Zurückdrängung traditionell linker Politik wissen. Bevor ich selbst auf die Linke zu sprechen komme, möchte ich eine zusammenfassende Würdigung der quer-deutschen Anti-Corona-Politik-Politik vornehmen. Im Anschluss an meine Ausführungen zur Linken werde ich einige Warnschilder aufstellen für alle, die sich aus guten Gründen nicht mit den politischen, sozialen und ökonomischen Zuständen in Deutschland und auf der ganzen Welt abfinden wollen.

182 Volker Weiß: Die autoritäre Revolte – Die NEUE RECHTE und der Untergang des Abendlandes, a. a. O., S. 241

/4.4./ Kann denn Querfront Sünde sein? oder: Die neue Lust auf politische Extreme

In seiner „Querfront"-Schrift berichtet der Antaios-Autor Benedikt Kaiser neidvoll, dass es im Unterschied zu 2019 – dem Erscheinungsjahr des Buches – in der Zeit vor 1933 in Deutschland zu politischen Querfront-Ansätzen gekommen sei:

> Es gab Linksnationalisten und Nationalrevolutionäre, Nationalbolschewisten und patriotische Sozialrevolutionäre – dies waren die ideellen Querfrontler, deren Synthesen aus rechten und linken Theoriefragmenten bestanden.[183]

In der Tat ist es erstaunlich zu lesen, dass noch Anfang Januar 1933 in der „Weltbühne" für ein von Kurt Hiller, einer Mischung aus linkem Sozial- und rechtem Nationalrevolutionär, geleitetes Streitgespräch mit Ernst Toller, Johannes R. Becher und Walter Mehring auf der linken sowie F. W. Heinz, Franz Schauwecker und Otto Strasser, einer Mixtur aus rechtem Sozial- und linkem Nationalrevolutionär, auf der rechten Seite geworben wurde. Es kam allerdings nicht zustande.

Die Dringlichkeit solcher Querfront-Bildungen und ihre Nützlichkeit für die grundlegenden rechten Reichserrichtungspläne stehen für Kaiser auch in der Jetztzeit außer Frage. Er spricht von der „Notwendigkeit einer Krisensituation, in der unterschiedliche Akteure politischer Theorie und Praxis ein Zusammengehen `quer´ zu den bisherigen Lagern als unbedingt notwendig empfinden (…)"[184], meint aber, dass derartige Politaktivitäten im Deutschland von heutzutage leider so gut wie undenkbar seien, weil durch die Umerziehungsmaßnahmen nach dem Zweiten Weltkrieg die Deutschen bei allem, was rechts sei, gera-

183 Benedikt Kaiser: Querfront, a. a. O., S. 31
184 Ebd., S.45

dezu zwanghaft an Hitler und den Nationalsozialismus dächten:

> Eine Renaissance dieses Miteinander-Redens stünde auch der Gegenwart nicht schlecht an, wenngleich aufgrund der heutigen Linken daran nicht zu denken ist.[185]

Kaiser hat anscheinend nicht mitbekommen, dass es in den letzten Jahren tatsächlich auch linksgewandete Forderungen nach einer deutschen Querfront gab. Bernd Stegemann, Professor für Dramaturgie an der Hochschule für Schauspielkunst "Ernst Busch" in Berlin, schreibt in seinem Buch „Das Gespenst des Populismus – Ein Essay zur politischen Dramaturgie":

> Die Zeit scheint günstig, um das aus der Balance geratene System anzugreifen. Oder wie es der US-amerikanische Ökonom Robert B. Reich auf den Punkt bringt: „Wir müssen eine gemeinsame Bewegung schaffen, die Rechte und Linke zusammenbringt, um die reiche Elite zu bekämpfen." Denn eine positive Wirkung hat jede populistische Bewegung in der aktuellen Lage, egal ob sie rechts- oder linkspopulistisch ist: Sie schreckt die Eliten auf und zwingt sie das erste Mal seit Jahrzehnten, ihre feudalen Strukturen öffentlich zuzugeben.[186]

Wie auch immer, ab März 2020 ist Kaiser eines Besseren belehrt worden. Deutschland hat wirklich und wahrhaftig die erste Querfront nach dem Zweiten Weltkrieg erlebt und wir alle dürfen sagen, dass wir Zeuge dieses umwerfenden Ereignisses geworden sind!

Oder aber … Ist die Anti-Corona-Querfront mit ihren Front-Organisationen „Demokratischer Widerstand"

185 Ebd., S. 32f.

186 Bernd Stegemann: Das Gespenst des Populismus – Ein Essay zur politischen Dramaturgie, Berlin 2017, 2. Aufl., S. 112 (Das von Stegemann verwendete Zitat stammt aus: „Robert B. Reich im Gespräch", in: DER SPIEGEL Nr. 32/2016, S. 70.)

und „Querdenken 711“ möglicherweise eine *unmittelbar* am Stamme neu-rechter Theoriebildung und neu-rechter langfristig-strategischer Planungen gewachsene Frucht?! Die Neuen Rechten behaupten doch stets, dass es im nationalen und internationalen Geschehen „deep states“ gebe. Wollen sie möglicherweise diesem Sachverhalt von allem Anfang an einen breit aufgestellten und tiefgestaffelten eigenen „Tiefen Embryo-Staat“ entgegensetzen?

Andererseits ... Der „Demokratische Widerstand“ hat neben seinem Zentral-Transparent „Nicht links, nicht rechts! Hauptsache, alle sind beim Widerstand gegen die Corona-Politik dabei!“ auch ein kleines Verbotsschild aufgestellt gegen alles, was nach Nationalsozialismus und Drittem Reich riecht:

> Von Anfang an eindeutig und ohne jeden Zweifel: Gegen Nazis! Gegen üble Geschichtsrevisionisten! Das 20ste Jahrhundert ist abgeschlossen. Punkt. Ende. Basta. Servus. — Hallo Gegenwart![187]

Wiederum aber ... Gut gebellt, ihr Hyänen! Die Neuen Rechten selbst distanzieren sich – zumindest nach außen hin – von Hitler und dem Nationalsozialismus.
Tatsache ist, dass es in der quer-deutschen Corona-Widerstandsbewegung zu einer großen Schnittmenge von „links“- und rechtsnationalen Positionen gekommen ist. Hier eine Übersicht:

1. Sowohl der „Demokratische Widerstand“ als auch die Neuen Rechten behaupten wider alle Evidenzen, dass Covid-19 nicht schlimmer als eine „normale“ Grippe sei.
2. Sowohl der „Demokratische Widerstand“ als auch die Neuen Rechten beschimpfen und beleidigen alle Menschen, die durch besonnenes Handeln die Verbreitung des

187 https://www.nichtohneuns.de/berlin/

Corona-Virus gestoppt und eine sehr große Zahl von Erkrankungen und Todesfällen verhindert haben.
3. Sowohl der „Demokratische Widerstand“ als auch die Neuen Rechten behaupten, dass Bill Gates hinter der Corona-Pandemie stecke und mittels Impfungen die Menschheit versklaven wolle.
4. Sowohl der „Demokratische Widerstand“ als auch die Neuen Rechten behaupten, dass die Bundesregierung eine Marionette von Bill Gates sei und die Corona-Pandemie als Vorwand benutze, die demokratische Verfassung der Bundesrepublik abzuschaffen und eine faschistische Diktatur zu errichten.
5. Sowohl der „Demokratische Widerstand“ als auch die Neuen Rechten behaupten, dass das rechtschaffene deutsche Volk (99 %) von einer aus Politikern, Reichen und regierungstreuen Medien bestehenden „Elite“ (1%) unterdrückt und an Gates & Co. verraten und verkauft würde.
6. Sowohl der „Demokratische Widerstand“ als auch die Neuen Rechten streben einen politischen Umsturz und die Errichtung einer sozialistisch-nationalen beziehungsweise national-sozialistischen Diktatur an.
7. Sowohl der „Demokratische Widerstand“ als auch die Neuen Rechten berufen sich heuchlerisch und wider jegliche Faktenlage auf den Artikel 20 (4) des Grundgesetzes für die Bundesrepublik Deutschland, um ihre Umsturzpläne „moralisch“ und juristisch zu unterfüttern.

Das ist, wie man auf gut schwäbisch sagen würde, für die Erste Groß-Deutsche Querfront (EGDQ) schon mal ein Haufen Heu! Es ist so viel Heu, dass mancher sich fragen mag, ob es sich bei den Hauptprotagonisten des quer-deutschen Anti-Corona-Politik-Widerstands (ACPW) nicht so verhalte wie bei den zwei konkurrierenden jüdischen Widerstandsgruppen gegen die römischen Besatzer in Monty Pythons ebenso lustigem wie trefflichem Film „Das Leben des Brian“: „Seid ihr die Volksfront von Judäa?“ - „Nein, verpiss dich!! Wir sind die Judäische Volksfront!" Eine sozialistische Revolution unter nationalen Vorzeichen versus eine nationale Revolution mit sozialistischem Anstrich? Läuft das nicht auf dasselbe hinaus?

Ein wesentlicher Unterschied – möglicherweise der einzige – ist die unterschiedliche Definition des Begriffs „Volk". Für den „Demokratischen Widerstand" sind das ungeachtet ihrer Herkunft, Kultur, Religion etc. alle Menschen, die zu den geknechteten 99 Prozent gehören, für die Neuen Rechten dagegen gehören zum deutschen Volk lediglich diejenigen, denen das Deutsch-Sein im übertragenen und buchstäblichen Sinne im Blut liegt. Gemeinsam ist den beiden Polit-Klüngeln aber, dass sie sich als unübertreffliche Volksfreunde und Volksschützer aufspielen und darin auch konkurrieren … oder sich ergänzen?

Lange Zeit war schwer zu beurteilen, ob es zwischen dem „Demokratischen Widerstand", der Initiative „Querdenken 711" des Stuttgarter Unternehmers Michael Ballweg und den Neuen Rechten regelrechte Absprachen bezüglich eines gemeinsamen Vorgehens gegen die Corona-Politik der Bundesregierung und das demokratisch-parlamentarische System der Bundesrepublik Deutschland überhaupt gegeben hat. Auffällig ist jedenfalls, dass es nach dem Hereinschwappen der Pandemie nach Deutschland auf beiden Seiten ein anfängliches Zögern gab und dann aber zeitgleich wie nach dem Startschuss zu einem olympischen 100-Meter-Lauf das wuchtige Hochfahren einer Propaganda-Kampagne, wie sie in diesem Land schon lange nicht mehr gesehen ward. Klar ist auch, dass die grundsätzlichen Ziele neu-linker und neu-rechter Politik schon lange vorher ausformuliert worden waren und beide Seiten auf einen passenden Anlass für ihren Angriff auf das demokratisch-parlamentarische System und die Köpfe der das Volk ausmachenden Staatsbürger lauerten.

Nach der Lektüre der Juli- und August-Ausgaben der Zeitung „Demokratischer Widerstand“ und nach den großen Kundgebungen und Demonstrationen in Berlin am 1. und 29. August – kurz vor der Endredaktion dieser Schrift – erhärtet sich der Verdacht, dass der Corona-Widerstand in seiner ganzen Breite von allem Anfang an eine abgekartete Sache war und sowohl in seinen organisatorischen Strukturen als auch in seiner ideologischen Ausrichtung unter dem Dirigat der Neuen Rechten stand.

Die neu-rechte Saat, die vor 20 Jahren ausgebracht wurde, ist aufgegangen.

Die kulturelle Hegemonie erringen! Jung und frisch daherkommen! Rebellisch sein! Die Revolution anstreben! Die Linke kapern und aussaugen! Antikapitalistisch und antiimperialistisch werden! Die soziale Frage neu aufwerfen! Gegen die Reichen wettern! Die Volksverräter-Leier schlagen! Starke Gefühle wecken!

Compact-Herausgeber Elsässer, so berichtet die „Süddeutsche Zeitung“, jubelte auf youtube, „dass sich im Rahmen der Querdenken-Demonstrationen eine Art `Reichspopbewegung´ herausbilde.“[188]

Sehen wir uns noch einmal Punkt für Punkt die in Abschnitt „/4.3.5./“ aufgelisteten Stiche an, mit denen sich die Neuen Rechten die alt und systemkonform gewordene Linke so zurechtgebohrt haben, dass sie sie bis auf das Exoskelett aussaugen konnten:

Wir kämpfen für die Armen, ihr seid Knechte des Neoliberalismus! Wir kämpfen für die Freiheit, ihr seid Sklaven Amerikas! Wir kämpfen für die Meinungsfreiheit, ihr er-

188 Alex Rühle: „Holla, die Waldfee“, in: Süddeutsche Zeitung vom 14. 9. 2020, S. 3

richtet eine Diktatur der Political Correctness! Wir leisten Widerstand gegen staatliche Übergriffe, ihr ordnet sie an! Wir bekämpfen den Faschismus, ihr wendet faschistische Methoden an und seid selbst Neofaschisten![189] Wir machen Politik für das Volk, ihr wisst nicht einmal mehr, was das deutsche Volk ist! Wir sind gute Deutsche, ihr habt Deutschland an das Ausland und das Finanzkapital verraten! Wir sind Antiimperialisten, ihr unterwerft euch der amerikanischen Bevormundung und der das wahre Deutschtum zersetzenden westlichen Kultur!

Das alles decken die quer-deutschen Gruppierungen „Demokratischer Widerstand“ und „Querdenken 711“ ab.

Über all dem thront die Nation. Das deutsche Volk und die deutsche Republik sollen aus einer jahrzehntelangen Sklaverei befreit werden![190]

Auch das deckt die quer-deutsche Anti-Corona-Bewegung ab. In der Nr. 12 des „Demokratischen Widerstands“ darf ein Autor namens Hermann Ploppa ein dreifaches Hoch auf die deutsche Nation ausbringen:

> Immer wieder hören wir in den Mainstream-Medien, dass wir uns hüten sollen vor „Nationalismus“. (…) Und so wie wir heute unsere Hygiene-Demos mit so viel Lust wie möglich verbinden, so artikulierten sich unsere geistigen Vorfahren 1830 beim Hambacher Fest. Sie wollten ihre Rechtsstaatlichkeit wiederhaben,

---

189 Die Nummer 18 des „Demokratischen Widerstands“ (5. 9. 2020) leitartikelt auf der ersten Seite: „Die Neofaschisten in Politik und 'Leitmedien' wollen es immer noch nicht wahrhaben, dass wir nicht mehr mitspielen.“

190 Wilhelm Heitmeyer spricht in seinem Buch über „das Gespenst eines autoritären Nationalismus und Rechtspopulismus“ vom „'Deutsch-Sein' als Schlüsselkategorie für autoritäre Umformungsprozesse“. (Wilhelm Heitmeyer: Autoritäre Versuchungen – Signaturen der Bedrohung I, Berlin 2018, 4. Aufl. 2020, S. 262)

> ohne dabei gleichzeitig unter französische Fremdherrschaft zu geraten. Ihre Forderungen: Demokratie, Rede- und Versammlungsfreiheit, Bewegungsfreiheit. Und dazu nationale Unabhängigkeit. (…) Doch schon seit Ende der 1930er-Jahre formierte sich in den USA die Strömung des Marktradikalismus, die verstörenderweise auch „Neoliberalismus“ genannt wird. Deren Vordenker Friedrich von Hayek lehrte seinen Jüngern, dass Staat und Nation schlecht sind und abgeschafft gehören. Dass nur die entfesselte Privatwirtschaft der Konzerne und Kartelle Reichtum erschaffen können. (…) In Politik, Wirtschaft, Wissenschaft und Medien sitzen mittlerweile Hayeks Jünger und sehen in der Zerstörung von Staat und Nation den einzigen Weg zum Heil. (…) Verstehen Sie nun, warum gerade die Marktradikalen nationale Eigenheiten gerne in Bausch und Bogen verurteilen? (…) Wir bestehen auf unserer Solidarphilosophie und es ist uns auch egal, ob irgendwelche bezahlten Claqueure uns deswegen als „nationalistisch“ brandmarken. Wir werden unseren Way of Life rehabilitieren. Und wenn die undemokratische EU-Krake uns weiterhin Vorschriften zur Zerstörung unserer Solidarstrukturen machen will, müssen wir ernstlich über einen EU-Austritt Deutschlands, einen Dexit, nachdenken.[191]

Das ist O-Ton Neue Rechte! Original! Ich vermute sogar, dass der Autor ad usum delphini ploppahopp bei Benedikt Kaiser höchstpersönlich abgeschrieben hat. Zur Definition von Staat und Nation hat er Folgendes zu vermelden:

> Nation und Staat sind neutrale Bezeichnungen. Per se nicht bösartiger als Wasser. Man kann mit Wasser Durst löschen. Man kann aber auch darin ertrinken.[192]

In elaborierter Fassung liest sich das bei Kaiser so:

---

191 Hermann Ploppa: „Unsere Republik als Schutzhülle gegen Globalkonzerne – Warum wir nach der neoliberalen Epoche zur sozialen Idee zurückkehren“, in: Demokratischer Widerstand Nr. 12, 18. 7. 2020, S. 6

192 Ebd.

> Nationalismus kann reaktionär und revolutionär, ethnoidentitär und multikulturell, liberal und antiliberal, bürgerlich und antibürgerlich, links und rechts (usf.) aufgeladen werden, was immer auch davon abhängt, wer die Deutungshoheit über die Begriffe und ihre Implikationen behaupten kann. Nationalismus bedarf stets der Bindung an eine autonome politische Theorie; er selbst ist keine Weltanschauung oder Ideologie *sui generis.*[193]

Kaiser wird Ploppa für sein Ploppiat nicht gram sein, weswegen ich ihn, einen der Masterminds vom „Institut für Staatspolitik“, großzügig noch einmal zu Wort kommen lasse:

> Es ist möglich, daß am Ende der inhaltlichen Erweiterung der Neuen Rechten um (bisher zu häufig) als „links“ wahrgenommene Topoi eine Synthese im Wortsinne stünde – zwei Konzeptionen verschmelzen zu einer, wobei der prozentuale Anteil je nach Gusto variieren kann. Eine solche Synthese würde die beiden „alten“ Termini „links“ und „rechts“ in ihrer Bedeutung nicht leugnen oder verschleiern, sondern in jenem Sinne der Dialektik „aufheben“, daß etwas zerstört wird, jedoch als etwa anderes weiterlebt. Vielleicht sollten wir daher die gegenwärtige Rechte schlichtweg aufheben und gemäß der sozialen und ökonomischen, nationalen und globalen Herausforderungen des 21. Jahrhunderts neu gestalten.[194]

Was passiert, wenn eine rechte Abgottschlange *(Boa constrictor dextra)* ausgerenkten Maules ein linkes Kaninchen *(Oryctolagus cuniculus sinistra)* verschlingt? Das Kaninchen verschwindet, aber es geht zum großen Teil im Abgottschlangenleib auf. Und die Abgottschlange? Ist immer noch da, stärker und größer als vorher. Sie ist aber auch nicht mehr dieselbe, da sie unzählige linke Hasenpartikel inkorporiert hat. Das linke Kaninchen ist dialektisch im Körper der Abgottschlange aufgehoben worden.

---

193 Benedikt Kaiser: Blick nach links, a. a. O., S. 71 f..
194 Benedikt Kaiser: Querfront, a. a. O., S. 85 f.

Es gibt keinen anderen Schluss als: „Demokratischer Widerstand“ und „Querdenken 711“ *sind* die neu gestaltete Rechte! Beide Gruppierungen wurden von den Vordenkern der Neuen Rechten ausgeheckt!

Angesichts der Renitenz der Linken hinsichtlich einer politischen Zusammenarbeit hatte Kaiser *a priori* vehement für ein konzeptionelles Do-it-yourself plädiert:

> Es erscheint aus diesen Gründen sinnvoller, eigene Ideen konkret auszuformulieren und Begriffe zu „setzen“, mithin die dringend notwendige Erweiterung des Themenspektrums vorzunehmen.[195]

Die Absage an die Linke und der feste Entschluss zur Querfront Marke „Eigenbau“ waren an Eindeutigkeit nicht zu überbieten:

> (...) eine solche Neue Rechte hätte es nicht nötig, auf der linken Seite nach Partnern für eine Querfront zu suchen. Sie genügte sich selbst und verkörperte aus eigener Kraft und eigenem Ideenreichtum eine intellektuelle Alternative, die dann wiederum jene minoritären Kräfte der Linken anziehen könnte, die in ihrem Lager an der konzeptlosen Verengung des ideenpolitisch Sag- und Tragbaren leiden (...)[196]

In der Nummer 8 des „Demokratischen Widerstands“ leitet ein Autor mit dem sprechenden Namen Johnny Rottweil, von dem es heißt, dass er auf Wunsch des Verfassers redaktionell geändert worden sei, bissig-verbissen Wasser auf die Kaiser'sche Wir-machen-ohne-die-Linke-allesselbst-Mühle und benennt klipp und klapp und wuff und waff das Ziel dieser Wasserkur:

195 Ebd., S. 84
196 Ebd., S. 85

> Von den Parteien erwarte ich keine Hilfe, nicht einmal mehr von der Linken. Die soziale Marktwirtschaft ist tot! (...) Ich fordere eine direkte Demokratie. Ich fordere den Systemwechsel. Jetzt![197]

Es ist eine historische Tatsache, dass sich politische – und auch religiöse – Kern-Organisationen mit einem Kranz von Massenorganisationen umgeben. Wenn sie sich nicht von allein herausbilden, dann gründet man welche. Die Kommunistische Partei Deutschlands (KPD), der ich in den siebziger Jahren angehörte (siehe „Abschnitt /6./"), bot allen sympathisierenden Menschen, die nicht Mitglied in ihrer Kader-Organisation werden wollten, die Mitarbeit in der *Liga gegen den Imperialismus* und in der *Roten Hilfe* an. Beide Organisationen wurden von Partei-Mitgliedern geleitet. Das Ziel war, eine breitere Basis in der Bevölkerung zu bekommen und einzelne Leute für die Mitgliedschaft in der Partei zu gewinnen. Auch nicht jeder Katholik wird gleich Priester, Weihbischof oder Kurienkardinal Müller. Man kann sich als Mesner betätigen oder in einer kirchlichen karitativen Organisation einbringen. Im Nationalsozialismus gab es neben der NSDAP unter anderem die *Hitler-Jugend*, den *Bund deutscher Mädel* und den *Reichsarbeitsdienst.* In der DDR gruppierten sich um die SED beispielsweise der *Demokratische Frauenbund Deutschlands*, die *Gesellschaft für Deutsch-Sowjetische Freundschaft* und die *Pionierorganisation Ernst Thälmann.* Ich halte es für völlig ausgeschlossen, dass sich nicht auch die Neue Rechte dieser manipulativen Menschenführungsmethoden bedient, zumal sie ja expressis verbis verkündet hat, alles, was links ist, mit Haut und Haaren aufzufressen und in rechtes Tun und Denken umzumodeln. Warum nicht auch deren Organisationsmethoden, die ja immer schon auch die eigenen waren?

197 Johnny Rottweil: „'Von Licht bis Licht und noch 'ne Schicht' - Braucht echte Demokratie eine neue Gewerkschaft?", in: Demokratischer Widerstand Nr. 8, 13. 6. 2020, S.4

Ich lege mich fest: Der „Demokratische Widerstand" und die Initiative „Querdenken 711" von Michael Ballweg sind aufgetauchte U-Boote der Neuen Rechten!

Zwei weitere Umstände bestärken mich in dieser Festlegung:

Erstens. Wie würden „klassische" linke und antifaschistische Gruppierungen und auch viele „gut"-bürgerliche Organisationen reagieren, wenn rechte und neofaschistische Gruppierungen auf ihren Kundgebungen und Demonstrationen auftauchen würden? Sie würden sie hochkant rausschmeißen! Wenn das nicht ginge, weil die andere Seite ein Übergewicht hat, würden sie umgehend den Ort der Manifestation verlassen. Es ist ausgeschlossen, dass die genannten Organisationen *gleichzeitig* mit Rechten für *ein und dieselbe* Kundgebung oder Demonstration mobilisieren! „Demokratischer Widerstand" und „Querdenken 711" aber tun es. Und nicht nur das, wie der „Süddeutschen Zeitung" zu entnehmen ist:

> Michael Ballweg, der Kopf hinter der Querdenken-Bewegung, hat sich immer wieder mit Rechtsextremen getroffen, pars pro toto sei der Videoblogger Nikolai Nerling genannt, der sich in seinen Videos „Der Volkslehrer" nennt und wegen Volksverhetzung verurteilt wurde. Mit Ken Jebsen, der die Verschwörungstheorie von der angeblichen Corona-Zwangsimpfung und von Bill Gates als Drahtzieher hinter Corona propagiert, hat er in Stuttgart gemeinsam meditiert.[198]

Zweitens. Bei allen Verlautbarungen der Quer-Deutschen, demokratischen Widerständler und Neuen Rechten fällt der nassforsche und knallig direkte Stil auf, in dem sie geschrieben sind. Auf sie trifft zu, was Armin Mohler als einen „erheblichen Teil des faschistischen Sentiments"

198 Alex Rühle: „Holla, die Waldfee", a. a. O.

hervorgehoben hat: „kalter Stil, rapid, funkelnd, großartig".[199] In dieser Hinsicht zieht sich eine Linie vom „Demokratischen Widerstand" und den Neuen Rechten über Schriften wie „Sag alles ab!"[200] und „Der kommende Aufstand"[201] bis hin zu faschismusaffinen Autoren von ehedem wie Gottfried Benn, Ernst Jünger und Filippo Tommaso Marinetti.

Hier eine kleine Auswahl eiskalter Stil-Blüten:

> **Nicolas Riedl / Adriana Sprenger:** „Die Geschichte konstruiert sich aus alledem, was die Menschen tun und nicht tun. Soll der Lauf der vor uns liegenden Geschichte zu unseren Gunsten verlaufen, so sind wir angehalten, das Richtige zu tun und das Falsche zu unterlassen. Die Taten sind die Tinte, mit der Geschichte geschrieben wird. Und da Geschichte bekanntermaßen von den Siegern geschrieben wird, müssen wir Demokraten die Strategien des Siegens erlernen. Wir werden siegen!"[202]

199 Armin Mohler: Der faschistische Stil, a. a. O., S. 24

200 Haus Bartleby (Hg.): Sag alles ab! – Plädoyers für den lebenslangen Generalstreik, a. a. O.

201 Unsichtbares Komitee: Der kommende Aufstand, Hamburg 2010. (Das Buch erschien im Jahr 2007 in Paris unter dem Titel „L'insurrection qui vient". Der Autor oder die Autorin blieb anonym. Die Rezeption war völlig widersprüchlich. Viele (Linke) bezeichneten es als anarchistisches Manifest, die taz dagegen schöpfte Verdacht und bezeichnete es als rechte „antimoderne Hetzschrift", „gespickt mit Thesen von Hauptverdächtigen wie Carl Schmitt und Martin Heidegger", wie es in einer Rezension von Marc Felix Serrao in der „Süddeutschen Zeitung" vom 25. 11. 2010 heißt. Auf alle Fälle ist das Buch glänzend geschrieben, das lässt sich nicht leugnen. Mein Verdacht ist, dass ein neu-rechter Autor, deren es auch in Frankreich schon um die Jahrtausendwende herum einige gab, in einer Art experimentellem Exzess die Verschmelzung von linksradikalem, anarchistischem und faschistischem Lebensgefühl und Gedankengut zu Papier brachte, um so eine gewaltige Nebelkerze für künftige Zeiten zu setzen. Die erfolgversprechende Blaupause schlechthin für rechtsrevolutionäre Ambitionen!)

202 Nicolas Riedl / Adriana Sprenger: „Die Pandemie ist vorbei", in: Demokratischer Widerstand Nr. 15, 8. 8. 2020, S. 1 u.

Thor v. Waldstein: „Es ist gerade der [sic!] Verdienst der PEGIDA-Spaziergänge, es ist das Modell Dresden, das verdeutlicht hat, was diejenigen, die in diesem Lande das Wetter machen, viel mehr fürchten als Stimmzetteleinwerfen in Plexiglasboxen: den flutartigen Anstieg eines lautlosen bzw. auf wenige markante Redebeiträge und Plakatmotti verdichteten Protestes, den von Woche zu Woche wachsenden Mut der Bürger und das Zutrauen in die eigene Kraft, das Schwinden des medialen Diffamierungsvermögens, das Zerplatzen der politisch korrekten Sprechblasen und eine deutsche Wortergreifung in Luther'scher Tonlage, die Verweigerung des Dialogs mit dem offiziösen Politkartell, den endgültigen Bruch der „Resonanzachse zwischen der etablierten Politik und weiten Teilen der Bevölkerung" [Zitat aus: Hartmut Rosa: „Fremd im eigenen Land?", in: Frankfurter Allgemeine Zeitung Nr. 91 vom 20. 4. 2015, S. 6; Anm. R. A.], das Auftauchen der ersten BRD-Kerenskijs und schließlich die vollständige Zerbröselung der eigenen Machtfassade."[203]

Konstantin Fechter: „Vielleicht ist also die ernüchterndste Erkenntnis einer Beschäftigung mit dem Bürgerkrieg jene, daß nicht die politische Freundschaft, sondern die Feindschaft besondere Wertschätzung erfahren sollte. Sie anzuerkennen und aus dem postmodernen Spiel zu lösen wäre ein erster Ansatz, der Feindschaft eine Form der Würde zurückzugeben."[204]

Anselm Lenz: „Wie Sie ja wissen, ist der Kapitalismus 2007 vor unser aller Augen kollabiert. Wir wohnen seither mit einer Leiche zusammen, die ihren verpesteten Odem in immer hektischeren Stößen absondert. Der neoliberale Utopist ist hirntot und hält sich nur noch mit Gelddruckmaschinen und den wurstfingernden Stützgriffen linksliberaler Arzthelfer in Da-

3

203 Thor v. Waldstein: Metapolitik. Theorie – Lage – Aktion, a. a. O., S. 33 f.

204 Konstantin Fechter: Bürgerkrieg und Sündenbock – Eine Deutung, Antaios Verlag, Schnellroda 2019, S. 93

menunterwäsche auf seinem eigentlichen OP-Tisch aus Beton, Glas und Stahl.“[205]

Unsichtbares Komitee: „Ein Aufstand – wir wissen nicht einmal mehr, womit das anfängt. Sechzig Jahre Befriedung, Stilllegung historischer Umwälzungen, sechzig Jahre demokratische Anästhesie und Verwaltung der Ereignisse haben in uns eine bestimmte schroffe Wahrnehmung der Wirklichkeit, den Partisanensinn für den laufenden Krieg geschwächt. Genau diese Wahrnehmung müssen wir wieder erlangen, um anzufangen.“[206]

Gottfried Benn: „Vergessen Sie nie, der menschliche Geist ist als Totschläger entstanden und als ein ungeheures Instrument der Rache, nicht als Phlegma der Demokraten, er galt dem Kampf gegen die Krokodile der Frühmeere und die Schuppentiere in den Höhlen – nicht als Puderquaste!“[207]

Ernst Jünger: „Der Wahrspruch des Waldgängers heißt „Jetzt und Hier“ – er ist der Mann der freien und unabhängigen Aktion. Wir sahen, daß wir zu diesem Typus nur einen Bruchteil der Massenbevölkerungen rechnen können, und trotzdem bildet sich hier die kleine, dem Automatismus gewachsene Elite, an der die reine Gewaltanwendung scheitern wird. Es ist die alte Freiheit im Zeitgewande: die substantielle, die elementare Freiheit, die in gesunden Völkern erwacht, wenn die Tyrannis von Parteien oder fremden Eroberern das Land bedrückt. Sie ist keine lediglich protestierende oder emigrierende Freiheit, sondern eine Freiheit, die den Kampf aufnehmen will.“[208]

205 Anselm Lenz: „Das Ende der Neoliberalen Epoche“, in: Haus Bartleby (Hg.): Sag alles ab! – Plädoyers für den lebenslangen Generalstreik, a. a. O., S. 140 (Anselm Lenz ist einer der Herausgeber der Wochenzeitung „Demokratischer Widerstand“.)

206 Unsichtbares Komitee: Der kommende Aufstand, a. a. O., S. 74

207 Gottfried Benn: „An Gertrud Hindemith“, in: Jürgen P. Wallmann (Hg.): Das Gottfried Benn Brevier, Wiesbaden und München 1979, S. 128

208 Ernst Jünger: Der Waldgang, Stuttgart 2014, Vierte Aus-

> **Filippo Tommaso Marinetti:** „Wir wollen den Krieg verherrlichen – diese einzige Hygiene der Welt – den Militarismus, den Patriotismus, die Vernichtungstat der Anarchisten, die schönen Ideen, für die man stirbt, und die Verachtung des Weibes."[209]

Was für eine Galerie „rapider" Großkotzigkeiten, „funkelnder" Großmannssüchteleien und „großartiger" Großmäulereien![210]

Der Unterschied könnte nicht größer sein: Während Linke ihren Agitationsobjekten (Einzelpersonen, Arbeiterklasse, Volk) hartnäckig und mit mahlenden Kiefern die Verhältnisse vorkauen, spucken Rechte und Faschismusaffine darauf. Die Linken sagen teils anbiedernd, teils überheblich vorzugsweise „Du" und „Ihr", die Rechten werfen sich in die Brust und rufen „Ich" und „Wir". Die Linken sagen: „Macht *ihr* mal! Es geht um *euch!*", die Rechten: „Lasst *uns* mal! Es geht um *uns!*" Die Linken bearbeiten in erster Linie die Köpfe[211], die Rechten setzen schwer auf Gefühle.

gabe 2018, S. 68

209 Filippo Tommaso Marinetti: „Manifest des Futurismus", in: Hansgeorg Schmidt-Bergmann: Futurismus – Geschichte, Ästhetik, Dokumente, Reinbek bei Hamburg 1993, S. 77 f.

210 Wem das noch nicht genügt, dem sei eine Text-Collage von Doron Rabinovici und Florian Klenk mit O-Tönen von Matteo Salvini, Viktor Orbán, Christian Strache, Jarosław Kaczyński und anderen rechtsautoritären Nationalisten empfohlen. Es ist immer die gleiche aufgeblasen vorderfotzige Sprache! (Doron Rabinovici / Florian Klenk: Alles kann passieren! – Ein Polittheater, Wien 2018)

211 In seinem 1973 veröffentlichten Roman „Lenz" ließ Peter Schneider seinen Hauptprotagonisten gleichen Namens an die Adresse seiner linksrevolutionären Zeitgenossen eine Brandrede richten, die das Verwelken ihrer eigenen Lebenswünsche und Lebensgenussfähigkeit zugunsten eines verbissenen Arbeiterbewegungswillens im Namen einer historischen Gesetzmäßigkeit zum Inhalt hatte: „Ihr könnt nur allgemein, in Begriffen sagen, was ihr haßt oder liebt, ihr habt Angst davor, daß euch irgend etwas gefällt, weil ihr Angst habt, daß ihr dann nicht mehr kämpfen könnt. (…) Weil ihr nicht für euer eignes Glück kämpft, verteidigt ihr auch nicht das Glück anderer Leute. Ihr seid nicht angreifbar – weil ihr

Die Linken wollen auf die Leute einwirken, die Rechten gehen den Leuten voran. Die Linken rufen „Auweia!“, die Rechten kraulen die Eier. Ich vermute, dass diese Stilunterschiede nicht *der* Grund schlechthin, aber doch *ein* Grund für die wachsende Attraktivität rechter Gruppen und Organisationen sind und auch eine gewichtige Rolle für die Anziehungskraft des Nationalsozialismus in den dreißiger Jahren gespielt haben.

Die Resonanz des quer-deutschen Anti-Corona-Politik-Feldzugs (ACPF) in der Bevölkerung ist groß und deutet darauf hin, dass sich schon vorher einschlägiges Gedankengut ausgebreitet hatte. Eine Saat kann nur aufgehen, wenn der Boden dafür da ist.[212] Es wird wohl so sein wie in Goethes Gedicht „Der Fischer“, wo aus Wasserfluten „ein feuchtes Weib“ auftaucht und den am Ufer sitzenden Fischer zu sich locken will:

> Sie sprach zu ihm, sie sang zu ihm;
> Da war's um ihn geschehn:
> Halb zog sie ihn, halb sank er hin
> Und ward nicht mehr gesehn.[213]

Sie, die Querfront, und er, der brave Deutsche, sowie sie, die brave Deutschin, sanken sich in die deutschen Arme und vereinigten ihre grunddeutschen Gedanken zu einem reißenden großdeutschen Widerstandsstrom, der sich auf

---

nichts zu verteidigen habt -, sondern nur Angreifer. Man kann euch totschlagen, aber ihr seid nicht verwundbar.“ (Peter Schneider: Lenz, Köln 2008, 3. Aufl. 2018, S. 62)

212 Wilhelm Heitmeyer schreibt hierzu: „(…) die Einstellungen und Mentalitäten, die da auseinanderdriften, sind bei den jeweiligen Teilen der Bevölkerung über Jahre oder gar Jahrzehnte herangereift.“ (Wilhelm Heitmeyer: Autoritäre Versuchungen – Signaturen der Bedrohung I, a. a. O., S. 15)

213 Johann Wolfgang von Goethe: Der Fischer, in: Werke (Hamburger Ausgabe in 14 Bänden), Bd. 1: Gedichte und Epen I, München 1998, S. 154

deutsche Straßen und deutsche Plätze, vor allem aber in die Tiefen und Untiefen des Internets mit all seinen Unterabteilungen von Facebook über Twitter bis hin zu Whatsapp und Wasweißichnoch ergoss. Bei den patriotischen Pegida-Aufwallungen hatten die Dämme gegen völkisches Politgetrommel im Großen und Ganzen noch gehalten, aber in den Monaten der Corona-Pandemie brachen sie auf breiter Front. Ungehindert flutete rechtes Querfront-Gedankengebräu im linken Gewand in Hirne hinein und aus Hirnen heraus, die man noch kurz zuvor für immun gegen derartige Versuchungen gehalten hätte. Martin Sellner, der führende Kopf der „Identitären Bewegung", kann angesichts von so viel Offenheit gegenüber rechten Narrativen sein Glück kaum fassen:

> „Die Mehrheit der Teilnehmer ist weder explizit rechts noch migrationskritisch, sie ist aber eindeutig `rechtsoffen´ und das bedeutet (...) bereits die Welt."[214]

Viele Teilnehmer an den Corona-Protesten meinen, dass rechte Gruppen und Organisationen auf die Demonstrationen und Kundgebungen „aufspringen" würden. Was für eine grandiose Selbsttäuschung! Die Rechten surfen auf einer Welle, die sie selbst vor vielen Jahren durch ein unterirdisches Politbeben ausgelöst haben!

Eine Bekannte von mir fasste ihre Fassungslosigkeit ob des Tsunamis an (ver)queren Thesen, Theoremen und Therapien für die Gesundung des deutschen Volkes und des deutschen Staatswesens prägnant zusammen:

> Die Erfahrungen mit ominösen Behauptungen (sprich Verschwörungstheorien) habe ich auch immer wieder gemacht. Zum Teil kamen mir Freunde und Kollegen plötzlich wie Fremde vor.

---

214 Alex Rühle: „Holla, die Waldfee", a. a. O.

Das trifft es. Auch ich hatte mit so manchem Mitmenschen in den verflossenen Monaten schwer zu fremdeln. Es zeigt sich auch dieses Mal, dass die politische Stimmungslage umso bedenklicher wird, je radikaler sich Zeitgenossen und Zeitgenossinnen auf ihr „Volk"-Sein berufen, dessen Interessen es gegen die Zumutungen von „denen da oben" zu verteidigen gelte. Dann öffnen sich zunächst Türchen und Törchen, darauf Pforten und Portale, schließlich Scheunentore und Zugbrücken für politische Kräfte, die es der das Volk knechtenden elitären Mischpoche nach allen Regeln der Widerstands-, Rebellions- und Revolutionskunst so lange heimzahlen wollen, bis sie selbst im Namen des Volkes diktatorisch herrschen können.

Auf der „Querdenken"-Kundgebung am 29. August in Berlin waren mindestens 40 Tausend Menschen versammelt, die das von den politischen Strippenziehern vorgegebene Ziel des „Systemwechsels" teilten. Ein Teil von ihnen, hauptsächlich Reichsbürger, besetzte schon mal probehalber die Treppe zum Reichstag. In der Nr. 17 des „Demokratischen Widerstands" wurde als Einstimmung zur Kundgebung ein Berliner Stadtplan mit „48 Sehenswürdigkeiten"[215] veröffentlicht, der vom Brandenburger Tor über den Reichstag, das ARD-Hauptstadtstudio, die Redaktionsgebäude von allen großen Tageszeitungen bis hin zur Deutschen Telekom und den Berliner Wasserbetrieben alle strategisch wichtigen Orte umfasst, die – im Klartext – bei einer Revolution besetzt werden müssen.

Ein „persönlicher Beitrag" von Michael Negele in der Nr. 9 des „Demokratischen Widerstands" bringt die Deckungsgleichheit zwischen links- und rechtsnationalem Denken in der Corona-Widerstandsbewegung idealtypisch zum Ausdruck:

---

215 Demokratischer Widerstand Nr. 17, 29. August 2020, S. 4 u. 5

> Wir müssen uns als Volk vereinen und das wahre Problem erkennen: unsere Welt wird in zwei geteilt. Die Eliten auf der einen Seite: Königshäuser, Banken, Mega-Unternehmen (Pharma, Waffen und Essensproduktion, etc.), Oligarchen und Milliardäre dieser Welt — und das restliche Volk auf der anderen. Diese Eliten verfolgen nur zwei Ziele: die Macht und Kontrolle über die Ressourcen weltweit und über die Weltbevölkerung. Dafür wird alles getan. Sogar Dinge, die für uns unvorstellbar sind. Aus diesem Grund müssen wir uns wie wahre Wissenschaftler verhalten: alle Optionen müssen in Betracht gezogen werden. Vor allem die Optionen, die in den Leitmedien nicht diskutiert werden.[216]

Das „wahre Problem“ liegt im Auge des Betrachters. Erst wenn Leute wie Michael Negele aufhören, sich als „Volk“, ein deutsches selbstverständlich, zu gerieren und den „Machern“ sprich den Organisationen und Parteien des politischen Widerstands als willige Manövriermasse für „alle Optionen“ anzudienen, kann etwas Gescheites herauskommen. So aber kann ich den Hunderttausenden von nicht-organisierten Menschen, die den quer-deutschen Widerstand unterstützen, den tonnenschweren Vorwurf nicht ersparen, dass sie entweder im vollen Bewusstsein der Tragweite ihres Denkens und Handelns oder aus unfassbarer Blindheit politische Kräfte, die ein rinkslechtstotaritäles Regime anstreben, unterstützt und hoffähig gemacht haben. Was aber, so viel lässt sich heute schon im Rückblick sagen, erklecklichen Teilen der sich so aufgeklärt dünkenden Intelligenz- und Bildungs-Elite dieser ach so großartigen Kultur-Nation zur immerwährenden Schande gereichen wird, ist die Übernahme der Mär, dass die Bundesregierung mit ihrer Anti-Corona-Politik das Land schnurstracks in den Faschismus führe, von genau den Kräften, die selbst eine derartige Diktatur errichten wollen!

---

216 Michael Negele: „Instrumentalisierung von Rassismus?“, in: Demokratischer Widerstand Nr. 9, 20. 6. 2020, S. 6

Mit ganz besonderen Anfechtungen und Sinnkrisen konfrontiert sieht sich schon seit geraumer Zeit, verschärft aber seit Beginn des Anti-Corona-Politik-Widerstands, so mancher Intellektuelle und Kulturschaffende, dessen Markenzeichen das Widerständige, Widerspenstige, Widerborstige, Kratzbürstige ist. Sie verstehen sich als unverzichtbaren Pfahl im Arschfleisch der Nation und gehen sogar so weit, sich nach dem Corona-Lockdown des Kulturbetriebs in all ihrer Pfahlheit als „systemrelevant" zu deklarieren. Immer wittern sie Verrat an den Idealen der Demokratie wie auch eine Korrumpierung des Wirtschaftslebens und verbringen nicht selten ihr ganzes Leben damit, Zeter und Mordio zu schreien. Mit ihrer anbiedernden Systemrelevanzerei haben diese Musiker, Theaterleute und Kabarettisten jüngst eine tiefe Wahrheit in die Welt gewinselt. In der Tat, sie sind unschätzbar wertvoll. Was kann einem politischen System Besseres passieren, als von besorgt, kritisch oder gar hinterfotzig dreinschauenden Systemrelevanzlern angepinkelt zu werden? Wer angepinkelt wird, hat das Sagen! Nicht umsonst gieren Politiker und Politikerinnen beim alljährlichen Salvator-Starkbier-Anstich auf dem Münchner Nockherberg, einem der perversesten kulturellen Events der Republik, danach, dass ihnen von berufsmäßigen Staatspersonal-durch-den-Kakao-Ziehern und -Zieherinnen wie Bruno Jonas, Luise „Mama Bavaria" Kinseher und Maxi Schafroth die Leviten gelesen werden, da das öffentliche „Derbleckt"-Werden ein unwiderlegbarer Beweis für ihre Wichtigkeit ist, und wenn nicht, dann eben nicht. Gleich drei Seiten profitieren von dieser Schmierenkomödie: Der Staat und seine führenden Vertreter dürfen sich gewiss sein, dass es diese beinchenhebenden, knurrenden und derb leckenden Leutchen letzten Endes doch nur gut meinen, da sie ja, eingekauft von der Paulaner Brauerei, lediglich auf *Personen* und nicht deren *Funktionen* im demokratischen

Staat losgelassen werden. Die Besucher dieser und Zigtausender anderer Kabarett-Veranstaltungen dürfen wie früher nach dem Besuch einer Messe mit dem erhabenen Gefühl des Rechtschaffen-auf-der-richtigen-Seite-Stehens nach Hause gehen, was sie sich wie ehedem, als man Ablass-Geld im Klingelbeutel versenkte, in Form eines Einlass-Billets Einiges kosten lassen. Die Künstler schließlich polieren ihr Hochglanz-Image des unerschrockenen Dagegen-Seiers auf und dürfen dafür auch noch ordentlich Kohle einschieben. So ging das lange Zeit.

Nun aber sind neue Widerständige auf den Plan getreten. Sie verstehen sich nicht als links, sondern als rechts und mischen die Rebellen-Szene der Bundesrepublik gehörig auf. Irgendwie wirken sie frech und fresh und wildern in den angestammten Gefilden der zu einem gusseisernen Teil des bundesdeutschen Establishments gewordenen linken oder quasi-linken Aufmüpf- und Einschenk-Schwadron. Etliche dieser Schwadronierer werden prompt nervös und ruckeln ihre Positionen zurecht:

Der in Bayern lebende Liedermacher **Hans Söllner**, seit Jahrzehnten mit dem Etikett „anarchischer Rebell" versehen, schreibt am 4. Mai auf seiner Facebook-Seite: „Denunzianten, SA, Stasi und Gleichschritt. Und das passiert gerade. Man darf keine Vergleiche ziehen zum 3. Reich, aber das passiert gerade. Schaut euch um." Und am 26. April wird er, indem er sich direkt an Bundeskanzlerin Merkel wendet, noch deutlicher: „Ich denke, wenn Sie sich nicht bald von ihren Beratern und ihren Lieblingsvirologen trennen, steuern Sie dieses Land in einen Bürgerkrieg und dann, das sage ich Ihnen, möchte ich nicht in ihrer Haut stecken. In den Großstädten beginnt es schon."[217] Man darf davon ausgehen, dass Hans Söllner kein Rechtsradikaler ist, aber er hat *rechtsradikale Narrative* vom drohenden Marsch in den Faschis-

---

217 Beide Zitate aus: Christian Jooss-Bernau: „Im Netz verirrt", in: Süddeutsche Zeitung vom 15. Mai 2020

mus und vom in Sicht kommenden Bürgerkrieg gegen das „System“ übernommen bis hin zu der Aussicht auf eine Merkel-Häutung. Das ist das Entscheidende. Sich auf die Seite der Besonnenen im Kampf gegen die Pandemie zu stellen, war ihm wohl zutiefst zuwider, weil diesem Verhalten auch nicht der geringste Anschein des Rebellischen eignet. Um seinem Markenzeichen nicht untreu zu werden, hat er sich auf ein geradezu hysterisches Tänzchen mit von Neo-Nationalsozialisten und Neo-Sozialnationalisten getriggerten Gedankenkonstrukten eingelassen und ist prompt ins Schleudern gekommen. Zurückrudern und zurückschlingern musste er anschließend auch noch. Eins noch: Von geradezu hirnerweichender Einfalt ist das Bild, das Söllner und Geistesverwandte von Politik haben: Karrieregeile Kasperl greifen sich nicht minder karrieregeile Unterkasperl und führen ein kasperlehaftes Kasperletheater auf vor dem aus „Schlafschafen“ bestehenden Volk, das sich so lange verscheißern lässt, bis die Rettung in Person von Vollcheckern wie Söllner und Co. daherkommt. Die „Heute-Show“ lässt grüßen!

Die ebenfalls in Bayern lebende Kabarettistin **Lisa Fitz**, seit Jahrzehnten mit dem Etikett „Powerfrau“ versehen, haut in einem fünfminütigen youtube-Clip in eine von den Neo-Linken und Neo-Rechten vor-geschlagene Kerbe und bedient feixend und juxend die Bill-Gates-ist-an-allem-schuld-Schiene.[218] Dieser Typ habe am 18. Oktober 2019, glucks, bei einem Vortrag vor einer Pandemie gewarnt, glucks, drei Monate vor dem Corona-Ausbruch, glucksglucks, ein Schelm sei, wer dabei Böses denke, glucksglucksglucks, der habe wohl schon gewusst, äh, geahnt, glucksglucksglucksglucks, klar sei jedenfalls, tätääätätääää: Jetzt oder nie, Kohle durch Pandemie! Das nennt sich Aufklärung durch Kabarett: Ein eh schon stinkrei-

---

218 Zu sehen unter: https://www.youtube.com/watch?v=MGgSYQLZjsI&feature=youtu.be

cher Mensch will noch mehr Knete machen. Dazu erfindet er ein Virus und lässt es auf die Menschheit los. Dann impft er. Und ob Lisa Fitz das alles weiß oder eher ahnt, ist eh schon wurscht, vielleicht sogar Weiß-Wurscht und Ahn-Dung. Hauptsache: Hintergründig!

Der in München-Obermenzing lebende Stücke-Schreiber und Schauspieler **Franz Xaver Kroetz**, seit Jahrzehnten mit dem Etikett „Baby Schimmerlos" versehen, kann laut eigenem Bekunden nur „extrem" schreiben: „Blut! Sperma! Tränen! Drunter tu ich´s nicht."[219] Folgerichtig interessiert sich dieser Saft- und Kraftmensch mehr für Leute, die Blut und Tränen satt über die Menschheit bringen würden, wenn ihre politischen Ambitionen Realität würden: „(...) mich hat der braune Sumpf immer mehr interessiert als der grüne Schrebergarten." Eine Sumpfblüte hat es Kroetz besonders angetan: „Horst Mahler ist für mich die faszinierendste Figur der Republik, über so einen würde ich gern ein Stück schreiben." In der Tat: Ein Mann, der den Holocaust leugnet; ein Mann, der aus der NPD ausgetreten ist, weil sie eine am Parlamentarismus ausgerichtete Partei und wie das parlamentarische System selbst zum Untergang verurteilt sei; ein Mann, der behauptet, dass die Juden bewusst an der Zersetzung der Volksgeister arbeiten und die Herrschaft über die Völker erstreben würden – so ein Mann ist faszinierend. Auch Franz Xaver Kroetz ist faszinierend. Eins noch: Vielleicht schreibe ich mal ein Stück über Künstler, die sich mit Vorliebe im Blut, im Sperma und in den Tränen der von ihnen verachteten Unterschichten suhlen und, wenn sie mal ihre *ureigene* Sicht auf die Welt zum Besten geben, prompt als fasziniert am Rande des braunen Sumpfs stehend outen und dafür auch noch bebeifallt werden wollen!

---

219 Thomas Bärnthaler und Gabriela Herpell: „Blut! Sperma! Tränen! Drunter tu ich´s nicht" (Interview mit Franz Xaver Kroetz), in: SZ-Magazin 25/2020, S. 11-19

Nicht weniger faszinierend ist der ebenfalls in München lebende **Rainer Langhans**, seit Jahrzehnten mit dem Etikett „Ikone der 68er-Bewegung" versehen, der nicht nur das Kind mit dem Bade ausschüttet, indem er Corona als Segen für die Menschheit bezeichnet, sondern nach der Bemerkung, dass von 68 wenig übrig sei, im Zustand der Erleuchtung dekretiert, „Faschisten seien heute die Systemsprenger". Martina Scherf, die für die „Süddeutsche Zeitung" mit Langhans zu parlieren das zweifelhafte Vergnügen hatte, ist es zu verdanken, dass diese Verkündung eines offensichtlich Faschzinierten nicht ganz kommentarlos bleibt: „Gut, dass er wenigstens nicht feststellte, Faschisten seien die heutigen 68er. Dabei wollte er doch selbst einmal das System sprengen."[220] Eins noch: Habt Erbarmen mit Alt-68ern wie Rainer Langhans, denn sie wissen nicht (mehr), was sie tun! Und wenn sie es doch wissen, dann fällt mir gleich Karl Kraus zu Hitler auch zu ihnen nichts mehr ein.
Niklas Frank, dessen Vater Hans Frank Hitlers „Generalgouverneur" im besetzten Polen war, schreibt in seinem als „Wutanfall" ausgewiesenen Buch „Auf in die Diktatur!" über die erschreckenden Parallelen zwischen der heutigen und der NS-Zeit:

> „Wir trennen zwar sorgfältig Müll, aber immer weniger zwischen Demokratie und Diktatur." [221]

Roman Kwiatkowski, Präsident des Verbands der Roma in Polen, der viele Familienmitglieder in Konzentrationslagern und Ghettos verloren hat, erklärt beim Europäischen Roma-Holocaust-Gedenktag 2020 in Auschwitz:

---

220 Martina Scherf: „Liebe, Locken, langes Leben", in: Süddeutsche Zeitung vom 19. 6. 2020

221 Hans Frank: Auf in die Diktatur! – Die Auferstehung meines Nazi-Vaters in der deutschen Gesellschaft, Verlag J. H. W. Dietz Nachf. GmbH, Bonn 2020, S. 162

> „Faschismus wird zwar mit dem Krieg assoziiert, aber er kommt in Friedenszeiten an die Macht.“[222]

Wie recht die beiden Herren haben!

222 Magdalena Gwozdz-Pallokat: „Faschismus kommt in Friedenszeiten an die Macht“, https://www.msn.com/de-de/nachrichten/politik/faschismus-kommt-in-friedenszeiten-an-die-macht/ar-BB17tYbX?li=BBqg6Q9&ocid=ACERDHP17

/5./ Rinks, Lechts, was noch? oder: Ein Teil der Linken riecht den (ver)queren Braten

Viele im weitesten Sinne linke Organisationen und Personen haben den Übergang zum quer-deutschen Widerstand gegen die Corona-Politik der Bundesregierung nicht mitgemacht. Zum einen verharmlosen sie nicht die Gefährlichkeit des Corona-Virus, zum anderen lehnen sie Verschwörungsideologien ab, zum dritten weigern sie sich, Seit′ an Seit′ mit der Neuen Rechten zu marschieren.
Zu den Querfront-Verweigerern gehören die linken Parteien, die im Bundestag und in den Länderparlamenten die staatlichen Anti-Corona-Maßnahmen mitbeschlossen haben: SPD, Bündnis 90/Die Grünen, Die Linke.
Die „Taz" hat sich regelrecht auf die Querfront eingeschossen, was ihr, wie in Abschnitt „/4.1.4./" erwähnt, umgehend die Androhung einbrachte, nach deren Machtergreifung auf den Index gesetzt zu werden.
Der „Bund der Antifaschistinnen und Antifaschisten" (VVN-BdA) fordert in aller Deutlichkeit zum „Widerstand" gegen eine „Mischung aus Verschwörungsideologen, Wissenschaftsleugnern, Hooligans, Neonazis, Identitären, Evangelikalen, Impfgegnern, Esoterikern und Reichsbürgern" auf:

> Auf diesen sogenannten „Hygienedemos" werden populistische, antisemitische, rassistische und sozialdarwinistische Parolen verbreitet. Organisierte Neonazis dürfen sich eingeladen fühlen, denn mitmachen „dürfe jeder". (…) Wie bereits beim sogenannten Friedenswinter 2014 versucht die extreme Rechte eine Querfront von „ganz links nach ganz rechts" aufzubauen. (…) Die auf den „Hygienedemos" geäußerte Kritik an der vorübergehenden Einschränkung demokratischer Grundrechte dient lediglich als Feigenblatt, um antisemitische, völkische und sozialdarwinistische Verschwörungsideologien zu verbreiten.[223]

223 Florian Gutsche: „Gegen verschwörungsideologische

Weitere Antifa-Gruppen wie das antifaschistische Bündnis „Nationalismus ist keine Alternative“ (NIKA) haben zu Aktionen gegen die Querfront-Demonstrationen aufgerufen:

> Laut NIKA wehren sich die Demonstranten nur auf den ersten Blick gegen die Aufweichung von Grundrechten. Vielmehr eine sie die antisemitische Vorstellung, dass eine bestimmte Gruppe die weltweite Pandemie steuere und gezielt einsetze. Statt »Corona-Rebellen« seien sie »nützliche Handlanger für Kapital und Wirtschaftsstandort« sowie ein »Türöffner für die AfD in neue Milieus«. Kurz: Es handele sich um antimoderne Aufmärsche, die nichts mit Gesellschaftskritik zu tun hätten.[224]

Auch in „konkret“, einer linken Zeitschrift für „Politik & Kultur“, wird in mehreren Artikeln Kritik am quer-deutschen Corona-Widerstand geübt. Veronika Kracher schreibt:

> Es geht diesen Leuten aber natürlich nicht darum, die Maßnahmen des autoritären Staates zu kritisieren. In ihrem Trotz gibt sich der klassisch autoritäre Kleinbürger zu erkennen, der es besser weiß, sich nichts vorschreiben lässt und die Unfähigkeit zur Einsicht mit kritischem oder gar widerständigem Geist verwechselt. In antikommunistischer Propaganda geschult, setzen sie jede Verordnung zur Pandemiebekämpfung mit einem Schritt in Richtung sozialistische Diktatur gleich, die natürlich – da haben sie im Geschichtsunterricht gut aufgepasst – mit dem Nationalsozialismus wesensverwandt sei.[225]

Felix Klopotek analysiert klar und nüchtern die Gründe für das staatliche Handeln in den Zeiten der Corona-Pandemie:

Massenversammlungen“, https://vvn-bda.de/

224 https://www.neues-deutschland.de/artikel/1136673.hygienedemos-antifa-protest-gegen-coronaleugner.html

225 Veronika Kracher: „`Lasst den Markt in Frieden!´“, in: konkret – Zeitschrift für Politik & Kultur, Nr. 4 /2020, S. 21

> Von Anfang an wurde von staatlicher Seite der Lockdown ins Verhältnis zum kapitalistischen Geschäftsgang gesetzt. Dabei ging es nicht um Schäden, die bestimmte Branchen betreffen und die in Kauf genommen wurden, sondern um die Sicherungen der Voraussetzungen dieses Geschäftsgangs. Zu diesen Voraussetzungen gehört an erster Stelle die Konstitution einer Bevölkerung, die produktiv einsetzbar ist. (...) Der Staat sorgt dafür, dass sich die Kapitalinteressen überhaupt artikulieren und entfalten können. Dadurch steht er abseits der Konkurrenz der Einzelkapitale, mehr noch: Er kann sie, im höheren Interesse des allgemeinen Kapitals, regulieren, gar abwürgen.[226]

Einen Sonderfall bildet die Zeitschrift „Gegenstandpunkt", die in einem Dutzend Artikeln[227] verschiedenen Aspekten der Politik in den Zeiten der Corona-Pandemie zu Leibe zu rücken versucht und zu durchaus treffenden Einsichten über die Gründe für den staatlichen Beschluss zum Lockdown und die Beschaffenheit des Widerstands dagegen gelangt. Warum und wie an und für sich kreuzbrave Bürger nach dem Lockdown zu aufsässigen Polit-Querulanten werden, indem sie ihr Interesse, im Rahmen der staatlich-ökonomischen Vorgegebenheiten ein Aus- und Einkommen zu finden, zum „Leitfaden" ihres Räsonnierens machen, wird in einem dieser Artikel so erklärt:

> Dieser [der Leitfaden; Anm. R. A.] wächst sich bei ihnen dazu aus, ausgerechnet eine Politik, die im Interesse des weiteren reibungslosen Funktionierens des gesellschaftlichen Lebens für seinen kapitalistischen Zweck die zeitweilige Suspendierung seines gewohnten Gangs verfügt, dem Verdacht zu unterziehen, insgeheim die Abschaffung der bürgerlich-freiheitlich-kapitalistischen Grundordnung zu betreiben. Das ist kein Fall von Bewusstseinstrübung oder sonst eine Form geistiger Unzurech-

226 Felix Klopotek: „System Reset – Über das Verdämmern linker Kapitalismuskritik in der Corona-Krise", in: konkret – Zeitschrift für Politik & Kultur, Nr. 8 /2020, S. 32

227 Nachzulesen unter: https://de.gegenstandpunkt.com/

> nungsfähigkeit, sondern die konsequente gedankliche Zuspitzung der Enttäuschung von Leuten, die es nicht fassen können, von den Regierenden um ihren ganzen bürgerlichen Lebensinhalt gebracht zu werden: Anstatt ihnen zu ermöglichen, sich in freier Selbstverantwortung um ihren Erfolg zu kümmern, was nach ihrer Auffassung doch vornehmste Pflicht einer Regierung ist, wird ihnen von Merkel & Co eben das verwehrt! Weil sie dies für ein Ding der Unmöglichkeit halten, für sie nicht wahr sein kann, was ihnen missfällt, bestreiten sie den Regierenden jeden sachlichen Grund ihrer Entscheidungen und stellen den politischen Zweck kurzerhand komplett in Abrede, dessen Folgen ihnen nicht passen. Was dann von der Politik übrig bleibt, sind die Deutungen dieser Folgen im Wege ihrer Zurückführung auf den wahren Zweck, um den es der Regierung geht: um nichts anderes als Freiheitsberaubung und Entmündigung ihrer Bürger.[228]

Für das Ansinnen, die „sachlichen Gründe“ staatlichen Handelns in der Corona-Pandemie nüchtern zu analysieren, handelte sich der „Gegenstandpunkt“ prompt den Vorwurf ein, Verständnis für diese Maßnahmen an den Tag zu legen, wie in einem Postskriptum zu dem eben zitierten Text dargelegt wird:

> In der Zwischenzeit erreichen uns Zuschriften, die sich daran stören, dass wir ein Moment von Vernunft in der Pandemie-Politik entdecken, weil diese sich ausnahmsweise nach wissenschaftlichen Erkenntnissen richtet, statt sie nur zur Rechtfertigung ihrer Maßnahmen zu zitieren. Unsere Kritik daran, welchen Zwecken dieses Kümmern um die Volksgesundheit dient, interessiert die Schreiber nicht; ebenso wenig unser Nachweis, dass und wie der schöne Schein wissenschaftlicher Vernunft in der

228 „Pandemie IX: Von der Pandemie zum Pandämonium des Bösen. Die Bürger und ihre ultimative Wahrheitsfrage – wer ist schuld an der ganzen Misere?!“, in: Gegenstandpunkt 2/2020 (Vorabdruck unter: https://de.gegenstandpunkt.com/artikel/wer-ist-schuld-an-corona)

> demokratischen Konkurrenz Verwendung findet. Wir werden vielmehr aufgefordert, die Wissenschaft zu kritisieren, auf die so gut wie alle Staaten sich bei ihren wirtschaftsschädigenden Eingriffen ins Gesellschaftsleben beziehen.[229]

Die Autoren des „Gegenstandpunkt" wenden sich unter anderem mit den folgenden Ausführungen gegen diese Sichtweise:

> Es ist eine fatale Thema-Verfehlung, die nicht bloß in den Zuschriften an unsere Adresse stattfindet: Sobald die Standortpolitik einer bürgerlichen Staatsgewalt zu Maßnahmen greift – zu greifen sich genötigt sieht –, die wie ein Abstandnehmen von den Imperativen systemgemäßer Standortverwaltung wirken oder auch nur so aussehen, dann wird ein Volksgemurmel laut – ermuntert durch einschlägig engagierte Wirtschaftslobbys und politische Parteien –, das nicht den Zwecken der Politik, sondern der Wissenschaft eine Absage erteilt.[230]

Die Gruppe „Gegenstandpunkt" und einige andere Gruppierungen wie „exit!" und „krisis" stellen innerhalb des links-politischen Spektrums der Bundesrepublik eine eigene Sparte dar, weil sie Fundamentalkritik an warenproduzierender Gesellschaft und bürgerlichem Staat betreiben, während das Gros der sich als links verstehenden Kräfte angebliche systemische Fehlstellungen korrigieren und sich selbst als die dafür in Frage kommenden Akteure ins Spiel und *in* den vorhandenen Strukturen an die Macht bringen möchte. Ihnen allen gemeinsam wiederum ist, dass sie sich als *politisch* denkende und handelnde Subjekte verstehen.

Ich dagegen empfehle im nächsten Abschnitt dieser Schrift, sich – nicht nur in den Zeiten der Corona-Pandemie – von allen Spielarten linker Politik und von Politik

229 Ebd.
230 Ebd.

überhaupt abzuwenden und nach einem *nicht-politischen* Weg hinaus aus dem unheilvollen Koordinatensystem von Nation, Volk, Staat, Kapitalismus und auch Religion zu suchen.

/6./ Gesang in der Wüste oder: Von der Kunst des Von-der-Scheibe-Wegfliegens

Eingangs dieser Untersuchung schrieb ich, dass ich mich zwar mit politischen Themen befassen, mich selbst aber keiner politischen Denkweise befleißigen würde. Nun, da ich mein Vorhaben, die linke, quere und rechte Politik in den Zeiten der Corona-Pandemie zu analysieren, zum Abschluss gebracht habe, fühle ich mich mehr denn je in diesem Standpunkt bestätigt. Es gibt keine politische Kraft oder Strömung, die auf den vorhergehenden einhundertachtundsiebzig Seiten ihren Auftritt hatte, mit der ich mich anfreunden könnte. Mehr denn je fühle ich mich veranlasst, von *jeder* Art von politischem Denken und politischem Handeln die Finger zu lassen. Ich will nicht verhehlen, dass mir die sechs Monate Arbeit und die Unmengen von politischer Literatur, durch die ich mich hindurchfressen musste, so manche Stunde flauen Gefühls im Magen eingebracht haben. Es macht mich wütend zu sehen, wie das Leid, das die real existierenden politischen, sozialen und ökonomischen Verhältnisse unendlich vielen Menschen einbrocken, durch neues Leid ersetzt würde, wenn andere politische Kräfte an die Macht kämen. Weltweit ist das Denken der Menschen auf eine ganz grundsätzliche Art politisch verpestet.

Auch ich bin als Kind und als Jugendlicher politisiert worden. Auch ich habe mich politisiert. Schule, Elternhaus, Wissenschaft und Öffentlichkeit haben ihre verdammte Pflicht und Schuldigkeit getan und mir ebenso wie allen anderen Heranwachsenden vor mir, mit mir und nach mir eingebläut, dass es seine Richtigkeit habe, wenn der Mensch von Geburt an Teil einer Nation, eines Volkes und eines Staates sei. Geld und das Bestreben, es auf kleiner oder großer Stufenleiter zu verdienen und zu vermehren, sei so natürlich, unhinterfragbar und unaufhebbar wie Essen und Trinken. Alle Unzufriedenheit mit und alle Kritik an den vorgefundenen Verhältnissen könne nicht anders denn in politischer Form vorgebracht werden, zumindest dann nicht, wenn sie wirkmächtig werden solle. Im Religionsunterricht erfuhr ich, dass jeder Mensch von Haus aus ein Sünder sowie ein Untertan des alles sehenden Christengottes ist. Am Ende meiner Schulzeit, als die sozialdemokratisch-liberale Bildungsreform zu greifen beziehungsweise nach mir zu greifen begann, ermahnte man mich, kritikfähig und emanzipiert zu sein statt autoritätshörig und jasagerisch, da ich nur so meine Interessen in der Gesellschaft artikulieren und idealerweise umsetzen sowie darüber auch das Wohl von Staat, Wirtschaft und Gesellschaft befördern könne. Das oberste Gebot sei, ein guter Demokrat zu werden, denn die Demokratie sei die beste vorstellbare Staatsform. Alles in allem: Indoktrination pur, was auch sonst? Ein staatliches Bildungssystem ist schließlich keine Wünsch-dir-was-Veranstaltung!

Mit diesem Gedankenkorsett im jungen Hirn sah ich mich in der Welt um und entdeckte vieles, was ich nicht hinnehmen und wovon ich die Welt befreit sehen wollte. Die USA führten Krieg in Vietnam. In Afrika und anderen Kontinenten gab es Hunger und Armut. Auch in Deutschland konnte man soziale Klassen unterscheiden. Viele Jahre lang führte ich auch einen erbitterten Kampf für die Befreiung von den moralischen Fesseln, die mir Familie und Schule angelegt hatten. Ich durfte und sollte nicht sein, wie ich wollte. Diesen für alle Beteiligten leidvollen Kampf habe ich gewonnen.

Bei allen Kämpfen jedoch, die sich gegen in meinen Augen unerträgliche Zustände draußen in der Welt richteten, erging es mir wie einer Fliege, die unentwegt gegen eine Fensterscheibe fliegt, die sie auf furchtbare Weise vom wahren Leben trennt. Wieder und wieder und wieder und wieder.

Mit dem Glauben an den einen Gott war ich schon vor dem 18. Lebensjahr fertig geworden.[231] Der Glaube an Nation, Staat, Volk und den Segen politischen Handelns dagegen begleitete mich noch lange Zeit.

Ich aber beschloss, Politiker zu werden. Ich aber beschloß, Politiker zu werden. Welcher der beiden Sätze stammt von Hitler, welcher von mir? Das „ß" verrät es. Der zweite Satz ist hitlersch, der erste Satz ist Eigengewächs. Hitler, so behauptet er in „Mein Kampf", habe diesen Beschluss gefasst, weil er nach der Niederlage Deutschlands im Ersten Weltkrieg und nach der Novemberrevolution in einer internationalen Verschwörung der Juden die Schuldigen am Desaster ausfindig gemacht zu haben glaubte und durch die Reinigung des deutschen Volkes von diesen Volksfeinden Deutschland zu alter und neuer Größe zurückführen wollte. Ob ich von meiner Politikerwerdung Abstand genommen hätte, wenn ich damals schon von diesem Hitlerschen Diktum gewusst hätte? Ich glaube nicht, ich wollte ja rechte, schlechte und menschenverachtende Politik durch linke, gute und menschenfreundliche Politik ersetzen. Ich wurde Mitglied der SPD beziehungsweise ihrer Jugendorganisation, der Jungsozialisten. *Rrrumms, gegen die Scheibe!*

Wer Politik machen will, wird zum Bückling, darf sich das aber nicht anmerken lassen. Brust raus und leiser

231 Siehe hierzu meine Kurzgeschichte über die befreiende „Erleuchtung", die ich am Ende der Passauer Gymnasialzeit hatte: „Erinnerungen an Erich", in: Am Erker – Zeitschrift für Literatur, 41. Jahrgang 2017, Nr. 75, S. 9-10. Zu den Seelennöten eines bis zum Scheitel im Glaubensmorast versunkenen jungen Menschen, wie ich es war, empfehle ich meine Geschichte „Der Holzweg hinter dem Schnauferlwirt" in: Passauer Pegasus – Zeitschrift für Literatur, Heft 50, Passau 2015, S. 231-238.

träumen! In der Partei hochdienen! Realistisch werden, man ist nicht allein auf dieser Welt! Was ist machbar? Was ist illusorisch? Die Wirtschaft nicht kaputtpolitisieren, sondern fördern! Immer an das große Ganze denken, das Gemeinwohl! Deutschland, Deutschland über alles, das nicht gerade, aber alles und alle für Deutschland, das schon! Militär? Braucht man halt auch für deutsche Interessen – und die enden nicht an Rhein und Oder, oder? Ein deutscher Politiker hat sich für das deutsche Volk und nicht für die sieben Milliarden anderen Menschen auf dieser Welt starkzumachen. So ist das nun mal. Zum Ausgleich darf man als Juso schon mal die „Internationale“ singen.

Kurz und gut: Ich erkannte, dass mit der SPD keine herrschaftsfreie und klassenlose Welt ohne Armut und Krieg zu haben war. Ich schloss mich nach Beginn meines Studiums in München dem Kommunistischen Studentenverband (KSV) an, der Studentenorganisation der als einer der vielen Nachwehen der Studentenbewegung gegründeten Kommunistischen Partei Deutschlands (KPD). Nach der Revolution und der Abschaffung des bürgerlichen Staates sowie der kapitalistischen Produktionsweise sollte ein sozialistisches Deutschland aufgebaut werden. Endziel Kommunismus, abgestorbener Staat. *Rrrumms, gegen die Scheibe!*

Wieder ein Deutschland! Wieder eine Partei! Wieder Parteisoldat sein! Eiserne Disziplin! Vor der Revolution „Dem Volke Dienen“ (Das war der Name der KSV-Zeitung!), nach der Revolution dem Volke beibringen, dass es dem sozialistischen Staat zu dienen habe. Im eigenen Interesse natürlich! Vor der Revolution mit Agitation und Propaganda an das Volk hinochsen, nach der Revolution ebenso, aber dann unterfüttert mit der Gewalt eines „guten“ Staates. Selbst zum Machtausübenden werden. Gewalttätiges Rädchen in einem gewalttätigen Getriebe sein.

Kurz und gut: Ich erkannte, dass kommunistische Politik mit dem Ziel der Machtergreifung und der Errichtung eines sozialistischen Staates lediglich eine gewendete und radikalisierte Form stinknormaler demokratischer Politik ist. Nach einem zweijährigen Klärungsprozess schloss ich mich der „Marxistischen Gruppe“ (MG, nachmalig „Gegenstandpunkt“) an. Diese Organisation wollte und will jeden Staat abschaffen, dito die kapitalistische Produktionsweise. Sie hat respektable „Resultate“ ihrer theoretischen Arbeit vorzuweisen, weshalb ich sie in dieser Untersuchung auch einige Male zitieren konnte. Fatalerweise aber hat sie entsprechend der Marxschen Theorie in der „Arbeiterklasse“ eine revolutionäre Kraft entdeckt, die Staat und Kapitalismus aufgrund ihrer Stellung im Produktionsprozess aushebeln und überwinden können soll. *Rrrumms, gegen die Scheibe!*

Wieder das Einwirkenwollen auf die Köpfe wildfremder Menschen! Der Arbeiterklasse muss das richtige Bewusstsein über den Kapitalismus beigebracht werden! Die Folge: Grassierende Überheblichkeiten bei vielen Organisationsmitgliedern. Nach und nach zähflüssiges Denken, weil das zu vermittelnde Wissen kanonisiert wird. Dazu der Widersinn, Menschen, die man als „Arbeiter“ anspricht, durch das Erkennen der „richtigen“ Arbeiterinteressen dazu bringen zu wollen, mittels einer Revolution ihre Existenz als Lohnarbeiter aufzuheben. Konsequenterweise haben die „Marxistische Gruppe“ respektive der „Gegenstandpunkt“ ihre zu revolutionierende Zielgruppe in drei Daseinsformen aufgespalten: a) die *theoretisch konzipierte* Arbeiterklasse, die durch Klassenkampf und Revolution Staat und Kapitalismus aufheben können soll – b) die in soziologischer Manier zur Arbeiterklasse zusammengefassten *realen Menschen*, die erst noch mit dem „richtigen“ Bewusstsein ausgestattet werden müssen – c) die Menschen, die sich trotz ihrer Zugehörigkeit zur

„Arbeiterklasse“ und trotz unablässigen Beknietwerdens durch eine Organisation, die es ja bloß gut mit ihnen meint, einfach nicht belehren lassen und deshalb *Proleten* genannt werden.[232] Nach einer Revolution müsste der „Gegenstandpunkt“ zum „Standpunkt“ werden und die Arbeiterschaft und allerhand anderes „Volk“ – wiederum arbeiten lassen![233]

Kurz und gut: Das war es auch wieder nicht. Das war es alles nicht. Der seit jeher mitgeschleppte gedankliche Ballast hatte alles verseucht und versaut. Zum Verzweifeln! Zumal die Welt nicht stehengeblieben war! Kriege, wohin man schaute! Afghanistan, Falkland-Inseln, Iran, Irak, Irak, Irak, Grenada, Jemen, Syrien ... Galoppierende Zerstörung der Natur. Kasino-Kapitalismus. Aufrüstung. Ausbeutung. Tschernobyl. Frauenfeindlichkeit. Rassismus. Kinderarbeit. Eine Liste ohne Ende. Das alles verschwindet ja nicht dadurch, dass man selbst seine eigenen Weltverbesserungspläne aufgrund der ihnen von allem Anfang an innewohnenden Denkfehler ad acta legt! Ich empfinde heute noch das gleiche Entsetzen angesichts dessen, was Staatenwelt und Kapitalismus in und mit der Welt anrichten und wie sich Menschen aufführen und was Menschen anderen Menschen antun, wie als Zwanzigjähriger, und ich denke und fühle ebenso wie damals: So, wie es ist, so darf es nicht bleiben!

Ein Wort an alle jene, die den Kopf schütteln und tönen und dröhnen, wie um Himmels willen man denn über-

---

232 Idealtypisch ausgearbeitet ist diese dreizüngige Sichtweise von MG und „Gegenstandpunkt“ in folgender Schrift: Peter Decker / Konrad Hecker: Das Proletariat, München 2002.

233 Eine detaillierte Kritik der MG/GSP-Politik und überhaupt des Arbeiterbewegungsmarxismus bietet Wolfram Auerbach: Diesseits von Gut und Böse – Theorie und Moral der „Marxistischen Gruppe“ (MG) und der Zeitschrift „Gegenstandpunkt“, Hannover 1996.

haupt habe auf die Idee kommen können, ein wie auch immer geartetes sozialistisches Projekt zu verfolgen: Liebe Leute, ich habe ebenso wie viele andere wenigstens *versucht,* ins Freie zu kommen! Gescheitert bin ich an der Panzerglasscheibe von gedanklichen Axiomen, die mir genauso wie euch ins Hirn gepflanzt worden waren und derer mich zu entledigen mir ewige Zeiten nicht in den Sinn gekommen ist. Ihr dagegen habt schon immer an der Scheibe geklebt, ihr seid *nie* geflogen! Ihr nehmt die Welt hin, wie sie ist! Allenfalls kommen euch Parolen wie „Friiiiieden!", „Grüüüne Wirtschaft!" und „Gereeechtigkeit!" über die Lippen. Ihr geht keiner Sache auf den Grund. Ihr seid selbst der Grund. Ihr klebt an der Scheibe. Eure Welt ist eine Scheibenwelt. All in all you're just another brick in the wall!

Man muss lernen können und den Mumm haben, sich von eigenen, lieb und teuer gewordenen Denkmustern zu verabschieden. Auch die meisten Linken haben das im Laufe ihres Politlebens verlernt. Sie kleben an ihrem Linkssein wie der Rotz an der Backe.

Denn alles Linkssein, es ist wie Gras, das abgeschnitten gehört!

Linkssein, zumal in der Form einer Partei, bedeutet, *Teil eines politischen Systems* zu sein und sein zu *wollen.* Es bedeutet, mit Politikern aller Schattierungen *in einem Boot* zu sitzen. Im Boot der Politik. Im Boot der Nation. Im Boot des Staates.[234] Linkssein bedeutet, in Konkurrenz zum Rechtssein zu treten. Es bedeutet, um die Macht im gegebenen oder einem zukünftigen Staat zu kämpfen. Es bedeutet, Menschen als Kümmermasse, als Manövrier-

---

234 Sitzverteilung im 19. Deutschen Bundestag (Stand 2017): CDU/CSU – 246; SPD – 152; AfD – 89; FDP – 80; DIE LINKE – 69; Bündnis 90 / Die Grünen – 67; fraktionslos – 6.

masse, als Beherrschungsmasse zu betrachten. Linkssein bedeutet, im Herrschaftsmodus zu denken. Linkssein führt zu nichts Anderem als einer Frischzellenkur für Staat, Wirtschaft und Gesellschaft, auf dass mit neuem Elan revolutionäre Gesellschaftsmodulierungsmodi, revolutionäre Geldvermehrungsmethoden und revolutionäre individuelle Selbstdarstellungstechniken ausgeheckt werden können. Denn vom Lipgloss bis zum Shaver und von der E-Zigarette bis zum E-Bike – heute ist *alles* „Revolution!“[235] Wo sind sie denn gelandet, all die Bewegten von ehedem? Im Staatsapparat! In der Wirtschaft! Im bürgerlichen Kulturbetrieb! Sehr viele in den oberen Etagen![236] Linkssein bestärkt die Menschen in ihrer Staats- und

---

235 Im siebten Monat der Corona-Pandemie startete die Firma „glo“ eine Werbe-Kampagne für ein Rauchgerät, in dem Tabak nicht verbrannt, sondern verdampft wird. Soll gesünder sein. Der zentrale Werbespruch lautet: „TABAK & KLICK & FRESH & more“. Ich möchte wetten, dass dieses Schwerverbrechen an Geist und Sprache in einer von einem Alt-Achtundsechziger gegründeten Werbe-Agentur begangen wurde!

236 In seinem Buch über die Geschichte der radikalen Linken in den siebziger Jahren präsentiert Gunnar Hinck eine eindrucksvolle Liste von zu Parlamentsmitgliedern und zum Teil sogar Ministern gewordenen ehemaligen „Marxisten, Marxisten-Leninisten, Maoisten und linksradikale[n] Straßenschläger[n]“: „Zu nennen wären Gesundheitsministerin Ulla Schmidt (Kommunistischer Bund Westdeutschland – KBW), Arbeitsminister und SPD-Generalsekretär Olaf Scholz (Stamokap-Juso), Staatssekretär und SPD-Funktionär Matthias Machnig (Mitglied im Sozialistischen Hochschulbund – SHB – und Stamokap-Juso, SPD-Funktionär Klaus Uwe Benneter (Stamokap-Juso), Grünen-Co-Fraktionschefin Krista Sager (KBW), Joschka Fischer („Revolutionärer Kampf“), Tom Koenigs („Revolutionärer Kampf“ – RK), Grünen-Fraktionschefin Kerstin Müller (Trotzkistin), Gesundheitsministerin Andrea Fischer (Trotzkistin), der grüne Außenpolitiker Winfried Nachtwei (KBW), Umweltminister Jürgen Trittin (Kommunistischer Bund – KB), die beiden Grünen-Vorsitzenden Reinhard Bütikofer (KBW) und Angelika Beer(KB).“ (Gunnar Hinck: Wir waren wie Maschinen – Die bundesdeutsche Linke der siebziger Jahre, a. a. O., S. 418)

Nationengläubigkeit. Linkssein strickt mit an der verheerenden Scheidung der Menschen in ein „Wir" (Deutsche, Franzosen, Japaner, etc.) und alle „Anderen". Da hilft auch die von den Linken so gerne beschworene „internationale Solidarität" nichts. Denn Internationalismus und Völkerfreundschaft unterstellen nichts anderes als eine Aneinanderreihung von separaten Nationen und Völkern mit ihren jeweiligen Nationalismen. Wehe, wenn sie losgelassen! Siehe die Kriege nach dem Zerfall Jugoslawiens. Und im Krieg, da kennen auch Linke nur noch eins: Das Vaterland! Dann werden die Reihen fest geschlossen. Die SPD billigte 1914 die Kriegskredite, der ach so aufmüpfige „Simplicissimus" entpuppte und entpupste, nein, entfurzte sich als glühende Franzosenhasser-Postille, satirisch natürlich, satirisch! Linkssein legt *nicht* die Axt an die Wurzeln von Nationalsozialismus und Faschismus. Linkssein *teilt* das Deutschtum mit dem Rechtssein. Linkssein bedeutet, sofern man nicht *ab ovo* Karrierist war, sukzessive seine Träume von einer herrschaftsfreien Welt aufzugeben und schließlich das Gegenteil von dem, was man früher vertrat, im Schild zu führen![237]

Gerd Koenens großartiges Buch „Die Farbe Rot – Ursprünge und Geschichte des Kommunismus"[238] bietet eine schier endlose Folge von in aller Regel gut gemeinten

---

237 Wiederum Gunnar Hinck: „Die Bundesregierung von SPD und Grünen, die von 1998 bis 2005 im Amt war, hat durch diverse Gesetze das marktradikale Denken in die Praxis umgesetzt. Dazu gehören unter anderem der Verkauf von Anteilen ehemaliger Staatsunternehmen, Gesetze zur Deregulierung der Finanzmärkte, Lockerung des Arbeitsrechts, Liberalisierung des Gesundheitswesens, schließlich die Hartz-Gesetze. Es fällt auf, dass eine Regierung, die die Grundlagen der Sozial- und Wirtschaftspolitik am stärksten in Richtung des Marktprinzips verschoben hat, diejenige in der Geschichte der Bundesrepublik ist, in der der Anteil ehemaliger Marxisten am höchsten war." (Ebd., S. 417)

238 Gerd Koenen: Die Farbe Rot – Ursprünge und Geschichte des Kommunismus, München 2017

Versuchen, das politisch und ökonomisch bedingte Leid dieser Welt zu beseitigen, und eine ebenso lange Reihe des Scheiterns bis hin zur Pervertierung zur schlimmsten Terrorherrschaft. Es bietet auch einen Überblick über die allgemeine Geschichte der Menschheit mit all ihren Ausprägungen des Machtstrebens, der Unterdrückung, des Ausbeutens von Mensch und Natur, der Vernichtung von Feinden. Für mich gibt es aus der Lektüre dieses Werkes nur zwei Schlüsse: Die Geschichte der Menschheit muss beendet werden – und die Geschichte des Rumsens gegen die Scheibe muss ein Ende haben! Raus aus der Politik! Raus auch aus linker, alternativer, gutmeinender Politik! Raus aus der Nation! Raus aus dem Staat! Raus aus der Produktion von abstraktem Reichtum! Raus aus der Religion! Raus aus dem Greifen nach der Macht!

Wie anscheinend unausrottbar der Glaube an die segensreichen Wirkungen von „Politik“ ist, zeigt, mitten in den Zeiten der Corona-Pandemie geschrieben, ein Satz aus einem Leitartikel von Hubert Wetzel in der „Süddeutschen Zeitung“ anlässlich des 75. Jahrestages des Abwurfs der „Little Boy“ genannten amerikanischen Atombombe über der japanischen Stadt Hiroshima:

> Und es gehört bis heute zu den bemerkenswertesten Leistungen der Politik, dass ein zweites Hiroshima, ein zweites Nagasaki seitdem verhindert worden ist.[239]

Wenn ich so etwas lese, könnte ich heulen vor Entsetzen und Wut. Eine der „bemerkenswertesten Leistungen der Politik“ in der gesamten Weltgeschichte war, *dass* zwei Atombomben über einem Land abgeworfen wurden, verdammt nochmal! Der Ertrag dieser „Leistung“: Hunderttausende von Toten und Verletzten in Sekunden! Die

239 Hubert Wetzel: „Hiroshima und Nagasaki – Der Schrecken bleibt“, in: Süddeutsche Zeitung vom 6. 8. 2020, S. 4

gleiche „Politik", die den Beschluss fasste, diese entsetzliche „Leistung" zu vollbringen, wird von einem unzurechnungsfähigen, da politik-besessenen SZ-Skribenten dafür gelobt, dass sie nicht noch öfter auf den Knopf gedrückt hat! Es ist die Politik, es sind Staaten, die sich diese Gewaltmittel zulegen, um ihre Interessen gegen konkurrierende Politiken und gegen konkurrierende Staaten durchzusetzen und ihnen den eigenen Willen aufzuzwingen. Jeder Staat verfolgt das Ziel, sich entsprechend seiner letzten Endes aus der Ertragsfähigkeit seiner Ökonomie und Gesellschaft herrührenden finanziellen und technischen Potenz ein Optimum an Vernichtungskraft zuzulegen! Im Frieden dienen Waffen als Erpressungsmittel, im Krieg werden sie eingesetzt.

Hier noch einige Anregungen für Herrn Wetzel: Es gehört bis heute zu den bemerkenswertesten Leistungen der Politik, dass bislang nur zwei Weltkriege stattgefunden haben! Es gehört bis heute zu den bemerkenswertesten Leistungen der Politik, dass es bislang nur einen Holocaust gegeben hat! Es gehört bis heute zu den bemerkenswertesten Leistungen der Politik, dass noch nicht der gesamte Regenwald in Brasilien in Soja-Felder umgewandelt worden ist! Es ist einfach zum Kotzen.

In gleicher Weise daneben wie SZ-Autor Wetzel liegt Mary Wareham von der für die Wahrung der Menschenrechte eintretenden Organisation *Human Rights Watch*, wenn sie angesichts der weltweiten Entwicklung neuer Waffensysteme mahnt, auf „existenzielle Bedrohungen der Menschheit wie Killerroboter zu reagieren."[240] Man würde jeden für verrückt erklären, der das Messer, mit dem ein Mensch getötet wurde, als „existenzielle Bedro-

240 Francesca Polistina: „Warnung vor den autonomen Killern – Human Rights Watch berichtet über neue Waffensysteme", in: Süddeutsche Zeitung vom 11. 8. 2020

hung" bezeichnet, den Mörder aber auffordert, doch bitteschön in Zukunft einen zivilisierten Gebrauch von dem Mordwerkzeug zu machen. Wenn man jedoch durch eine politische Brille sieht, geht das alles durch und ist druckreif und wird millionenfach goutiert. Das Problem sind in dieser Sichtweise nicht die Staaten, ohne deren Interessen und Beschlusslagen keine einzige Waffe produziert würde, sondern die Waffen selbst, deren menschenfreundliche Handhabung in völliger Verdrehung der Tatsachen ausgerechnet den Auftraggebern anempfohlen wird.

Ein weiteres trauriges Beispiel für die politische Verblendung von mitunter auch grundsympathischen Menschen ist, ebenfalls in der „Süddeutschen Zeitung", einem Interview mit John Burl Smith[241] zu entnehmen, der schon in den sechziger Jahren für „die Rechte der Schwarzen in den USA" kämpfte und ein Buch über 400 Jahre afroamerikanischen Widerstand geschrieben hat. Er stellt in dem Gespräch in dankenswerter Klarheit fest: „Bis heute beruht unser kapitalistisches System auf der Ausbeutung schwarzer Menschen." Eigentlich sollte man erwarten, dass Smith konsequenterweise dazu aufruft, diesem kapitalistischen System und dem Staat, der es per Recht und Gesetz absichert, die Gefolgschaft zu entziehen, aber nein, auf die Frage des Reporters, ob er als Black-Power-Veteran einen Ratschlag für die jungen Leute habe, die heute für „Black Lives Matter" auf die Straße gingen, antwortet er: „Sie sollten ihren Protest in Politik ummünzen. (...) Wenn sie es schaffen, so viele Stimmen in die Urnen zu bekommen, wie sie Menschen auf der Straße mobilisieren, dann werden die Politiker ihnen zwangsläufig zuhören." *Rrrumms, gegen die Scheibe!* Einen lächerlichen Wahlzettel abgeben! Gehört werden wollen! Ojeoje. Es ist ein Jammer.

241 Jonathan Fischer (Interview mit John Burl Smith): „Die Diebe sind immer noch frei", in: Süddeutsche Zeitung vom 15. 7. 2020

Und so rumsen sie alle gegen die Scheibe, alle! alle! alle! In einem wahren politischen Hexentanz lavieren und winden sich Soziologen, Politiker, Politologen, Journalisten, Influencer, Stammtischbrüder & Konsorten durch das gordische Gespinst aus Nation, Volk, Staat, Marktwirtschaft und Demokratie, gewichten mal hier mehr, mal dort weniger, weisen mal das in die Schranken, mal jenes, legen den mahnenden Finger mal auf jene, mal auf diese Wunde, aber nie! nie! nie! kündigen sie der Totalität der real existierenden Herrschaftsverhältnisse ihre Gefolgschaft auf. Bitte auf die Bühne kommen!

Didier Eribon: „*Das ist also die Aufgabe, vor der kritische Intellektuelle und soziale Bewegungen stehen: (...) Theorien und Sichtweisen, die neue Perspektiven erschließen und der Linken einen Weg in die Zukunft weisen, in der sie ihren Namen verdient.*“[242] – Bis aus diesem Labyrinth endlich eine schon vor der Geburt steinalt gewordene neue Linke herauskriecht, sind die Zukunft sprich der Kapitalismus und der bürgerliche Staat schon längst weitergezogen! – **Giorgio Agamben:** „*Wenn wir heute Zeugen einer überwältigenden Vorherrschaft von Regierung und Ökonomie über eine sukzessive entleerte Volkssouveränität werden (...)*“[243] – Das waren noch Zeiten, als das Volk in seiner ganzen Herrlichkeit beispielsweise in der Zeit des italienischen Faschismus dem Duce und der norditalienischen Automobilindustrie nach Gusto Anweisungen erteilen konnte! – **Norberto Bobbio:** „*(...) sich darüber klar zu*

242 Didier Eribon: Rückkehr nach Reims, Berlin 2016, S.146 f.

243 Giorgio Agamben: „Einleitende Bemerkung zum Begriff der Demokratie“, in: Giorgio Agamben et al.: Demokratie? – Eine Debatte, Berlin 2012, 3. Aufl. 2016, S. 11. [Soll man enttäuscht sein, dass Agamben, der das anregende Buch „Homo sacer“ geschrieben hat, als einer der Herausgeber des „Demokratischen Widerstands“ fungiert und damit ein nationalautoritäres Revolutionsprojekt unterstützt? Wie das Zitat zeigt, ist er wie jeder, der sich den Kampf für die Souveränität eines Volkes auf die Fahne schreibt, nicht vor verhängnisvollen politischen Kurzschlüssen gefeit.]

werden, dass die Linke ihren Weg nicht nur nicht zu Ende gegangen ist, sondern ihn überhaupt erst beginnt.“[244] – Um Himmels willen! Das heißt nochmal 150 Jahre warten, bis die dereinstige Linke wiederum feststellen kann, dass sie ihren Weg nicht nur nicht zu Ende gegangen ist, sondern ihn überhaupt erst beginnen wird. – **Nick Bostrom:** *„Ist allerdings eine effektive Global Governance gegeben, liegt die Lösung auf der Hand: Man verbietet einfach allen Staaten, die [moderne und militärisch nutzbare; Anm. R. A.] Technologie destruktiv einzusetzen.*“[245] – Dass man da nicht schon 5000 Jahre früher draufgekommen ist! Dann wäre die Menschheitsgeschichte ein einziges Zuckerschlecken gewesen statt eines Blutbads. – **Axel Honneth zum Ersten:** *„(…) eine Wiederbelebung der sozialistischen Tradition besteht darin, die von Marx vorgenommene Ineinssetzung von Marktwirtschaft und Kapitalismus wieder rückgängig zu machen, um dadurch Freiräume für den Entwurf alternativer Verwendungsweisen des Marktes zu gewinnen.*“[246] – Vielleicht lassen sich durch die Wiederrückgängigmachung besagter Marxscher Ineinssetzung sogar Freiräume für den Entwurf alternativer Verwendungsweisen des Kapitalismus gewinnen? – **Philip Manow:** *„Denn den citizen gäbe es ja ohne Staat gar nicht, der Staatsbürger ist aber jeweils Bürger eines spezifischen Staates.*“[247] – Und weil das nun mal so ist, deshalb ist es so und hat es auch so zu sein! – **Ernst-Wolfgang Böckenförde:** *„Staat als politische Einheit bedeutet von diesem Begriff des Politischen her, dass der Staat eine in sich befriedete Einheit und eben deswegen die*

---

244 Norberto Bobbio: Rechts und Links – Gründe und Bedeutungen einer politischen Unterscheidung, Berlin 1994, 4. Aufl. 2006, S. 90

245 Nick Bostrom: Die verwundbare Welt – Eine Hypothese, Berlin 2020, S. 68

246 Axel Honneth: Die Idee des Sozialismus – Versuch einer Aktualisierung (Erweiterte Ausgabe), a. a. O., S. 94

247 Philip Manow, (Ent-)Demokratisierung der Demokratie, Berlin 2020, S. 161

das Politische umgreifende politische Einheit ist.“[248] – Vong dem Böckenförde seim Gedankengang her kannsdu auch sagen, Alder, dass dem Staat eine Einheit is, wo eine Einheit is, wo eine Einheit is, umd alls ächt krass boliddisch, leck mich fett! – **Hannah Arendt:** *„(…) die Politik hat mit Menschen im Plural und nicht mit einem Menschengeschlecht oder dem Menschen überhaupt zu tun, und diese Menschen sind Bürger vieler Nationen und Erben vieler Vergangenheiten.“*[249] – Sorry, ihr Menschengeschlecht-Menschen und auch du, o Überhaupt-Mensch, solltet ihr je mit dem Gedanken spielen, euch vom Wahnsinn der „Nation“ und den Viele-Vergangenheiten-„Erbschaften“ freizumachen – es geht nicht! Die „Politik“ hat anderes mit euch vor. – **Slavoj Žižek:** *„(…) was zählt, ist nicht die Art und Weise, wie die Regierung gewählt wird, sondern der Druck, der durch die Mobilisierung und Selbstorganisation des Volkes auf sie ausgeübt wird.“*[250] – Ein Hoch auf das Öl, das innerhalb der Maschinerie so viel Druck ausübt, dass der Motor läuft, ja, laufen muss! – **Kolja Möller:** *„So wird ein progressiver Populismus denkbar, der auf eine Demokratisierung der Gesellschaft, gar auf eine radikale Demokratie hinwirkt.“*[251] – Der linke Kampf für eine wahre Volksherrschaft führt möglicherweise zu einer noch volksherrschaftlicheren Volksherrschaft, vielleicht sogar zu einer Volksherrschaft, die den Namen „Volksherrschaft“ wirklich verdient! – **Chantal Mouffe:** *„Aber eine linkspopulis-*

---

248 Ernst-Wolfgang Böckenförde: „Der Begriff des Politischen als Schlüssel zum staatsrechtlichen Werk Carl Schmitts“, in: Helmut Quaritsch (Hg.): Complexio Oppositorum – Über Carl Schmitt, Berlin 1988, S. 285

249 Hannah Arendt: „Karl Jaspers – Bürger der Welt“, in: Hannah Arendt: Menschen in finsteren Zeiten, München 2012, 4. Aufl. 2017, S. 101 f.

250 Slavoj Žižek: „Das `unendliche Urteil´ der Demokratie“, in: Giorgio Agamben et al.: Demokratie? – Eine Debatte, a. a. O., S. 127

251 Kolja Möller: Volksaufstand & Katzenjammer, Berlin 2020, S. 104

tische Strategie kann die starke libidinöse Involvierung, die bei nationalen – oder regionalen – Identifikationsformen am Werk ist, nicht ausblenden, und es wäre hochriskant, dieses Terrain dem Rechtspopulismus zu überlassen.“[252] – Am besten nimmt man den Rechtspopulisten genau so, wie sie den Linkspopulisten den kompletten Linkspopulismus geklaut haben, gleich den gesamten Rechtspopulismus weg und verleibt ihn sich so, wie er ist, ein. Das Volk wird einen Orgasmus kriegen! – **Bernd Stegemann:** *„Der populistische Druck auf die politische Macht scheint heute die einzige Kraft zu sein, die sie dazu bringt, den Kampf gegen die globale Ausbeutung zu beginnen.“*[253] – „Druck“ – „Macht“ – „Kraft“ – „Kampf“ = Krampf!!! Politischer Paroxysmus!!! – **Raul Zelik:** *„Meine These wäre nun, dass Transformationsmacht vor allem dann entsteht, wenn sich diese beiden Ansätze – eine Demokratisierung des Staates (…) und ein außerinstitutioneller `radikaler´ Reformismus aus der Gesellschaft (…) ergänzen.“*[254] – Erglänzen wird er, der Staat, noch mehr erglänzen, wenn er erst „demokratisiert“ und „radikal reformiert“ worden ist! Fader Willy-Brandt´scher „Wir wollen mehr Demokratie wagen!“-Aufguss, über fünfzig faulige Jahre alt! – **Katja Kipping:** *„Denn darum geht es: mehr Demokratie, weniger Markt.“*[255] – Abzuwiegen auf der realpolitischen Goldwaage! – **Axel Honneth zum Zweiten:** *„(…) könnte dieses Erklärungsmodell zu einem Ansatzpunkt der Veranschaulichung einer gewissen Unvermeidbarkeit sozialen Fortschritts auch in der näheren Zukunft werden (…)“*[256] – Hä? „Gewisse Unver-

252 Chantal Mouffe: Für einen linken Populismus, Berlin 2018, S. 85

253 Bernd Stegemann: Das Gespenst des Populismus – Ein Essay zur politischen Dramaturgie, a. a. O., S. 113

254 Raul Zelik: Wir Untoten des Kapitals – Über politische Monster und einen grünen Sozialismus, Berlin 2020, S. 306

255 Katja Kipping: Neue linke Mehrheiten – Eine Einladung, Hamburg 2020, S. 61

256 Axel Honneth: „Hoffnung in hoffnungslosen Zeiten (Rede anlässlich der Verleihung des Ernst-Bloch-Preises 2015 in

meidbarkeit"? Ist das Wissenschaft? Auf alle Fälle schlafen einem angesichts dieses irgendwie-linken Akademiker-Gewäschs mit sage und schreibe drei mit *pomp & circumstance* einherstelzenden Genitiven hintereinander die Füße ein und es ist kein Wunder, dass diese politische Richtung mehr und mehr an Anziehungskraft verliert. – **Robert B. Reich:** *„Das explizite Ziel dieser neuen Partei bestünde darin, den Kapitalismus zu retten, indem sie der Mehrheit der Amerikaner die Möglichkeit gibt, von seinem Erfolg zu profitieren."*[257] – Damit aber der Kapitalismus Erfolg hat, darf man nicht zu viel von seinem Erfolg profitieren, im Gegenteil, gerade die Mehrheit muss dauerhaft etwas *für* seinen profitbringenden Erfolg tun! Wenn die Leute zu viel vom Profit profitieren, ist der profitbringende Erfolg des Kapitalismus nicht mehr erfolgreich profitbringend, und dann gibt es keine profitbringende Möglichkeit mehr, profitbringend von seinem Erfolg zu profitieren, weswegen … Ein Autor namens „Reich" sollte das doch eigentlich wissen!

Genug. Ich könnte noch Krethi und Plethi auftreten lassen, aber es sträubt sich mir die Feder. Die Bretter vor den Hirnen gleichen sich so oder so.[258]

Ludwigshafen)", in: Axel Honneth: Die Idee des Sozialismus – Versuch einer Aktualisierung (Erweiterte Ausgabe), a. a. O., S. 190

257 Robert B. Reich: Rettet den Kapitalismus!- Für alle, nicht für 1 %, Frankfurt am Main 2016, S. 243

258 Ich will nicht ungerecht sein. Bei fast allen der genannten Autoren lassen sich auch kluge und aufschlussreiche Passagen finden. Spätestens allerdings, wenn es auf der Zielgeraden ihrer Publikationen darum geht, daraus Schlüsse zu ziehen, drückt es die auch zuvor schon allfällig hervorschimmernden ideologischen Grundannahmen brutal an die Oberfläche und es gilt auf erbärmliche Weise der Horazische Spruch: „Parturient montes, nascetur ridiculus mus." (Horaz: Ars poetica. Die Dichtkunst, Stuttgart 2002, S. 13) Es kreißen die Berge, heraus kommt ein läppisches Mäuschen. [Eigene Übersetzung]

Seit Jahrzehnten beobachte ich, wie eine Welle des Aufbegehrens gegen unerträgliche Zustände nach der anderen wegen ihrer Politikfixiertheit und ihres unverbesserlichen Glaubens an die Verbesserbarkeit und Humanisierbarkeit von Staat und Kapitalismus von ebendiesen Strukturen gebrochen wird beziehungsweise sich von ihnen brechen lässt und in der Bedeutungslosigkeit versandet, nachdem sie mit allerhand Gischt und Schaum durch die Zeitläufte gerollt ist. Die 68-er, die K-Gruppen der 70-er Jahre, die Friedensbewegung der 80-Jahre, die Occupy-Aufwallung nach der Finanzkrise von 2008 – sie alle hatten als Grundlage die Fassungslosigkeit über die Zustände auf dieser Welt und führten lediglich dazu, dass der Glaube an einen „guten“ Staat und eine „gute“ Geldwirtschaft zementiert wurde.

Auch **„Fridays For Future“** (FFF) wird es trotz einiger herzerfrischender Aussagen nicht anders ergehen. Vor dem Europäischen Wirtschafts- und Sozialausschuss der EU in Brüssel brachte Greta Thunberg am 21. Februar 2019 den Mumm zu einer flammenden Anklage auf: „In dem politischen System, das Sie geschaffen haben, dreht sich alles um Wettbewerb. Sie betrügen, wenn Sie können, weil gewinnen und Macht erhalten alles ist, was zählt.“ Schön. Leider macht sie im unmittelbar folgenden Satz alles wieder kaputt: „Das muss aufhören.“[259] *Rrrumms, gegen die Scheibe!* Liebe Greta Thunberg, das *kann* nicht aufhören! Wettbewerb, Betrug, Gewinnenwollen, Machterhalt – das *ist* das politische System! Fair is foul, and foul is fair! Sie, Frau Thunberg, stehen mit dem Gesicht zum Gegner und wollen ihn wie so viele andere Gutmeinende, Empörte, Aufständische, Widerständler vor Ihnen dazu bringen, vielleicht sogar zwingen, *gegen seine Natur*

259 Greta Thunberg: Ich will, dass ihr in Panik geratet! – Meine Reden zum Klimaschutz, Frankfurt am Main 2019, 2. Aufl. 2019, S. 58

zu handeln! Der Staat aber ist eine Maschine zur Verstärkung und Verbreiterung seiner Machtbasis und damit seiner Durchsetzungsfähigkeit gegen konkurrierende Staaten, die ebenfalls derartige Maschinen sind. Punktum. Da ist nichts zu machen. Genauso gut könnten Sie einen Elefanten auffordern, zu springen wie eine Gazelle. Sie wollen auf den Staat *einwirken*, Sie denken und handeln *invasiv*! Sie werden ihren absehbaren Misserfolg in Sachen Rettung des Weltklimas nicht wahrhaben wollen, Sie werden zweifeln und möglicherweise verzweifeln, weil die Welle, von der Sie ein Teil waren, verebbt ist. Möglicherweise gründen Sie eine Partei oder treten in eine schon vorhandene ein, um in Parlamenten für Ihre Sache einzutreten. Vielleicht werden Sie eines Tages UN-Botschafterin für Umweltschutz oder so etwas. Glauben Sie mir, Frau Thunberg, ich schreibe das ohne alle Schadenfreude und Häme. Sie und Ihre Mitstreiterinnen und Mitstreiter stehen jetzt da, wo ich vor fünfzig Jahren stand. Genauso wie ich und viele andere damals wollen Sie jetzt und sofort etwas weghaben. Das Klima soll nicht vor die Hunde gehen! Und schon stehen Sie vor einer Wegscheide: Hinein in das System oder weg von ihm? Das ist die Frage aller Fragen. Sie und wir alle müssen etwas lernen, was noch keine Fliege geschafft hat. Wir müssen uns *abwenden* vom System, wir müssen von der Scheibe *wegfliegen!*

„Wer das Klima retten will, darf sich nicht in Staat und Wirtschaft verbohren! Jede Art von *invasivem* Handeln führt in die Irre und kehrt sich gegen einen selbst. Werdet *evasiv!* Wendet euch mit Hirn und Herz, mit Rat und Tat von allen herrschenden Mächten ab! Entsendet Wurzeln ins Unbekannte! Wachst jenseits der Randmoränen! Werdet stämmig und verbiegt euch nicht! Lasst eure Äste im Abseits sprießen! Verzweigt euch in sauberer Luft! Treibt unbeschriebene Blätter ins Licht!“[260]

260 Auszug aus meinem Kurz-Essay „Widerwillige Verteidi-

Vor dem EU-Gipfel zum Corona-Wiederaufbauplan fordert FFF in einem Brief an die EU-Führung und die Staats- und Regierungschefs der EU, dass sich alles ändern müsse: „Unser derzeitiges [Wirtschafts-]System ist nicht `kaputt´ - das System tut genau das, was es soll. Es kann nicht länger `repariert´ werden. Wir brauchen ein neues System.“[261] Das klingt nach Abwendung, wobei zu klären wäre, was denn eigentlich unter diesem „neuen System“ verstanden wird, aber dann wird doch wieder mit Karacho gegen die Scheibe gerumst. Die Adressaten des Briefes werden zum Handeln aufgerufen: „Die Uhr tickt. Ihr Bestes zu tun ist nicht länger gut genug. Sie müssen jetzt das scheinbar Unmögliche tun.“[262] Fakt ist aber: Die Basis und das höchste Anliegen der EU ist das ertragreiche Gedeihen der kapitalistischen Produktionsweise in ihren Mitgliedsländern. Die EU würde sich den Ast absägen, auf dem sie sitzt, wenn sie daran etwas ändern würde. Allerhöchstens werden einzelne Kapitalinteressen beschränkt, wenn diese das Funktionieren des gesamten ökonomischen, sozialen und politischen Lebens gefährden würden. Es ist absolut unmöglich, dass die EU das Unmögliche tut und den kapitalistischen Geldvermehrungsprozess und den damit unauflöslich verbundenen *way of life* in den Mitgliedsländern zur Disposition stellt. Genau das aber ist die *conditio sine qua non* für die Abwendung der von FFF konstatierten Klima-Katastrophe.

Mit Politik das kapitalistische Wirtschaftssystem aushebeln zu können, ist ein ebenso abgestandener wie schädli-

---

gung der Geier und Wölfe gegen die Aufforster und Aufbäumer“, in: Am Erker – Zeitschrift für Literatur, 44. Jahrgang, Münster 2020, S. 91 f.

261 RP ONLINE: „Thunberg und Neubauer fordern klare Maßnahmen der EU“ (https://www.msn.com/de-de/finance/top-stories/thunberg-und-neubauer-fordern-klare-klimama-c3-9fnahmen-der-eu/ar-BB16OuwY)

262 Ebd.

cher Irrglaube. Er *stärkt* das Gesamtsystem von Staat und Kapitalismus. EU-Kommissionspräsidentin Ursula von der Leyen war verständlicherweise nach einem Treffen mit Absender*innen des Briefes *very amused*: „Es ist inspirierend, junge Aktivisten zu treffen. Wir stimmen darüber überein, dass schnelles Handeln gegen den Klimawandel nötig ist."[263] Norbert Frei, Professor für Neuere und Neueste Geschichte an der Universität Jena, fordert in einem in der „Süddeutschen Zeitung" abgedruckten Kommentar alle Unterstützer*innen von FFF auf, ausgerechnet von jener Bewegung zu lernen, die wegen ihrer Politikverblendung krachend gescheitert ist: „'Fridays for Future' sollte von Achtundsechzig lernen: Wollen soziale Bewegungen erfolgreich sein, dürfen sie den Weg in die Institutionen nicht scheuen".[264] So kann man sich Geschichte professoral zurechtfönen: Wenn der Weg der Achtundsechziger in die Institutionen – und fürwahr, den *haben* sie beschritten und sind vom Außenminister über den Gymnasialdirektor bis zum Hochschulprofessor *alles* geworden, was Rang und Namen in der einst kritisierten bürgerlichen Welt versprach –, wenn dieser Weg „erfolgreich" beispielsweise hinsichtlich der Abwendung der Klima-Katastrophe gewesen wäre, dann müsstet ihr FFF-ler*innen heute nicht protestieren! Ja, die Achtundsechziger sind ein Vorbild, aber ein negatives. Nehmt euch *kein* Beispiel an ihnen! Wollt ihr wirklich gleich ihnen fünfzig Jahre, also einen guten Teil eures Lebens, in den Mühlen der Politik und der bürgerlichen Gesellschaft, eingebannt in die Sachzwänge der Kapitalverwertung, *verlieren?* Wollt ihr wirklich in fünfzig Jahren als *elder statesman* herumhängen wie Joschka Fischer oder frustriert bis auf die Knochen in der Schmollecke sitzen? Ein kleiner Tipp am Rande: Wie das Beispiel des Jenaer Geschichtsprofessors zeigt, solltet

263 Ebd.

264 Norbert Frei: „Auf der Straße", in: Süddeutsche Zeitung vom 31. 1. 2020, S. 4

ihr auch gegenüber der „Wissenschaft" Vorsicht an den Tag legen. Nicht nur Geistes-, sondern auch Naturwissenschaftler schleppen ihren ideologischen Bauchladen mit sich rum und ziehen euch schneller in das „System" hinein, als ihr schauen könnt![265]

Noch während ich diese Zeilen schreibe, kommt prompt die Bestätigung für meine Prognose. Am 25. August des Corona-Jahres berichtet die „Süddeutsche Zeitung", dass fünf FFF-Aktivisten eine Bundestagskandidatur beabsichtigen, unter ihnen der 19-jährige Jakob Blasel: „Der Apparat wird sich auch nur verändern, wenn viele mit meinen Überzeugungen in Parteien und Parlamente gehen."[266] Da haben wir ihn wieder, den guten alten „Marsch durch die Institutionen"! Eigentlich ist dieser Begriff heute genauso falsch, wie er es vor fünfzig Jahren war. Mein lieber Jakob Blasel, was Sie vorhaben, ist kein Marsch *durch* die Institutionen, sondern *mitten in sie hinein!* Und wissen Sie, was auf diesem Marsch passiert? Die Institutionen marschieren zurück! Sie marschieren stracks in *Sie* hinein! Sie und die Institutionen werden *verschmelzen!* Wie in dem Horror-Film „Die Fliege" werden Sie zu einem *Zerrbild* Ihres heutigen Fühlens und Denkens mutieren. Sie werden sich zum Erfüllungsgehilfen politisch-ökonomischer Sachzwänge machen *müssen* und eher früher als später auch *wollen* und dann *im Kern* so argumentieren, wie es Bundeskanzlerin Merkel idealtypisch vorbuchstabierte, als sie

265 Michael Butter schreibt zutreffend: „In den Kultur- und Sozialwissenschaften hat sich in den letzten Jahren (…) die Ansicht durchgesetzt, dass es keine ideologiefreie Erkenntnis gibt. Unsere Aneignung der Welt wird immer von Grundannahmen geleitet, die wir nicht hinterfragen und derer wir uns oft gar nicht bewusst sind." (Michael Butter: „Nichts ist, wie es scheint" – Über Verschwörungstheorien, a. a. O., S. 53) Diese Aussage dürfte durch und durch ideologiefrei sein, alles in Butter also!

266 Michael Bauchmüller / Constanze von Bullion: „Klimaaktivisten wollen ins Parlament", in: Süddeutsche Zeitung vom 25. 8. 2020

ein paar Tage vor Ihrer Kandidierwilligkeitskundgabe Ihre prominenten FFF-Mitstreiterinnen Greta Thunberg, Luisa Neubauer, Anuna de Wever und Adélaïde Charlier zu einem Quasi-Staatsbesuch empfing: „Da muss ich allerdings als Regierungschefin auch darauf hinweisen, dass wir natürlich vieles bedenken müssen. Wir müssen Arbeitsplätze und Wirtschaftskraft auf der einen Seite mit den Zielen des Klimaschutzes versöhnen."[267] Ihre ultimativen Klimarettungsforderungen können Sie schon mal einmotten, mein gutester MdB in spe Jakob Blasel!

Nein, man kann das weltumspannende System der Nationalstaaten und der kapitalistischen Produktionsweise nicht „zum Guten" ändern.

Ja, kann man denn gar nichts machen? Kann man denn gar nichts zum Besseren wenden? So höre ich viele fragen.

Doch, antworte ich, doch, man kann sein eigenes Denken und Fühlen ändern. Sich selbst zu ändern ist das einzige, was man mit Fug und Recht erreichen kann. Das ist viel genug.

Halten wir fest: Das Ziel, die Verhältnisse verändern zu wollen, hat die Verhältnisse nicht verändert. Das Vorhaben, die Menschen verändern zu wollen, hat die Menschen nicht verändert.

Wenn aber viele Menschen *sich* verändern, dann verändert sich die Welt.

Diesen Prozess des gedanklichen, emotionalen und lebenspraktischen Ausstiegs aus den vorgefundenen Verhältnissen nenne ich **EVASION**.

---

267 Michael Bauchmüller: „'Wir drehen uns im Kreis'", in: Süddeutsche Zeitung vom 21. 8. 2020

Ich führe im Schnelldurchgang auf, was *Evasion* für mich bedeutet:

Ich wende mich von allem Politikgewese ab. Ich will weder mit der Politik real existierender Staaten noch mit der Politik von Parteien und Gruppen, die die Macht im Staat anstreben, etwas zu tun haben. Ich will Menschen oder Menschengruppen nicht paternalisieren und instrumentalisieren. Ich will nicht über das Leben von Menschen verfügen. Ich will keine Herrschaft ausüben. Ich will nicht über die Herstellung und den Einsatz von Machtmitteln entscheiden. Linke Politik ist keine Option. „Politik war der Geburtsfehler der 68er Bewegung. Links sein bedeutet drin sein im Herrschaftsmodus. Opposition, Empörung, Riots, Klassenkampf, Rebellion, Revolution, Sozialismus und Kommunismus führen lediglich zu neuen Formen des Befehlens und Gehorchens und zu neuem Leid."[268]

Ich wende mich von allem Staatsgewese ab. Ich nehme die ca. 160-fache staatlicherseits vorgenommene Trennung der Menschen in ein „Wir" und ein „Nicht-Wir" nicht hin. Ich lehne jede Staatsangehörigkeit ab. Ich betrachte und bezeichne mich nicht als „Deutschen".

Es hat in der Menschheitsgeschichte kein Staatswesen gegeben und es gibt auch heute keines, das nicht aus der Ausbeutung und Ausplünderung von Mensch und Natur seine Macht bezogen hätte beziehungsweise dies noch tun würde. 5000 Jahre lang hat sich jedes Reich, jedes Imperium, jeder Staat im Krieg und im Frieden entsprechend der gegebenen technischen Möglichkeiten ein Maximum an Gewaltmitteln zugelegt, um sich in der Konkurrenz

268 Auszug aus einer Rede, die ich am 12. Juli 2017 beim „Gästespiel 2017: UTOPIA – Utopien einer Stadt. Die Münchner Kulturprozession" des „KulturRaum München" halten durfte. (https://www.youtube.com/watch?v=LBy5edQElkc)

der Reiche, Imperien und Staaten durchsetzen zu können. Laut dem Friedensforschungsinstitut „Sipri" wurden im Jahr 2019 weltweit 1.917 Milliarden US-Dollar für die Gehälter von Armeeangehörigen, Waffen und Militäreinsätze ausgegeben. Im Besitz der neun Atomwaffenstaaten befinden sich ca. 13.400 Atombomben. Alleine diese Zahlen genügen, um Schluss zu machen mit dem Glauben an die Daseinsberechtigung von Staaten. Alle Staaten dieser Welt sind samt ihren Gewaltmitteln zu zerstören.

Die demokratische Staatsform ist kein Grund, einem Staat sein Ja zu geben. Ich will nicht als Partikel eines Staatsvolkes mitherrschen, indem ich Parteien und Politiker per Stimmzettel beauftrage, die Staatsgewalt auszuüben. Ich will nicht durch mein überzeugtes Mittun schuldig werden an Not und Elend hier und anderswo. Ein demokratischer Staat ist zwar nicht totalitär, da er die *Konkurrenz* von politischen Parteien um die Machtausübung im Staat vorsieht und divergierende politische Meinungen erlaubt, er ist aber ebenso wie faschistische und sozialistische Staaten *sub-jektivierend* sprich *unterwerfend*, insofern er erstens über das Gewaltmonopol verfügt, zweitens per Recht und Gesetz eine Gesellschaft formt, in der alle gegeneinander konkurrieren müssen und jeder und jede auf den Besitz von Geld angewiesen ist, drittens eine kapitalistische Wirtschaft in Szene setzt und absichert, viertens per Steuereintrieb an Gut und Leben seiner Staatsbürger partizipiert, und fünftens im Krieg das Leben eigener und fremder Staatsbürger opfert. Auch der demokratische Staat ist ein *Unum Totum*, das seinen absoluten Geltungsanspruch durch nichts und niemanden in Frage stellen lässt. Faschismus und andere Formen der Diktatur lassen sich dauerhaft nur dadurch bannen, dass man das totalisierende *Eine Ganze* des demokratischen Staates aufhebt.

Ich wende mich von allem Volksgewese ab. Völker gibt es nur, weil es Staaten gibt. Ein Volk ist die Masse an Menschen, die von einem Staat eine Staatsbürgerschaft verpasst bekommen haben. Eine andere Gemeinsamkeit gibt es nicht.[269] Erst im Nachhinein fabeln sich politisch denkende Menschen einen Volkscharakter und eine Volkskultur zusammen. Ich stimme Jan-Werner Müller zu, wenn er schreibt: „Ein *vorpolitisches*, im schmittschen Sinne existenzielles Volk abseits der Institutionen können wir auf empirisch nachprüfbare Weise jedoch gar nicht kennen."[270] Auch ich habe keinen deutschen Charakter. Wer einen lupenreinen deutschen Charakter zu haben behauptet, ist arm im Geiste und wird gewiss selig, wenn nicht gar feindselig. Mir fällt es nicht ein, auf die Straße zu rennen und im Pulk „Wir sind das Volk!" zu skandieren. Erstens ist dieser Spruch im Kern terroristisch, weil er alle, die nicht die inhaltlichen Anliegen der Skandierenden teilen, als nicht zum Volk gehörig, also als Auszuschließende oder Auszuschaltende hinstellt, zweitens erinnert er mich sehr an den Sketch eines Humoristen, in dem er sich als Angestellter vor seinem Chef aufbaut und aufbrausend verkündet: „Wissen Sie was? Ich bin von Ihnen abhängig und nicht Sie von mir!" Jedes Volk hat im Staat seinen Herrn. Wer „Volk" sein will, will unterworfen sein. Wenn die Unterworfenen aufständisch oder widerständlerisch

---

269 Robert Musil bringt es auf den Punkt: „Es ist ein Wir, dem die Wirklichkeit nicht entspricht. Wir Deutsche, das ist die Fiktion einer Gemeinsamkeit zwischen Handarbeitern und Professoren, Schiebern und Idealisten, Dichtern und Kinoregisseuren, die es nicht gibt. Das wahre Wir ist: Wir sind einander nichts. Wir sind Kapitalisten, Proletarier, Geistige, Katholiken … und in Wahrheit viel mehr in unsere Sonderinteressen und über alle Grenzen weg verflochten als untereinander." (Robert Musil: „Die Nation als Ideal und als Wirklichkeit", in: Robert Musil Gesamtausgabe, Bd. 9: In Zeitungen und Zeitschriften 1898 – 1921, Salzburg und Wien 2020, S. 572 f.)

270 Jan-Werner Müller: Was ist Populismus? – Ein Essay, a. a. O., S. 58 f.

werden und sich nicht mehr mit dem demokratischen Staat gemein machen, sich aber weiterhin als Angehörige einer Nation verstehen und nach einem wahren Volksstaat rufen, liebäugeln sie mit einer Diktatur.

Ich wende mich von allem Nationalgewese ab. Sich als Angehörigen oder Angehörige einer Nation zu imaginieren ist ebenso selbstbeschränkend wie vergeblich. Menschen mit dieser Geistesdisposition kapseln sich selbst ein und alle anderen aus. Sie schaffen Grenzen im Denken und billigen Grenzen im realen Leben. Wie erfrischend ist dagegen das Denken der Filmemacherin Uisenma Borchu:

> „Ich bin mit den Grenzen im Kopf und den physischen Barrieren zwischen Deutschland und der Mongolei aufgewachsen. Aber inzwischen bin ich nicht mehr bereit, diese Grenzen in meinem Leben zu akzeptieren. Pässe, Visa, das ist für mich eine ausgemachte Oberscheiße. Ich will, dass man frei leben kann. Es mag vielleicht utopisch gedacht sein, wie in John Lennons Song `Imagine´, aber für mich existieren keine Grenzen. Grenzen sind von machthungrigen, besitzergreifenden Menschen erfunden worden, aber in Wahrheit gehört die Erde uns allen.“[271]

Die Identifikation mit einer Nation ist vergeblich, weil es sie schlichtweg nicht gibt. In seinem Buch „Die Erfindung der Nation“ (engl.: *Imagined communities*)[272] weist Benedict Anderson nach, dass der Begriff der „Nation“ keine reale Grundlage hat. Die Nation kommt nicht über eine eingebildete Existenz hinaus.[273] Allerdings sind, so füge

---

271 Christian Mayer im Interview mit Uisenma Borchu: „Grenzen“, in: Süddeutsche Zeitung vom 25./26. 7. 2020, S. 52

272 Benedict Anderson: Die Erfindung der Nation – Zur Karriere eines folgenreichen Konzepts, Frankfurt am Main 2005

273 Sehr instruktiv hierzu ist auch das an Anderson anknüpfende Kapitel „Die Erfindung der Nation: Nationale Demokratie als halbierte Moderne“ in: Ulrich Beck: Die Erfindung des Politischen, Frankfurt am Main 1993, 5. Aufl. 2017, S. 110-119.

ich hinzu, schon viele Schlachten für Ideologeme geschlagen worden, und die Toten und Verletzten, die auf den einschlägigen Schlachtfeldern zurückblieben, sind beinharte Realität. Ich wende mich folglich vom *Trugbild* der Nation ab und erkläre gegenüber allen, die sich eine Nation und eine nationale Identität zurechtschwafeln: Ich bin keiner von euch![274]

Ich wende mich von allem Geldgewese ab. Alle Welt glaubt, dass ein Leben ohne Geld nicht möglich ist. Diesen Glauben gibt es erst seit einigen tausend Jahren. Der moderne Mensch hat diesen Glauben perfektioniert. Ein Leben ohne Geld ist heutzutage tatsächlich nicht mehr möglich. Was für eine Leistung! Der Mensch arbeitet und konsumiert. Die menschliche Arbeitskraft ist eine Ware,

274 Überhaupt lehne ich Kategorisierungen wie „Wir Frauen", „Wir Männer", „Wir Weißen", „Wir Schwarzen", „Wir Jungen", „Wir Alten" usw. usf. ab. Es ist ein Faktum, dass Leute, meist in herabsetzender und unterdrückungswilliger Absicht, in ihrem Denken solche über einen Leisten geschlagene Menschengruppen generieren und auf dieser Grundlage übergriffig und gewalttätig werden, aber das kann doch nicht heißen, dass man sich diesen Schuh auch noch *selbst* anzieht! Rassismus gegenüber Menschen mit schwarzer Hautfarbe beispielsweise sollte nicht unter dem Label „Wir Schwarzen" bekämpft werden, möglicherweise sogar gegen „Die Weißen", sondern unter dem Motto „Wir alle gegen Rassismus". Auf den „Black Lives Matter"-Kundgebungen, die mitten in der Corona-Zeit nach der furchtbaren Ermordung von George Floyd durch einen Polizisten in Minneapolis weltweit stattfanden, war fast immer eine schöne Menschen-Klaviatur aus *ebony* und *ivory* zu sehen. Im Übrigen finde ich die zentrale Protest-Parole „Black Lives Matter" schwachbrüstig und weinerlich. Wem will man das sagen? Sich selbst? Überflüssig. Rassistischen Menschenfeinden? Lachhaft. Rassistischen Strukturen? Vergebliche Liebesmüh. Die einzig senkrechten Schussfolgerungen aus erlebtem Rassismus sind, wenn es geht, die Faust, und der Beschluss, allen staatlichen und gesellschaftlichen Gegebenheiten, denen der Rassismus eingeschrieben ist, Farewell zu sagen und, um das Beispiel USA zu nehmen, nicht mehr auf ein besseres Amerika zu hoffen. Auch unter der Obama-Regierung war Rassismus allgegenwärtig!

der Mensch produziert Waren und er verkauft und kauft Waren. Die Ware ist eine Ware ist eine Ware. Alles ist zur Ware geworden. Alles muss zur Ware gemacht werden. G – W – G′. Geld muss sich verwerten. Alle Produktion hängt davon ab, ob aus einer Summe Geld eine größere Summe Geld herauszuspringen verspricht. Ich plädiere dafür, sich von der kapitalistischen Produktionsweise loszusagen und die Herrschaft des Geldes über das Begehren und die Bedürfnisse der Menschen aufzuheben.

„Immenser Reichtum und bittere Armut bilden die zwei Seiten einer Medaille. Armut ist in der kapitalistisch determinierten Welt kein Missstand, sondern ein dauerhafter und unauflöslicher Zustand, der durch keine noch so gut gemeinte karitative Initiative beseitigt werden kann! Der Zweck des Kapitals ist seine Vermehrung. Diesem Zweck werden Mensch, Tier und Natur unerbittlich unterworfen. Der Kapitalismus misst die Arbeitskraft von Menschen in Geld, er macht sie zur Ware mit einem Preisschild darauf. Die `Arbeit′ eines Investment-Bankers ist Millionen wert, die Schufterei einer Näherin in Bangladesh ein paar Cent. Für den Profit verändert, zerstört und deanimiert der Kapitalismus die Natur, er wird auch nicht vor der biologischen Beschaffenheit des Menschen Halt machen.“[275]

Ich möchte vor einem gravierenden Fehler warnen: Dem Kapitalismus ist nicht dadurch beizukommen, dass man die Reichen weniger reich und die Armen weniger arm macht. Erstens werden Reichtum und Armut dadurch in keiner Weise aus der Welt geschafft, zweitens geht es im Wesentlichen darum, den *Verwertungsprozess des Kapitals* aufzuheben. Privater Reichtum ist eine abgeleitete Größe aus dem Profit, den ein Kapital abwirft. Der in aller Regel

275 Leicht veränderter Auszug aus meiner UTOPIA-Rede (siehe „Anmerkung 268“).

größere Teil des Profits wird wiederum in die Warenproduktion (und/oder heutzutage in die Aktienspekulation) investiert, um sich als Kapital neuerlich zu verwerten. Wer diesen systemischen Prozess nicht zerstört, kann, o ihr Linken all, umverteilen oder versuchen umzuverteilen, bis er schwarz wird, aber er wird weder die lebenslange Lohnarbeit noch die relative und absolute Armut von Milliarden Menschen aus der Welt schaffen können. Noch schärfer: Wenn etwas umverteilt werden soll, muss das Umzuverteilende erst mal da sein. Ergo: Umverteilungswillige bis -wütige Politiker sind zwangsweise systemstabilisierend!

Ich möchte vor einem zweiten gravierenden Fehler warnen: Die Aufhebung des Kapitalismus bedeutet nicht, dass der Profit als Zweck des Produzierens abgeschafft wird, ansonsten aber alles wie gehabt weiterläuft! Sowohl die Produktionsweise (Arbeitsintensität, Arbeitsdauer, usw.) als auch die Produktpalette müssen grundlegend verändert werden. Warum sollte man in einer nicht-kapitalistischen Gesellschaft weiterhin SUVs produzieren, die nicht mal in vorhandene Garagen passen? Selbstverständlich werden sich auch die Bedürfnisse, Gefühlswelten und Denkweisen der Menschen verändern! Nicht zuletzt: Das Leid der „Nutz"-Tiere wird durch die Aufhebung der kapitalistischen Lebensmittelproduktion beendet werden, von heute auf morgen!

Ich wende mich von allem Religionsgewese ab. Ein Leben ohne den Glauben an ein höheres Wesen ist gesünder für Hirn, Herz und Seele. Außerdem wird man darüber nicht zur Last oder gar Gefahr für andere Menschen.
Ein paradigmatisches Beispiel für die Versehrungen und Verheerungen, die religiöses Denken anrichten kann, ist der evangelikale Missionar John Allen Chau aus den USA, der es sich in den Kopf gesetzt hatte, dem auf der

zur indischen Inselgruppe der Andamanen gehörenden Insel *North Sentinel Island* in völliger Abgeschiedenheit lebenden indigenen Volk der Sentinelesen den richtigen pfingstkirchlichen Glauben seiner Religionsgemeinschaft „Assemblies of God“ beizubringen. Bei Kontakten dieser Art besteht immer die Gefahr, dass tödliche Krankheitserreger mitgebracht werden, weswegen die indische Regierung das Betreten dieser Insel strikt verbietet. Beim dritten Versuch, mit seinem Gottesplan bei den Sentinelesen zu landen, wurde Chau durch Pfeile getötet. Hieb und Stich: In einem Akt unfassbarer Anmaßung versuchte Chau das überkommene Leben der Sentinelesen abzutöten, dann traf es ihn selbst.

Noch einmal: Ein Leben ohne den Glauben an ein höheres Wesen ist gesünder für Hirn, Herz und Seele. Außerdem wird man darüber nicht zur Last oder gar Gefahr für andere Menschen. Und für sich selbst.[276]

Das also sind DIE HÄSSLICHEN SECHS TÜRME oder THE UGLY SIX TOWERS, von denen ich mich gedanklich für immer verabschiedet habe: Politik – Staat – Volk – Nation – Geld/Kapitalismus – Religion. Wer die Ausbeutung von Mensch, Tier und Natur stoppen will,

276 Zwei Literaturtipps: a) Johann Most: Die Gottespest – Antireligiöse Schriften, Berlin 2015. (Sehr erfrischend!) – b) Marie Theres Fögen: Die Enteignung der Wahrsager – Studien zum kaiserlichen Wissensmonopol in der Spätantike, Frankfurt am Main 1997. (Eine eminent erhellende und überdies spannende Untersuchung der Frage, warum der römische Staat unter Kaiser Konstantin dem Großen ausgerechnet die so lange blutig bekämpfte christliche Religion zur alleinigen Staatsreligion erhob und den althergebrachten römischen Götterhimmel und alle Wahrsager, Vogelfluginterpretierer und Eingeweidebeschauer zugunsten eines monotheistischen Glaubens zum Teufel jagte. Man kann aus dieser Schrift sehr viel lernen über das hierarchisierte Zusammenspiel und die - bei aller Formverschiedenheit und Konkurrenz – frappierende Wesensgleichheit weltlicher und göttlicher Machtansprüche.)

wer die Zerstörung des Klimas verhindern möchte, wer ein sicheres und lustvolles Leben für alle Menschen verwirklichen möchte, der sollte sich ebenfalls von diesem terroristischen Sixpack abwenden. Dann wird er oder sie auch das Kunststück vollbringen, nicht mehr gegen die Scheibe zu fliegen …

Imagine

(von John Lennon)

Imagine there´s no heaven
It‘s easy if you try
No hell below us
Above us only sky
Imagine all the people living for today
Imagine there‘s no countries
It isn‘t hard to do
Nothing to kill or die for
And no religion too
Imagine all the people living life in peace, you
You may say I‘m a dreamer
But I‘m not the only one
I hope some day you‘ll join us
And the world will be as one
Imagine no possessions
I wonder if you can
No need for greed or hunger
A brotherhood of man
Imagine all the people sharing all the world, you
You may say I‘m a dreamer
But I‘m not the only one
I hope some day you‘ll join us
And the world will be as one

Wunderschön! Da geht mir das Herz auf. Das ist besser als alle Bleiwüsten von linken akademisierten Politikastern, die nicht aufhören, die abgeschmackte und abgedroschene Polit-Schnulze von der grundlegenden Veränderbarkeit der Verhältnisse bei gleichbleibenden Rahmenbedingungen in die Gegend zu quaken!

Wenn ich nun meine evasive Sicht mit den Zeitläuften während der Corona-Pandemie vergleiche, komme ich zu einem ernüchternden Ergebnis:
Das Positive: Sehr viele Menschen verhalten sich fürsorglich gegenüber sich selbst und ihren Mitmenschen und tragen durch Abstandhalten, Hygiene, Alltagsmaske (A-H-A) dazu bei, dass die Ausbreitung des Virus eingedämmt wird. Leider lehnen viele Corona-Widerständler die A-H-A-Maßnahmen ab und gefährden dadurch alle anderen und natürlich auch sich selbst.

Die Regierungspolitik hat das gemacht, was sie verfassungsgemäß zu machen hat. Sie hat die möglichen Schadensverläufe angesichts der Alternative „Lockdown oder Freie Fahrt für das Virus" miteinander verglichen und ist zu dem Schluss gekommen, dass der Lockdown die beste Lösung ist, um baldmöglichst zum kapitalistischen und gesellschaftlichen Normalbetrieb zurückkehren zu können. Sie hat im Interesse der Wirtschaft in den üblichen Gang der Wirtschaft eingegriffen und für den Schutz der Bevölkerung vorübergehend, ebenfalls verfassungsgemäß, einige Grundrechte eingeschränkt. Als Folge dieser Maßnahmen hat sich aufs Neue gezeigt, dass der Kapitalismus keine sichere Lebensgrundlage für die meisten Menschen ist. Firmen und Betriebe sind pleitegegangen, viele Menschen haben ihren Arbeitsplatz verloren und werden ihn noch verlieren. Ein Total-Crash der produktiven und/oder Finanzwirtschaft ist möglich. So ungewöhnlich aber auch die Handlungsanforderungen an die staatliche Politik in den Zeiten der Corona-Pandemie sind, so demokratisch und verfassungskonform ist doch das tatsächliche staatliche Handeln.

Die größten Ausschläge im politischen Ereignis-Seismometer des Corona-Jahres 2020 gibt es bei der Corona-Widerstandsbewegung. Hier hat sich das erste Mal in der deutschen Nachkriegsgeschichte eine breite politische Querfront gebildet. Die vor zwanzig Jahren gegründete Neue Rechte sitzt sowohl im Maschinenraum als auch auf der Kapitänsbrücke dieser Bewegung und trägt ein rotgrün-regenbogenfarbenes Mäntelchen über ihrer braunen Kampfmontur. „Raider" heißt jetzt „Twix" und „Rechts" ist das neue „Quer"! Die Camouflage ist perfekt und verleitet viele Menschen zum Mitmachen. Es hat sich EIN QUERER BLOCK gebildet, der den Anspruch hat, für DAS GANZE DEUTSCHLAND zu stehen. DAS NEUE DEUTSCHLAND. DIE NEUE NATION. Souverän, unantastbar, stolz. Das schon *vor* der Corona-Pandemie von den Neuen Rechten formulierte und *während* der Pandemie von einer wachsenden Zahl von Menschen geteilte Ziel ist der Sturz der Regierung, die Abschaffung der demokratischen Staatsverfassung und die Errichtung eines nationalautoritären Regimes. Die politische Zeitgeist-Waage neigt sich nach rechts. Zeitenwende und Wendezeit. Sperrzäune fallen. Viele Menschen halten es nun für hinnehmbar, gemeinsam mit rechtsnationalen Kräften auf die Straße zu gehen. Im günstigsten Falle ist es blauäugig, naiv und geschichtsvergessen, im weniger günstigen Fall ist es schlicht und ergreifend dumm, im ungünstigsten Fall ist es parteiergreifend, also gemein und gefährlich. Sollte es zu einer fundamentalen Wirtschaftskrise kommen, wird DER QUERE BLOCK weiter erstarken und nicht mehr nur theoretisch, sondern praktisch und handgreiflich die Macht- und Gewaltfrage stellen. DER QUERE BLOCK bündelt alle politischen Kräfte, die dieses Ziel teilen. Das lateinische Wort für „Bündel" ist „fascis".

In der Corona-Widerstandsbewegung gibt es *nichts Befreiendes*. Sie bewegt sich vollständig im Bannkreis der HÄSSLICHEN SECHS TÜRME und ist drauf und dran, durch extrempolitisches Denken alles noch hässlicher sprich blutiger zu machen.

Nun, John Lennon, du hast gesungen: „You may say I'm a dreamer / But I'm not the only one". Es stimmt, du hast bis heute viele Hörer, aber wer teilt noch deine Ansichten? Auch ich habe nun über etliche Seiten hinweg mein Lied von einer anderen Welt gesungen, aber wenn ich mich so umsehe, dann stelle ich fest: *I am the only one!* Ich habe in der Wüste gesungen! Dann sehe ich mich nochmals um und erkenne: *I'm not the only one!* Vereinzelt stehen Männer und Frauen auf anderen Dünen und tragen ihre Weisen von einer Welt ohne Ausbeutung und Unterdrückung und ohne Dominanz und Arroganz vor. Weit in der Ferne ragen die HÄSSLICHEN SECHS TÜRME auf. Fast alle Menschen haben sich in konzentrischen Kreisen um sie versammelt und rufen und johlen: „Es lebe die Nation!" und „Wir sind das Volk!" und „Enteignet die Reichen!" und „Es gibt keinen Gott außer Gott!" und „Volksherrschaft! Volksherrschaft!" und „Verrat! Lüge! Betrug!" und „Mehr Geld! Mehr Geld! Mehr Geld!" und „Widerstand! Revolution!" und „Sieg! Die Fahnen hoch!". Sie werden sich wie seit Tausenden von Jahren weiterhin gegenseitig auf die Pelle rücken und quälen und unterjochen und die Köpfe einschlagen. Nichts Neues also in Deutschistan und anderswo.

Dumpf tönen die Parolen und Schreie bis zu mir und meinen Mitsängern und Mitsängerinnen. Aber die Wüste ist schön. Und wir singen weiter unsere Lieder. Es gibt keinen Weg zurück. Wir träumen davon, dass sich auf der ganzen Welt Menschen eines Besseren besinnen und sich von den HÄSSLICHEN SECHS TÜRMEN abwenden.

Wir träumen davon, dass sie den Sand unter ihren Füßen spüren und den Wind fühlen, der ihnen aus der Wüste über die Wangen streicht. Wir träumen davon, dass sie sich Schritt für Schritt in die Wüste hineinbegeben und dass unter ihren Sohlen Wasser hervorsprudelt und in den Dünentälern Blumen erblühen. Wir träumen davon, dass immer mehr Menschen in die ergrünende Wüste kommen und dass wir alle zusammen ganz neue Lieder singen und singen und singen und so lange singen, bis die HÄSSLICHEN SECHS TÜRME Risse bekommen und schließlich und endlich in sich zusammenstürzen …

So träumen wir. So träume ich.

Aber ich bin ehrlich. Ich bin ehrlich zu mir selbst.

Ich glaube, dieser Traum wird ein Traum bleiben.

Ich sehe …

/7./ VOLARE * EVASION – [Proklamation]

Volare ist lustvolles Leben im Hier und Jetzt.

Volare kennt keine Grenzen und hat keine Nationalität.

Volare macht keine Politik.

Volare erstrebt weder Herrschaft noch Reichtum.

Volare ist religionsfrei.

Volare ist der Schwarm aller Menschen, die weder Herr noch Knecht sein wollen.

Volare ist Cantare.

Wir, Menschen aus aller Welt, wenden uns gedanklich, emotional und praktisch von Politik, Staat, Volk, Nation, Geld und Religion ab. 5000 Jahre blutgetränkte Geschichte zeigen uns, dass es ein sicheres und befriedigendes Leben für alle nur jenseits dieser Mächte und Glaubenskonstrukte geben kann. Die Ausbreitung der transnationalen, transkapitalistischen und transreligiösen Absetzbewegung nennen wir Evasion.

Wir, Menschen aus aller Welt, treten jeglicher politisch, ökonomisch, religiös, soziokulturell, rassistisch, familiär oder sexuell bedingten Gewalt entgegen.

Wir, Menschen aus aller Welt, wollen sämtliche Staaten auflösen und ihre Gewaltmittel vernichten.

Wir, Menschen aus aller Welt, wollen die kapitalistische Produktionsweise aufheben und unser Denken, Fühlen und Handeln „entgelden“.

Wir, Menschen aus aller Welt, wollen mit der Ausbeutung von Mensch, Tier und Natur Schluss machen.

Wir, Menschen aus aller Welt, wollen ein für allemal die gewalttätige Geschichte der Menschheit beenden und die rasend fortschreitende Entwertung und Vernichtung des Lebens auf dem Planeten Erde stoppen.

Wir, Menschen aus aller Welt, haben keinen Macht- und Führungsanspruch. Wir wollen weder Führer noch Geführte sein. Wir verfassen keine „heiligen" Schriften und sind auch nicht auf einem Egotrip. Wir sind weder Zyniker noch Satiriker. Wir denken nicht politisch und lehnen alle linken und rechten Revolutionskonzepte ab.

Wir, Menschen aus aller Welt, wollen unser Leben heiter und gewaltfrei genießen und gestalten. Wir lieben die Bienen und brauchen gar nicht so viel zu einem guten Leben. Wenn die Mehrheit der Menschen anders denkt und weiter, koste es, was es wolle, nach Macht, Geld, nationaler Ehre und (Selbst-)Vergottung strebt – nur zu, aber ohne uns!

ANHANG

Literaturverzeichnis

Agamben, Giorgio et al.: Demokratie? – Eine Debatte, Berlin 2012, 3. Aufl. 2016

Ammer, Reinhard: Heimat Fragezeichen – Einige vogelfreie Gedanken über Gott und die Welt angesichts der in den Jahren 2015 und 2016 nach Christus in Europa gestrandeten Flüchtlinge aus Süd und Ost, München 2016

Anderson, Benedict: Die Erfindung der Nation – Zur Karriere eines folgenreichen Konzepts, Frankfurt am Main 2005

Arendt, Hannah: Menschen in finsteren Zeiten, München 2012, 4. Aufl. 2017

Auerbach, Wolfram: Diesseits von Gut und Böse – Theorie und Moral der „Marxistischen Gruppe“ (MG) und der Zeitschrift „Gegenstandpunkt“, Hannover 1996

Badiou, Alain: Versuch, die Jugend zu verderben, Berlin 2016

Barthes, Roland: Die Lust am Text, Berlin 2017

Beck, Ulrich: Die Erfindung des Politischen, Frankfurt am Main 1993, 5. Aufl. 2017

Becker, Lia / Candeias, Mario / Niggemann, Janek / Steckner, Anne (Hg.): Gramsci lesen! –Einstieg in die Gefängnishefte, Hamburg 2013, 5. Aufl. 2019

Binnus, Gretchen / Landefeld, Beate / Wehr, Andreas: Staatsmonopolistischer Kapitalismus, Köln 2015

Bobbio, Norberto: Rechts und Links – Gründe und Bedeutungen einer politischen Unterscheidung, Berlin 1994, 4. Aufl. 2006

Bollinger, Stefan (Hg.): Linke und Nation – Klassische Texte zu einer brisanten Frage, Wien 2009

Bostrom, Nick: Die verwundbare Welt – Eine Hypothese, Berlin 2020

Brand, Ulrich / Wissen, Markus: Imperiale Lebensweise – Zur Ausbeutung von Mensch und Natur im globalen Kapitalismus, München 2017, 7. Aufl.

Breuer, Stefan: Die radikale Rechte in Deutschland 1871 – 1945, Stuttgart 2010

Butter, Michael: „Nichts ist, wie es scheint" – Über Verschwörungstheorien, Berlin 2018, 3. Aufl. 2020

Daniel, Ute: Postheroische Demokratiegeschichte, Hamburg 2020

Decker, Peter / Hecker, Konrad: Das Proletariat, München 2002

Detering, Heinrich: Was heiß hier „wir"? – Zur Rhetorik der parlamentarischen Rechten, Stuttgart 2019

Die Benedikt Bibel, Freiburg im Breisgau 2007

Dollinger, Hans: Schwarzbuch der Weltgeschichte – 5000 Jahre der Mensch des Menschen Feind, Erftstadt 2004

Eribon, Didier: Rückkehr nach Reims, Berlin 2016

Fabre, Jean-Henri: Das offenbare Geheimnis – Aus dem Lebenswerk des Insektenforschers, Zürich 1989

Fischer, Joschka: Willkommen im 21. Jahrhundert – Europas Aufbruch und die deutsche Verantwortung, Köln 2020

Fögen, Marie Theres: Die Enteignung der Wahrsager – Studien zum kaiserlichen Wissensmonopol in der Spätantike, Frankfurt am Main 1997

Forrester, Vivian: Der Terror der Ökonomie, Wien 1997, 5. Aufl. 2001

Frank, Niklas: Auf in die Diktatur! – Die Auferstehung meines Nazi-Vaters in der deutschen Gesellschaft – Ein Wutanfall, Bonn 2020

Fuchs, Christian / Middelhoff, Paul: Das Netzwerk der Neuen Rechten – Wer sie lenkt, wer sie finanziert und wie sie die Gesellschaft verändern, Hamburg 2019, 3. Aufl. 2019

Geiselberger, Heinrich (Hg.): Die große Regression – Eine internationale Debatte über die geistige Situation der Zeit, Berlin 2017

Glaser, Georg K.: Geheimnis und Gewalt, Hamburg 1994

Grundgesetz, 51. Auflage, Stand: 1. März 2020, München 2020

Haus Bartleby (Hg.): Das Kapitalismustribunal, Wien 2016

Haus Bartleby (Hg.): Sag alles ab! – Plädoyers für den lebenslangen Generalstreik, Hamburg 2015

Heitmeyer, Wilhelm: Autoritäre Versuchungen – Signaturen der Bedrohung I, Berlin 2018, 4. Aufl. 2020

Hinck, Gunnar: Wir waren wie Maschinen – Die bundesdeutsche Linke der siebziger Jahre, Berlin 2012

Honneth, Axel: Die Idee des Sozialismus – Versuch einer Aktualisierung (Erweiterte Ausgabe), Berlin 2017

Horaz: Ars poetica – Die Dichtkunst, Stuttgart 2002

Houellebecq, Michel: Unterwerfung, Köln 2015, 10. Aufl. 2019

Jandl, Ernst: Laut und Luise, Stuttgart 1998

Jünger, Ernst: Der Waldgang, Stuttgart 2014

Kipping, Katja: Neue linke Mehrheiten – Eine Einladung, Hamburg 2020

Koenen, Gerd: Die Farbe Rot – Ursprünge und Geschichte des Kommunismus, München 2017

Leggewie, Claus: Anti-Europäer – Breivik, Dugin, al-Suri & Co., Berlin 2016

Leggewie, Claus: Der Geist steht rechts – Ausflüge in die Denkfabriken der Wende, Berlin 1987

Leggewie, Claus: Jetzt! – Opposition, Protest, Widerstand, Köln 2019

Leo, Per / Steinbeis, Maximilian / Zorn, Daniel-Pascal: mit Rechten reden – Ein Leitfaden, Stuttgart 2017

Manow, Philip: (Ent-)Demokratisierung der Demokratie, Berlin 2020

Mertens, Herbert / Richter, Steffen: Naturwissenschaft, Technik und NS-Ideologie – Beiträge zur Wissenschaftsgeschichte des Dritten Reiches, Frankfurt am Main 1980

Möller, Kolja: Volksaufstand & Katzenjammer – Zur Geschichte des Populismus, Berlin 2020

Most, Johann: Die Gottespest – Antireligiöse Schriften, Berlin 2015

Mouffe, Chantal: Für einen linken Populismus, Berlin 2018

Mouffe, Chantal: Über das Politische – Wider die kosmopolitische Illusion, Frankfurt am Main 2007, 7. Aufl. 2017

Mühsam, Erich: Das seid ihr Hunde wert! – Ein Lesebuch, Berlin 2014

Mukerji, Nikil / Mannino, Adriano: Covid-19: Was in der Krise zählt – Über Philosophie in Echtzeit, Stuttgart 2020, 3., durchgesehene Auflage

Müller, Jan-Werner: Was ist Populismus? – Ein Essay, Berlin 2016, 5. Aufl. 2017

Musil, Robert: Gesammelte Werke Band 9 – In Zeitungen und Zeitschriften I, Salzburg 2020

Predehl, Sabine / Röhrig, Rolf: Gesundheit – ein Gut und sein Preis, München 2016

Quaritsch, Helmut (Hg.): Complexio Oppositorum – Über Carl Schmitt, Berlin 1988

Rabinovici, Doron / Klenk, Florian: Alles kann passieren – Ein Polittheater, Wien 2018

Reich, Robert B.: Rettet den Kapitalismus – Für alle, nicht für 1 %, Frankfurt am Main 2016

Reich, Wilhelm: Rede an den kleinen Mann, Frankfurt am Main 1984

Schirach, Ferdinand von / Kluge, Alexander: Trotzdem, München 2020, 2. Aufl.

Schmidt-Bergmann, Hansgeorg: Futurismus – Geschichte, Ästhetik, Dokumente, Hamburg 1993

Schmitt, Carl: Politische Theologie – Vier Kapitel zur Lehre von der Souveränität, Berlin 2015, 10. Aufl.

Peter Schneider: Lenz, Köln 2008, 3. Aufl. 2018

Schnibben, Cordt / Schraven, David (Hg.): Corona – Geschichte eines angekündigten Sterbens, München 2020

Schumann, Gerd: Kolonialismus, Köln 2016

Schwarz-Friesel, Monika: Judenhass im Internet – Antisemitismus als kulturelle Konstante und kollektives Gefühl, Hentrich & Hentrich, Leipzig 2019

Shakespeare, William: Macbeth, Stuttgart 2016

Siegler, Wilhelm: Die Kultur der deutschsprachigen Länder im Unterricht – Bericht über ein Internationales Seminar des Goethe-Instituts München vom 16. bis 20. März 1970, München 1972

Spengler, Oswald: Der Untergang des Abendlandes – Umrisse einer Morphologie des Abendlandes, München 1972, 14. Aufl. 1999

Stegemann, Bernd: Das Gespenst des Populismus – Ein Essay zur politischen Dramaturgie, Berlin 2017, 2. Aufl.

Thukydides: Der Peloponnesische Krieg - Auswahl, Stuttgart 2005

Thunberg, Greta: Ich will, dass ihr in Panik geratet! – Meine Reden zum Klimaschutz, Frankfurt am Main 2019, 2. Aufl. 2019

Unsichtbares Komitee: Der Kommende Aufstand, Hamburg 2010

Wallmann, Jürgen P. (Hg.): Das Gottfried Benn Brevier, Wiesbaden und München 1979

Wehr, Andreas: Die Europäische Union, Köln 2012, 3., grundlegend aktualisierte und erweiterte Auflage 2018

Weil, Simone: Anmerkung zur generellen Abschaffung der politischen Parteien, Zürich-Berlin 2009

Weiss, Peter: Ästhetik des Widerstands, Frankfurt am Main 1998

Weiß, Volker: Die Autoritäre Revolte – Die NEUE RECHTE und der Untergang des Abendlands, Stuttgart 2018

Weiß, Volker: Moderne Antimoderne – Arthur Moeller van den Bruck und der Wandel des Konservatismus, Paderborn 2012

Wolff, Ernst: Finanz-Tsunami – Wie das globale Finanzsystem uns alle bedroht, Edition E. Wolff 2017

Zelik, Raul: Wir Untoten des Kapitals – Über politische Monster und einen grünen Sozialismus, Berlin 2020

Žižek, Slavoj: Die Revolution steht bevor – Dreizehn Versuche über Lenin, Frankfurt am Main 2002

Žižek, Slavoj / Budgen, Sebastian / Kouvelakis, Stathis (Hg.): Lenin reloaded, Hamburg 2014

Publikationen der Neuen Rechten:

Benoist, Alain de: Wir und die anderen, Berlin 2008

Bensberg, Gabriele: Schicksalsfrage Identität, Schnellroda 2019

Donovan, Jack: Nur Barbaren können sich verteidigen, Schnellroda 2017

Faye, Guillaume: Wofür wir kämpfen, 2006, o. O.

Fechter, Konstantin: Bürgerkrieg und Sündenbock – Eine Deutung, Schnellroda 2019

Herman, Eva: Blutgericht Europa – Karl der Große als Ursache des Untergangs von Deutschland und Europa, Edition Eva Herman 2019

Hinz, Thorsten: Zurüstung zum Bürgerkrieg – Notizen zur Überfremdung Deutschlands, Schnellroda 2017

Kaiser, Benedikt: Blick nach links, Schnellroda 2019

Kaiser, Benedikt: Querfront, Schnellroda 2017, 3. Aufl. 2019

Kaiser, Benedikt / Benoist, Alain de / Fusaro, Diego: Marx von rechts, Schnellroda 2018

Kositza, Ellen / Kubitschek, Götz (Hg.): Tristesse Droite – Die Abende von Schnellroda, Schnellroda 2015

Kubitschek, Götz: Provokation, Schnellroda 2007

Mohler, Armin: Der faschistische Stil, Schnellroda 2020

Pirinçci, Akif: Deutschland von Sinnen – Der irre Kult um Frauen, Homosexuelle und Zuwanderer, Lichtschlag in der Edition Sonderwege (Manuscriptum)

Sellner, Martin / Spatz, Walter: Gelassen in den Widerstand – Ein Gespräch über Heidegger, Schnellroda 2015

Straub, Eberhard: Republik und Demokratie, Schnellroda 2019

Waldstein, Thor von: Macht und Öffentlichkeit, Schnellroda 2018

Waldstein, Thor von: Metapolitik. Theorie – Lage – Aktion, Schnellroda 2019

Willms, Bernard: Identität und Widerstand – Reden aus dem deutschen Elend, Tübingen 1986

Reinhard Ammer, geboren 1951 in Passau, lebt seit fünfzig Jahren in München. Er ist Lehrer für Deutsch als Fremdsprache und hat an der Münchner Ludwig-Maximilians-Universität in diesem Fach promoviert. Im Schillo Verlag sind sein monovokalisches E-Werk „Elfenfeld“, die Doppel-CD „Herzzreissn“ (12 rabenschwarze Münchner Gschichtn in bairischer Sprache zur von Fabrizio Giannuzzi gespielten Mundharmonika), das Kinderbuch „Oskar, der innere Schweinehund“ (mit Illustrationen von Natalia Žurakowska) und die Flugschrift „Heimat Fragezeichen“ erschienen. Der Roman „Sechs auf der Wiesn“ wird vom Smart & Nett Verlag publiziert.

Schillo-Verlag

www.schillo-verlag.de

ISBN: 978-3-944716-45-9